KB215267

경전과 시대

금장태

한국유학의 경전활용

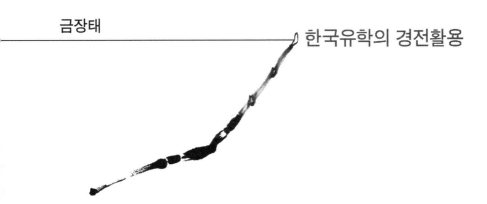

지식과교양

유교사상은 공자에 의해 집대성되었다 하는데, 그 집대성의 결실이 바로 경전이다. 공자는 '육경'(六經)을 편찬했으며, 공자의 말씀은 『논어』로 경전이 되고, 이어서 증자·자사를 거쳐 맹자에 이르기 까지 그의 사상을 계승한 인물들에 의해 '사서'(四書)가 이루어졌다. '육경'에서 '악경'(樂經)이 상실되어 '오경'(五經)으로 전해졌으니 '사서'와 '오경'이 유교의 기본경전을 이루고 있다. '경전'(經傳)이란 성인의 말씀(經)과 현인의 전승(傳)으로 이루어져 있지만, 시대마다 학자들에 의해 그 시대의 관심과 철학으로 새롭게 해석하는 다양한 주석(註)이 제시되어 경전이 풍부하고 절실한 의미로 이해되어 왔다.

그렇다면 경전은 성인의 가르침이요 보편적 진리를 간직한 것으로 받아들여지고 있지만, 언제나 그 시대의 문제 속에서 새롭게 이해되는 것이다. 이런 의미에서 경전은 날줄을 이루고 역사는 씨줄을 이루어 짜여져 왔으니, '경경위사'(經經緯史)라 한다. 곧 경전은 진리의 기준이요 역사는 진리의 구현으로서 서로 의존하고 얽혀서 분리되지 않는 것임을 말해준다.

우리나라는 삼국시대부터 유교경전의 전파와 교육이 확산되어갔고, 고려시대를 거쳐 조선시대에 와서는 경전의 이해가 깊어졌다. 곧 유교문화의 수준은 경전의 인식과 구현의 수준이라 할 수 있다. 과연 조선시대의 유학자들이 유교경전을 어떻게 시대현실 속에서 읽었고 어떻게 그 이해를 시대현실의 문제와 연결시켜 전개하였는지를 이해하고자 하는 것이 이 책을 통해 해명하고 싶은 주제이다. 그것은 경전해석의 주석학적 문제가 아니라, 경전이해의 시대사회적 활용이라는 문제를 의미한다. 그래서 책의 표제를 '경전과 시대'라 하고 부제를 '한국유학와 경전활용'이라 붙였던 것이다.

이 책은 전부 5장으로 구성되어 있는데, 제1장 〈율곡『사서언해』와 『사서』한글번역의 과제〉에서 율곡의 『사서언해』(四書諺解)를 통해 '사서'라는 유교경전을 우리말로 이해하려는 시도가 갖는 의미를 찾아보고자 하였다. 조선시대 학자들이 한글이 있었음에도 불구하고 한문으로 해석하고 저술하였지만, 경전을 우리말로 이해하는 문제의식은 간과할 수 없는 하나의 과제였으며, 오늘에서도 해결하여야할 문제로 중요한 의미가 있는 것이 사실이다.

제2장 〈율곡의 『성학집요』(聖學輯要)와 『대학』체계의 확장〉은 유교의 경세론적 과제를 『대학』의 체계를 통해 구축한 율곡철학의 응집으로서 『성학집요』를 해명한 것이다. 제3장 〈이휘일·이현일의 『홍범연의』(洪範衍義)와 경학의 경세론적 확장〉은 기자(箕子)가 제시한 『서경』'홍범'편의 틀에 따라 경세론의 체계를 제시한 것으로, 특히 기자는 조선에 와서 군왕으로 백성을 교화하였다 하여 우리의 문화적 근원과 연결된 인물로 중시되어 왔다. 『성학집요』와 『홍범연의』는 유교의 치도(治道)를 체계화한 경세론으로서 경전의 정신이 어떻게 정치의 원리로 구현되고 있는지를 확인하는 과제이다.

제4장 〈중암 김평묵(重菴 金平黙)의 경학과 경세론적 인식〉은 한말 도학자인 김평묵이 '위정척사'(衛正斥邪)를 시대적 의리의 주제로 표방하면서 수구파(守舊派)의 이념을 주도해 갔는데, 그 이념의 근거를

경전 속에서 어떻게 확인하고 시대현실에서 경전의 정신을 어떻게 해석하였는지를 파악해보고자 한 것이다. 또한 제5장 〈박장현의 『해동춘추』(海東春秋)·『반도서경』(半島書經)과 민족역사의 경전화〉는 일제 강점기에서 민족의식의 경학적 표출 양상으로, 우리 역사를 『춘추』와 『서경』의 체제로 편찬한 『해동춘추』와 『반도서경』이 지닌 성격과 의미를 검토해본 것이다.

이 작업은 유교경전 이해가 과연 우리의 역사와 사회적 현실 속에서 활용되기 위한 방법을 어떻게 체계화하고 전개하였는지를 해명하려는 시도이다. 이를 통해 한국사상사에서 유교경전이 이론적 해석의 영역과 별도로, 또 하나의 분야로서 현실적 활용의 영역을 찾아보고자 하였다. 이러한 관심이 좀 더 확장된다면 한국유교의 경학적 이해의 폭을 훨씬 더 넓힐 수 있을 것이라는 생각을 구체화시켜본 것이다. 그러나 아직 시도의 단계이고 제대로 체계화되지 못하여 거칠기 짝이 없는 수준임을 스스로 인정하지 않을 수 없다. 다만 경학은 이념적 이해의 본체와 더불어 현실적 해석이라는 활용의 영역이 중요한 과제임을 확인할 수 있다면, 이 작업의 의도가 성공한 것으로 만족하고자 한다.

이 책의 간행을 허락해주신 지식과교양 윤석원 사장님의 친절한 배려에 감사하고, 교정을 맡아준 아내 소정의 수고에 고마운 마음을 전하고 싶다.

2011년 12월 28일
정청당(靜淸堂)에서 금 장 태

목차

국역: 율곡『사서언해』와
『사서』한글번역의 과제

경전과 시대

한국유학의 경전활용

1. 율곡 『사서언해』의 성격

16세기 조선 성리학의 거장인 율곡(栗谷 李珥, 1536~1584)은 왕명으로 『사서』를 언해(諺解)하여 『사서언해』(四書諺解)를 저술하였다. 『사서율곡언해』는 『논어』·『맹자』·『대학』·『중용』의 순서로 경전의 구절에 먼저 한글로 토(吐: 口訣)를 달고, 그 아래에 경전구절을 국한문으로 해석한 언해를 붙이며, 경전 본문의 모든 한자에 한글로 음을 달아놓은 형식으로 이루어져 있다. 이런 경전언해의 체제는 '관본(官本)언해'나 기타 다른 '언해'와 크게 다를 바가 없다.

『율곡사서언해』는 현재 남아 있는 『사서』 전체에 대한 언해로는 최초의 저술이라는 점에서 그 위치가 드러나며, 또한 도학자로서 율곡의 학문적 위상이 높다는 점에서 중요성을 지니고 있다. 이에 앞선 저술로서 비록 『사서』 전체에 대한 언해는 아니지만 퇴계(退溪 李滉)의 『사서석의』(四書釋義)가 있는데, 이에 대비되었을 때 율곡의 『사서언해』가 지닌 특성이 확인될 수 있다. 퇴계와 율곡은 심성론(心性

論)과 이기론(理氣論)의 성리학적 이론에서 양립된 견해의 차이를 드러내고 있는 만큼, 이 두 학자의 경전해석이 그 철학적 입장의 차이를 어떻게 반영하고 있는지를 확인하는 것도 중요한 문제의 하나가 될 수 있다.

국어학에서는 『사서율곡언해』가 옛 말(古語) 연구의 중요한 자료로 삼고 있지만, '언해'가 한자어의 경전을 한글로 번역한 형식이기에, 무엇보다 경전의 한글번역이 지닌 문제로서 관심의 대상이 된다. 현재 남아 있는 최초의 경전 한글번역이라는 점에서, 경전 한글번역이 지닌 문제를 『사서율곡언해』에서 점검해보고, 오늘의 경전번역이 지닌 과제를 음미해볼 수 있을 것이다.

『사서율곡언해』가 보여준 한글번역의 문제로서, 먼저 경전의 어휘가 어떤 수준에서 한국어로 번역되고 있는지를 확인해볼 필요가 있다. 오늘날 한국사회는 한글화가 확산되어 국문(國文)과 한문(漢文)이 혼용되는 시기를 지나 '한글전용 시대'로 들어섰으니, 율곡이 살았던 시기인 사실상 '한문전용 시대'와는 엄청난 거리를 보이고 있는 것이 사실이다. 바로 이 점에서 율곡의 경전언해와 오늘의 경전번역이 지닌 기반의 차이를 인식한다면, 율곡의 경전언해는 한문의 경전을 이해시키고 교육하는 보조기능으로 추구하였던 것이요, 오늘의 경전번역은 경전의 내용을 한국어로 이해하고 생활 속에 활용하기 위한 목적을 지닌 것이다. 그렇다면 율곡이 경전의 어휘를 일부 번역하는 수준과 오늘의 경전번역이 언어의 전면적인 번역을 요구하는 수준 사이의 차이를 이해하고 점검하는 것이 하나의 과제가 될 수 있다.

또한 율곡은 도학-주자학자로서 주자의 경전해석을 기준으로 삼아 경전을 해석하여 언해를 하였던 것이다. 물론 율곡은 도학-주자학이 국가통치원리요 체제교학(體制敎學)이었던 시대의 학자였으니, 주자의 경전해석을 기준으로 삼는 것은 지극히 당연한 일이었다. 그러나 오늘에는 조선사회와는 다른 시대환경과 시대정신이 주도하고 있으므로, 굳이 주자의 경전해석에 사로잡힐 필요가 없다. 그렇다면 율곡이『사서언해』에서 드러내고 있는 주자학적 경전해석의 내용을 확인하고, 열린 입장에서 다른 사상조류의 해석이나 우리시대의 관심에서 새롭게 해석하는 관점의 차이를 분명하게 인식하는 것이 또 하나의 중요한 과제가 될 수 있을 것이다.

결국『사서율곡언해』는 오늘의 한글 경전번역을 위한 기준으로서가 아니라, 오늘의 한글 경전번역이 부딪치는 문제를 찾기 위한 반면(反面)의 거울로서 더욱 의미있는 자료가 될 수 있을 것으로 보인다. 이를 위해서는 한학(漢學)·양명학(陽明學)·고증학(考證學)·공양학(公羊學) 등 다양한 경전해석과 율곡이 보여준 주자학의 경전해석이 지닌 차이점을 찾아가야 하는 어렵고 복잡한 작업이 뒤따라야 한다. 여기에 더하여 우리시대의 사회적·문화적·정치경제적 온갖 문제의식에서 유교경전을 보는 시각도 점검해야 할 것이다. 그것은 한 번에 가능한 일은 결코 아니다. 이 글은 그 문제의식을 가능한『사서율곡언해』를 자료로 삼아 검토해보고자 하는 것이요, 이를 통해 유교경전의 한글번역이 지향하는 과제들을 음미해보고자 하는 것일 뿐이다.

2. 『사서율곡언해』의 저작 배경

372년 고구려에 태학(太學)이 세워져 유교경전을 가르쳤으니, 이 때 유교경전의 이해는 이미 상당한 수준에 올랐을 것이다. 그렇다면 이 보다 훨씬 앞서 삼국시대 초기나 그 이전부터 유교경전이 전래되었던 것으로 짐작할 수 있다. 한문으로 기록된 유교경전을 언어가 다른 문화 속에서 이해하고 교육해야 했으니 처음부터 큰 어려움을 겪지 않을 수 없었을 것은 당연하다. 그래서 이를 해결하기 위해 삼국시대에는 한자의 뜻이나 발음을 빌어다 우리말을 표기하는 방법인 '이두'(吏讀)를 계발하여 사용하기 시작하였다. 통일신라 초기의 설총(薛聰)은 이두를 사용하여 경전에 토를 붙여 읽는 방법을 계발하여 큰 공을 이루었던 인물로 알려져 있다.

따라서 이규경(五洲 李圭景)은 "경서의 구절을 '구두'(句讀)라고 한다. 중국에는 따로 방언(方言)이 없고 일상 언어가 그대로 문자가 되기 때문에 글귀 뗄 곳에 구두만 찍어 읽는다. 그러므로 우리나라처럼

원문 이외에 구두를 방언으로 만들어 읽으며 '현두'(懸讀)라 하지 않는
다. 속칭 '현토'(懸吐)라 하는데 토를 달아 읽지 않으면 글 뜻을 알기가
어렵다. 그 때문에 그것을 '구결'(口訣)이라고도 한다. 신라 홍유후(弘
儒侯) 설총(薛聰)이 방언으로 구경(九經)을 풀이하여 후학들을 가르쳤
다"[1]고 하여, 언어의 차이에 따라 '구결'이 요청되는 이유를 밝히고, 설
총이 구경에 이두로 구결을 붙인 사실을 지적하였다. 오늘날 설총의
경전구결이 전해 오지는 않지만, 고려시대의 학자들도 경전을 읽는
구결(口訣)의 방법이 있었고, 조선시대로 전수되어 수정을 거듭하면
서 오늘에 까지 사용되고 있는 것이다.

　고려말의 정몽주(圃隱 鄭夢周)가 경전에 이두로 토(吐)를 붙여 구결
한 것이 있다 하고, 고려말 조선초의 권근(陽村 權近, 1352~1409)은
『사서오경구결』(四書五經口訣)을 저술하였다고 하는데, 현재 전하지
는 않는다. 이것은 주자학의 경전해석에 기초한 경전구결의 초기 작
업이라 할 수 있다.

　세종(世宗)대왕은 한글(訓民正音)을 창제하여 1447년 반포하면서,
그 서문에 "우리나라 말이 중국과 달라서 한자와 서로 통하지 아니하
니, 이런 까닭으로 어리석은 백성이 말하고자 하는 바가 있어도 마침
내 제 뜻을 펴지 못하는 사람이 많다"[2]고 밝혔다. 중국어와 한국어 사
이에 언어가 다르니 중국의 한자로 우리의 언어생활을 하는데 어려움

---

1 『五洲衍文長箋散稿』, 經史篇, 經傳類, 經傳總說, '經書口訣·本國正韻辨證說', "經書
　句節日句讀, 中國則無方言, 而尋常言語, 已具文字, 故於句節處, 點句讀讀之, 故無如
　我東之原文外, 句讀作方言以讀之, 曰懸讀也, 俗稱懸吐, 無此懸讀, 則文義難解, 故更
　名曰口訣, 新羅弘儒侯薛聰, 以方言解九經."
2 『訓民正音』, '御製序', "國之語音, 異乎中國, 與文子不相流通, 故愚民有所欲言, 而終
　不得伸其情者, 多矣."

이 컸음을 지적하고 있는 말이다. 한글이 만들어진 다음에 경전의 '구결'은 '이두'의 형식에서 점차 벗어나 한글로 토를 붙이는 형식을 취하기 시작했던 것으로 보인다.

1458년(世祖 3년) "임금은 우리나라 학자들의 어음(語音)이 바르지 못하고 구두가 분명치 못하여, 비록 권근(權近)·정몽주(鄭夢周)의 구결이 있지만 와전되고 어긋난 것이 많음을 걱정하여, 정인지(鄭麟趾)·신숙주(申叔舟)·구종직(丘從直)·김예몽(金禮蒙)·최항(崔恒)·서거정(徐居正) 등에게 오경(五經)과 사서(四書)를 나누어 주고 고금(古今)의 것을 고증하여 구결을 정하여 바치게 하였다"[3]고 한다. 당시까지 정몽주·권근의 경전구결이 남아 있었던 것으로 보이지만 착오가 많음을 지적하여 왕명으로 경전의 구결을 결정하게 하였던 것이요, 이렇게 경전구결이 확정되자 이 구결에 따라 해석하는 '언해'(諺解)도 나오게 되었던 것이라 할 수 있다. 국가에서 유교경전 구결의 기준을 제시한 것은 세조의 적극적 관심에서 이루어진 것이다.

또한 세조는 "『주역』의 전(傳) 가운데 정이천의 전(程傳: 『易傳』)은 뜻이 매우 잘 통하지만 주자의 전(朱傳: 『周易本義』)은 막히는 곳이 더러 있으니, 주자의 전이 정이천의 전보다 훨씬 못하다. 그러므로

---

3 『五洲衍文長箋散稿』(經史篇, 經傳類), '經書口訣·本國正韻辨證說'. 같은 책, '經傳總說: 五經四書大全諺解·口訣·正音'에는 같은 내용의 글이 『稗官隨筆』에서 인용되고 있다. 崔恒의 『太虛亭集』(卷2, '經書小學口訣跋')에 의하면, 口訣의 분담으로 『小學』은 世祖 자신이 담당하고, 『詩』는 鄭麟趾, 『書』는 鄭昌孫, 『禮』는 申叔舟, 『論語』는 李石亨, 『孟子』는 成任, 『大學』은 洪應, 『中庸』은 姜希孟이 맡았고, 口訣을 마친 다음에 丘從直·金禮蒙·鄭自英·李永垠·金壽寧·朴楗 등에게 명하여 검토하고 교정하도록 하였으며, 긴요한 대목은 모두 임금이 결단하도록 하였으며, 典校署에 명하여 인쇄하여 반포하게 하겠다고 한다. 田愚(『艮齋集』, 前編 卷16, '題中庸諺解後·經書諺解口訣源委附')는 『太虛亭集』에 기록된 여러 학자들의 口訣은 마땅히 退溪의 『經書釋義』 속에 통합(合成)되었을 것이라는 金駿榮의 말을 소개하고 있다.

내가 정이천의 전으로 구결(口訣)을 정하였다"하고,『주역』의 '어정구결'(御定口訣)을 제시하였다.(1465) 그리고서『주역』에 밝은 신하들과 토론하기도 하였으며, 이듬해 이『주역구결』을 반포하기도 하였다.[4] 그만큼 세조는 경전의 구결을 확정할 뿐만 아니라 자신이『주역구결』을 저술할 만큼 경전구결의 정착에 깊은 관심을 기울였던 것이 사실이다.

성종 때에도 왕명으로『용학구결』(庸學口訣) 등 여러 문헌들을 간행하기 위해 국(局)을 설치하여 물자를 공급하고 있었던 사실을 엿볼 수 있다.[5] 이렇게 구결이 거듭 새로 붙여져야 하는 것은 경전의 이해가 조금이라도 달라지면 구결도 따라 달라질 수밖에 없기 때문이다. 따라서 기존의 구결에 문제점이 계속 지적될 만큼 구결을 붙이는 일도 경전에 정통한 지식을 요구하는 매우 어려운 일이었던 것이며, 임금의 관심도 매우 높았던 사실을 보여주고 있다.

한글이 창제된 이후에도 경전에 한글로 토를 붙이는 '구결'(口訣)이 계속되었지만, 이제 한글로 해석하는 '언해'(諺解) 작업의 시초를 열어준 인물은 유숭조(眞一齋 柳崇祖, 1452~1512)로『칠서언해』(七書諺解)가 있다.[6] 그 후로 유학자들 사이에서 간헐적으로 경전언해의 작업이 나타나기 시작하였다. 그러나 초기에는 '언해'로 경전을 해석하는 작업은 유교경전의 언해 보다도 오히려 불교경전의 언해가 활발하게 일

4『國朝寶鑑』(민족문화추진회 역), 권13, 世祖朝4, 10년(乙酉)와 같은 책 11년(丙戌)條.

5『國朝寶鑑』(민족문화추진회 역), 권16, 成宗朝2, 13년(壬寅)條.

6 經書에 諺解가 柳崇祖에서 비롯된다는 사실은 柳希春의『眉巖日記』에 보이는 기록에 의해 확인되고 있으며(『星湖僿說』, 권25, 經史門, '柳崇祖'), 趙斗淳은 哲宗에게『七書諺解』는 柳崇祖가 畢生의 精力을 담은 것으로 斯文에 끼친 공로가 큼을 지적하여 貳相을 追贈하도록 요청하기도 하였다.『朝鮮王朝實錄』(48집 656쪽), 哲宗13年壬戌 8月 丁丑.

어났던 것이 사실이다.

유교를 통치원리로 삼는 조선사회에서 왜 유교경전이 불교경전 보다 언해를 하는데 늦어졌던 것인지 그 이유를 한 번 생각해볼 필요가 있다. 먼저 불교는 대중의 신앙 속에 직접 소통하는데 적극적이었던 만큼 불경의 언해에 대한 요구가 컸던 것이 사실이라면, 이에 비해 유교경전은 유학자들 사이에서 교육을 위한 수단으로서 부차적 관심에 머물었던 것으로 보인다. 또한 유교경전의 언해는 학자들 사이에 정밀한 해석이 요구되었으므로 매우 어려운 일이었고 그만큼 신중할 수밖에 없었던 것도 사실이다. 이와더불어 '구결'이 이미 토를 붙이면서 문장의 기본적 의미를 해석한 것이라는 점에서 언해의 작업보다 구결에 완벽을 도모하는 것이 더 시급한 일이었을 것으로 짐작해 볼 수도 있다. 그러나 유교지식인들 속에서는 경전의 이해와 교육을 위해 현실적으로 언해의 필요가 높았던 것이 사실이다. 이에 따라 유학자들은 경전교육 과정에서 말로 해석하던 것을 한글로 정착시킨 '언해'를 하기 시작하였으나, 서로 다른 견해에 따른 언해들이 산만하였다. 그러므로, 정부에서 유교경전 언해의 통일된 판본을 제시해야할 필요에 당면하게 되었던 것이다.

16세기 중반에 들어서자 유학자들의 활동이 활발해지고 유교지식의 확장과 심화가 진행되었으며 유교적 가치의 대중적 확산이 일어나면서, 유교경전의 기준이 되는 해석을 확보하여 교육할 필요가 점점 높아졌다. 퇴계의 『사서석의』(四書釋義)와 『삼경석의』(三經釋義)는 퇴계 자신이 경학적 이해를 심화하는 과정에서 이루어냈던 중요한 업적이라 할 수 있다. 그러나 퇴계의 경전에 대한 '석의'(釋義)는 문제가 되는 경전구절에 단편적으로 해석을 한 것이지 경전 전체에 걸친 해석의 체제를 갖춘 '언해'는 못되었다.

안정복(順菴 安鼎福)은 "우리나라 말이 중국과 다르기 때문에, 문장의 의미(文義)와 뜻의 풀이(訓解)를 반드시 우리말로 풀어야만 이를 가르칠 수 있다"고 하여, 경전의 교육을 위해서는 언해가 필수적으로 요구되는 사실을 밝히고 있으며, 또한 유숭조에서 경전의 언해가 시작된 이후로 경전의 언해가 진행되는 과정을 소개하면서, "퇴계선생의『경서석의』(經書釋義)는 여러 학자들의 훈의(訓義)를 잡다하게 인용하여 절충하였으니, 김계조(金繼趙)·이극인(李克仁)·손경(孫暻)·이득전(李得全)·이충작(李忠綽)·신낙봉(申駱峯)·이복고(李復古 : 李彦迪)의 여러 설들이 그것이다. 선조 을유년(宣祖18년 乙酉, 1585) 이후에 교정청(校正廳)을 설치하고 경술(經術)에 밝은 선비들을 모아서 언문토를 의논하여 정하게 하였는데, 여러 해 만에 완성을 보았다. 이로부터 여러 학자들의 훈해(訓解)가 모두 폐지되었다"[7]고 하였다. 여기서 그는 언해의 정착과정에서 퇴계의『경서석의』(『四書釋義』·『三經釋義』)를 중요한 단계의 하나로 제시하면서 퇴계가 그 이전의 여러 학자들이 경전의 뜻을 풀이한 것을 수집하여 절충하는 작업을 수행하였던 것으로 완비된 체제가 못됨을 지적하였다. 그 다음 단계로 정부에서 학자들을 모아 경전에 토를 붙이고 언해하여, 경전해석의 기준이 수립됨으로써, 여러 학자들의 단편적 언해들이 폐지되었던 사실을 확인하고 있다.

유숭조의 경전언해가 있었던 이후로 경전언해가 정착되는 과정은

---

7 『順菴集』, 권13, 4, '橡軒隨筆下', "盖東俗言語與中國異, 故其文義訓解, 必以方言釋之, 然後可以敎習矣。退溪先生經書釋義, 雜引諸家訓義而折衷之, 若金繼趙·李克仁·孫暻·李得全·李忠綽·申駱峯·李復古諸說是也, 宣祖乙酉以後, 設校正廳, 集經術之士, 論定諺吐, 累歲而成, 自此以後, 諸家訓解皆廢矣.'

세 단계로 볼 수 있다. 첫단계는 1560년 전후하여 퇴계의 손으로 『경
서석의』가 저술되는 단계이고, 둘째 단계는 왕명으로 언해사업이 시
작되었던 것이다. 1574년(宣祖7년) 유희춘(眉巖 柳希春, 1513~1577)은
경전언해를 상정하도록 왕명을 처음 받았다. 이때 선조는 국가에서
언해사업을 추진하는 것에 반대하는 의견이 있음을 알면서도, 경서의
구결과 언해가 어지럽게 서로 충돌하는 것을 해결하게 위해 유희춘에
게 경전의 언해를 위해 국(局)을 설치하여 추진할 것인지 경학에 밝은
선비와 강론할 것인지, 자유롭게 선택하도록 했다.[8] 그후 1576년(宣
祖9년) 선조는 그동안 이루어진 경전언해들이 학자들에 따라 차이가
드러나고, 퇴계의 '석의'도 완비되지 못한 것이라는 문제를 해결하기
위해 유희춘에게 사서·오경의 언해를 거듭 명하였던 것으로 보인다.
이때 유희춘은 왕명을 받고 난 뒤에, "신(臣)이 지난번에 성상의 명을
받고 사서와 오경의 구결과 언해를 상정(詳定)하게 되었습니다마는,
진실로 신은 힘이 부족하고 책임이 무거워 잘 만들기 어려울 듯 싶습
니다. 사람들 중에는 간혹 할 것 없다고 하는데, 만일 부득이 해야 한
다면 모름지기 이황(李滉)의 해설을 근거로 삼고 널리 모든 유신(儒臣)
및 유생(儒生)들의 말도 물어보아야 거의 되어질 것입니다"[9]라고 선조
에게 건의하였다. 실제로 유희춘은 1577년 죽을 때까지 『대학』의 구
결과 언해를 마쳐서 임금에게 올렸고, 『논어』는 겨우 탈고한 상태였
다고 하며, 나머지는 마치지 못했다고 한다.[10]

---

8 『眉巖集』, 附錄 卷2, 9, '謚狀'(李好閔撰), "七年甲戌…十月, 待朝講, 將退, 上曰, 卿勿
退, 予有欲言於卿者, 凡文字訓句之間, 或者以爲小事, 不足留意, 然昔賢有言, 未有不
得於辭而能通其意者, 今經書口訣及諺釋, 紛紜不一, 卿之學問精博, 世所罕有, 卿可設
局詳定, 或有但取經學之士相講論, 則亦惟卿所擇."
9 『朝鮮王朝實錄』(21집 314쪽), 宣祖7年甲戌, 10月19日庚申.

그런데 유희춘이 경전언해를 위해 왕명을 받은 사실과 연관하여 또
다른 기록이 있다. 곧 이때 유희춘은 자신의 역량이 불충분하다고 사
양하고 이 과업을 수행할 수 있는 인물로 율곡을 천거하여 율곡이 왕
명으로 이 일을 맡게 되었다는 것이다. 어느 한 쪽의 기록이 잘 못된
것이라 보기 보다는, 양쪽 모두 올바른 기록이면서 한쪽 편으로 치우
쳐 서술한 것이라 보는 것이 나을 듯 하다. 어떻던 율곡도 사서 · 오경
의 언해를 위해 왕명을 받았다면, 선조는 율곡과 유희춘의 양쪽 성과
를 취사선택할 수 있는 여지가 생길 수 있을 것이다.

율곡은 왕명을 받기 전에『대학』에 토를 붙이고 해석한 것이 있었
고, 1576년 왕명을 받은 후부터 1584년 죽을 때까지『중용』·『논어』·
『맹자』의 순서로『사서언해』를 거의 이루었지만, 오경의 언해를 착
수하지 못했기 때문에 임금에게 올리지 못하였다고 한다.[11] 그러나
1584년 율곡이 죽음을 앞둔 시점에서『사서언해』는 부분적으로 누락
된 것이 있었으니 완성본으로 임금에게 올리기는 어려웠을 것이라 짐
작된다. 결국 율곡이『사서언해』를 임금에게 올리지 못하고 죽고 말
았다. 그렇다면 둘째 단계에서 유희춘은『대학언해』만 임금에게 올리
고 죽었으며, 율곡은『사서언해』를 거의 마쳤지만 올리지 못하고 죽
었으니, 선조로서는 계획한 성과를 얻지 못하고 말았다.

셋째 단계로서 선조는 다시 1585년(宣祖18) 교정청(校正廳)에 명하

---

10 『眉巖集』, 附錄 卷2, 19, ‘諡狀’(李好閔撰), “公祗慄承命, 盡心編輯, 用力甚苦, 其書
之成者, 參互考證, 皆有據依, 其不合於聖人之旨蓋寡矣, 大學一篇, 始奏御, 而公棄
斯世矣, 論語纔脫藁, 餘未及終篇.”

11 『四書栗谷諺解』, ‘跋文(洪啓禧)’, “經書之有諺解, 厥惟久矣, 而諸家互有同異, 至退溪
李先生, 合成釋義, 而乃定, 猶未大備, 萬曆丙子, 宣廟因眉巖柳公希春言, 命先生詳定
四書五經諺解, 先是先生有所定大學吐釋, 及承命中庸論孟以次續成, 而未及於經不果
進御.”

여 경학에 밝은 학자들로 정구(寒岡 鄭逑)·최영경(守愚 崔永慶)·홍만
전(習靜 洪晩全)·한백겸(久庵 韓百謙)·정개청(困齋 鄭介淸)을 불러서
모두 교정랑(校正郎)으로 삼아 경전을 언해하는 작업을 수행하게 하였
다.[12] 교정청의 경전언해 작업은 1588년(宣祖21)에 『사서』와 『삼경』
의 음석(音釋)을 교정하고 언해(諺解)를 붙이는 일을 완료하여 임금에
게 올리자 축하연이 베풀어지기도 하였다.[13] 비로소 '관본(官本: 校正
廳本)언해'가 완성된 것이다.

---

12 『燃藜室記述』, 別集 卷14, '文藝典故·諺解'.
13 『朝鮮王朝實錄』(21집 454쪽), 宣祖21年戊子, 10月29日己酉.

3. 관본언해(官本諺解)와 율곡언해(栗谷諺解)의 양립과 활용

율곡의『사서언해』는 1584년 이전에 초고가 이루어졌지만, 필사본
으로만 전해오다가 간행된 것은 1749년의 일이다. 이에 비해 관본의
『경서언해』는 1588년 일단 완성을 보고, 1590년경에 관본의『사서언
해』가 '율곡언해'보다 160년이나 먼저 간행되었다.[14] '율곡언해'가 간
행되어 유통되면서『사서언해』는 '관본언해'와 '율곡언해'가 대표적인
두 가지 판본으로 양립하는 양상을 이루었던 것이 사실이다. 단지 '언
해'라고만 일컬어지는 경우는 일반적으로 '관본언해'를 가리키지만,
'율곡언해'의 비중이 결코 작았던 것은 아니다.

'관본언해'는『사서언해』가 간행된 이후에도『삼경언해』를 위한 검
토작업이 계속되다가 임진왜란(1592~1598)으로 중단되었지만, 전란
이 끝난 뒤 1601년 선조는 교정청을 다시 설치하고 경학(經學)에 능한
신하들을 널리 선발하여 경전의 언해를 편찬하여 올리도록 명령하였

---

14 '官本(校正廳本) 四書諺解'의 첫 간행본은 현재 陶山書院에 보존되어 있다고 한다.

다. 당시 예조판서였던 이정구(月沙 李廷龜)가 이 일에 참여하였으며, 또한 황신(秋浦 黃愼)은 교정청 당상관(堂上官)에 임명되어 경서 언해의 편찬에 참여하였고, 김장생(沙溪 金長生)과 홍진(訒齋 洪進)도 교정청에서 『주역언해』의 교정에 참여하였다.[15] '관본'의 『경서언해』(『사서삼경언해』)는 1606~1612년 사이에 모두 간행되었고, 인조(仁祖) 때인 1631년과 1643년에도 계속 간행되어 유통본으로 확립되었다 한다.[16] 교정청에서 언해의 편찬이 진행되는 동안에도 학자들의 독자적 구결과 언해 작업이 진행되었던 것을 볼 수 있다.[17]

『사서율곡언해』가 간행되는 과정을 보면, 율곡의 수필본(手筆本)으로는 『중용언해』만 남아 있었고, 나머지는 원본이 아니라 필사본으로서 한두 가지가 율곡의 후손이나 제자들의 집안에 남아 있었으며, 그나마 편마다의 범례(凡例) 사이에도 충돌이 없지 않았고, 언해는 있는데 토를 붙이지 않은 것도 있어서 당시에 원고가 완전하게 정돈된 상태에 이르지 못하였던 사실이 지적되고 있다. 그렇지만 '율곡언해'는 아직 간행되기 이전에도 율곡의 제자인 김장생은 평소에 '율곡언해'에 의거하여 제자들을 가르쳤으며, 김장생의 제자인 정홍명(鄭弘溟)은

---

15 『浦渚集』, 卷34, 10, '議政府左議政 諡文忠 李公行狀', "經書諺解, 亂前始而不卒, 宣廟令復設廳, 博選經學之臣, 撰定以進, 公與焉." 月川 趙穆과 芝山 曺好益도 校正廳 堂上官으로 여러 차례 부름을 받았지만 끝내 사양하였다고 한다. 黃愼과 金長生은 栗谷門人이고, 趙穆과 曺好益은 退溪門人인데 퇴계문인들이 참여하기를 꺼렸던 것은 당시의 黨派的 政局과 관련이 있었던 것이 아닌지 의심이 된다. 曺好益은 校正廳 堂上官으로 부르는 召命에는 나아가지 않았지만, 스스로 『周易釋解』(5권)를 저술하여, 전해 오는 언문(諺文) 해석의 句讀와 旨義가 경전의 글과 차이를 보이는 것을 바로잡았다 한다.(『芝山集』, 附錄 권1, 年譜, '壬寅'條)

16 유승국, 『도원철학산고』, '『사서율곡언해』 해제', 성균관대 출판부, 2010, 301쪽.

17 17세기초의 인물로 簡易堂 崔岦은 『周易口訣』 4권을 지어서 宣祖에게 올렸고, 遯溪 許厚는 『大學口訣』을 남겼다고 한다.

'율곡언해'의 정밀함을 찬탄하여 널리 전포되지 못함을 탄식했다고 한
다.18 그만큼 율곡학파 안에서는 '율곡언해'가 '관본언해'보다 우수한
것으로 인식하여 활용되고 중시되어 왔음을 보여주는 것이다.

그후『사서율곡언해』의 편찬을 위한 작업은 박세채(南溪 朴世采)에
게서 시작되었다. 그는 '율곡언해'를 간행하고자 약간의 수정작업을
하였으며, 그 뒤로 이재(陶庵 李縡)는 율곡의 후손 이진오(李鎭五)를
시켜 '관본'의 체제로 정서를 하도록 시켰지만 간행을 하지 못하고 죽
었다. 그때 홍계희(洪啓禧)는 '율곡언해'의 교정작업에 참여했던 일이
있었으며, 이진오의 당부를 받고 개인적 노력으로 교서관(校書館)의
활자를 얻어 1749년『사서율곡언해』를 간행하였던 것이다.19

박세채가 '율곡언해'를 수정하고 편집하면서 제시한 6조목의 '수정
범례'(修正凡例)를 보면,『사서율곡언해』가 현재의 모습으로 정착되는
과정을 엿볼 수 있다. 박세채의 수정범례 여섯 조목의 내용을 보면,
사서를 배열하는 편찬순서를 결정하게된 이유가 1조목이요, '율곡언
해'의 내용을 수정한 사항이 3조목이요, '관본언해'와 비교하여 입장을
밝힌 것이 2조목이다.

먼저 '율곡언해'의 편찬순서로서, ① 원래 율곡의『맹자언해』는 '만
장하'(萬章下)편부터 구결이 결여되어 완성된 것이 아니라 보고,『사

18『四書栗谷諺解』, '跋文(洪啓禧)', "元本則不行焉, 惟一二謄本, 在先生後孫及門生家,
中庸則手筆猶存. 今攷諸編凡例, 不無抵捂, 或有有釋而無吐, 恐當時有未及整頓而然
也.…沙溪金先生, 平日訓誨, 常據此解, 畸翁鄭公, 輒稱精密, 歎不得廣布."

19 같은 곳, "南溪朴文純公, 略有修整, 欲刊行而未能. 頃年, 陶菴李先生, 使先生後孫鎭五,
倣官本, 淨寫一襲, 啓禧亦嘗與聞於讎校之事. 戊辰冬, 鎭五自石潭哭李先生於泉上, 仍
訪余曰, 此書之宜傳久矣, 迄今未就. 李先生, 嘗惓惓於斯而今焉已矣. 其卒不傳乎, 余
爲之感歎. 謀以私力, 得芸館活字, 印若干本." 明齋 尹拯도 1682년 율곡의『大學諺解』
와『栗谷先生別集』을 訂正하였다 한다.(『明齋遺稿』, 解題, 民族文化推進會)

서』의 독서순서에 따라 배열하면서 『논어』·『대학』 뒤에 『맹자』가
와야하는데, 『중용』을 앞세우고 『맹자』를 끝에 두는 순서를 제시하
였다.20 다음으로 '율곡언해'의 수정내용으로서, ② '율곡언해'가 간결
하고 생략함을 위주로 하여 언해에서 말의 뜻을 온전하게 이루지 못
한 것이 많음을 지적하면서, 그 사례로서 '자왈'(子曰)의 두 글자 사이
와 '야'(也)자 아래에 훈(訓)이 없는 것이나, '연후'(然後)자 아래나 그
윗문장의 구절이 끊어진 곳에도 각각 구결이 있어야 하는 것 등으로,
고치지 않고 원본의 대체를 간직했다고 하며, ③ 율곡의 친필본인 『중
용언해』를 제외하면 나머지는 원본이 김장생의 집에서 나왔다고 하더
라도 필사본으로 착오가 많아서, 「중용언해」를 기준으로 서로 참고하
여 일일이 그 '의례'(義例)에 따라 정리하였다 하며, ④ 원본 가운데 한
두 곳 탈락이 있는 것은 아래 위 문장의 '의례'를 미루어서 대략 첨가
하였고, 『대학』의 '보망장'(補亡章) 문장전체가 빠져 있는 것이나 『맹
자』 '만장하'(萬章下)편 이하 구결이 빠진 것도 보충하였다는 것이
다.21 이러한 수정작업은 필사본의 착오를 고치는 수준이요 나머지는
원본에 작업이 마무리되지 않은 곳을 보완하는 정도라 할 수 있다. 끝
으로 '율곡언해'와 '관본언해'의 입장을 비교한 사항으로서, ⑤ '관본언
해'를 기준으로 보면 경서의 본문을 갖추고 다음에 언해를 이어가는

---

20 『南溪集』, 권65, 3, '栗谷先生四書諺解修正凡例', "一, 此書之序當用四子本序, 而其
中孟子口訣, 自萬章下篇缺, 猶未成完書, 玆以大學論語中庸孟子序之."
21 같은 곳, "一, 此解一以簡省爲主, 故其於諺釋語意, 多未盡正, 如子曰兩字之間及也字
下皆無訓, 如然後字下及其上文句絶處各有口訣之類, 今不敢有改, 姑仍元本, 以存其
大體焉. 一, 元本雖曰出於沙溪先生家, 實係寫本, 且多訛誤, 唯中庸諺解爲先生親筆,
藏於石潭本第, 手澤尙新, 玆與三解元本參互考證, 一一隨其義例而整頓之. 一, 元本
中或有一二脫落處, 今以其上下義例推之, 略爲添修, 至如大學補亡章全文, 孟子萬章
下篇以下口訣, 亦皆倣此."

것인데, 그 법도를 따르자면 작업이 매우 어렵고 또 감히 현행의 '관본언해'와 병렬시키지 않기 위해 현재의 법도를 써서 절충하였으며, ⑥ '율곡언해'가 '관본언해'와 같지 않은 점으로 문장의 의미가 전혀 달라지는 것과 때로 본문을 쓰기도 하고 때로 언해를 쓰기도 하여 각각 달라지는 두가지의 경우를 지적하면서 이렇게 문장의 의미가 전혀 달라지는 곳에는 'o'표를 하여 쉽게 알아보도록 하였다는 것이다.[22] 박세채는 '관본언해'의 권위를 인정하고 '율곡언해'와 차이점을 지적하면서 어느 쪽이 옳다고 평가하는 태도를 삼가는 신중함을 보여주는 점이 눈에 띈다.

『사서언해』의 대표적인 두 저술로서 '관본언해'와 '율곡언해'의 두 판본을 대비해보면, 율곡본이 관본 보다 먼저 이루어졌지만 160년이나 늦게 간행되었다. 관본은 먼저 간행되었을 뿐만 아니라 국가의 편찬사업으로 이루어져 일찍부터 널리 보급되었으므로 경전언해의 표준으로 자리를 잡았던 것이 사실이다. 그러나 '관본언해'와 '율곡언해'가 함께 유통되는 18세기 후반 이후에는 두 판본이 양립하면서 언해를 통한 경전이해의 중요한 길잡이로서 역할을 하였던 것으로 보인다. 이때 율곡학파 쪽에서는 '관본언해'보다 '율곡언해'가 더 정밀하고 뛰어난 것임을 강조하여 평가하는 입장을 보이고 있는 사실을 확인할 수 있다.

곧 홍계희는 "지금 현행의 '관본 언해'는 ('율곡본 언해' 보다) 뒤에 나온 것으로 또한 거듭 수정을 거치면서 선생(율곡)이 규정한 것이 혹 채

---

22 『南溪集』, 권65, 3-4, '栗谷先生四書諺解修正凡例', "一, 此解若揆以官本諺解, 只宜具書本文, 繼以諺書, 一倣其法, 而不但事役甚艱, 且似不敢與見行官本並例, 姑用今法以衷之. 一, 此解與官本不同處, 一則文義頓殊, 一則或用本文或用諺釋, 以致各異, 玆以圈點別之, 其文義頓殊者o之, 或用本文或用諺解, 以致各異者之, 使讀者易曉."

택되어 들어간 것도 있다. 토 하나 해석하나의 사이에서도 취지가 정
확하여, 후학들을 개발해주는데 있어서 '관본'이 미칠 수 있는 바가 아
니다"[23]라고 하여, '율곡본'이 '관본'보다 선행하는 것이라는 사실과
'관본'에 영향을 주었다는 사실을 강조하며, 나아가 '율곡본'이 '관본'
보다 훨씬 정밀하여 더 우수한 언해임을 주장하고 있다. 또한 홍직필
(梅山 洪直弼)은 "이른바 '율곡사서언해'가 있는데, 한결같이 중국의 구
절 끊는 법을 준수하였고, 또한 해석이나 글자의 음과 뜻이 참되고 올
바르며 어긋나지 않으니, 관본이 미칠 바가 아니다"[24] 하고, 관본의 해
석에 착오가 많아 후생을 가르치는데 폐단이 매우 컸음을 강조하면서
'율곡언해'가 완벽한 것임을 내세우고 있다. 이처럼 율곡학파에서 '율
곡언해'가 지극히 높여지고 '관본언해'가 낮추어지는 것에 비해, 퇴계
학파 쪽에서는 '율곡언해'에 대한 관심을 거의 보이지 않고 있는 점을
대비시켜 보면, '관본언해'와 '율곡언해'가 주로 학파에 따라 선택되고
있는 현상을 드러내는 것이 사실이라 하겠다.

　왕실의 경연(經筵)에서는 당연히 '관본언해'가 기준으로 활용되었던
것으로 보인다. 윤휴(白湖 尹鑴)는 경연에서 숙종(肅宗)에게 언해를
따라 구절을 끊지 말도록 청하자, 권유(權愈)·이홍연(李弘淵) 등 다른
경연관은 "조종(祖宗) 때에 간행한 언해를 갑자기 변경할 수 없다"고
언해를 따라 읽도록 요구하였으나, 숙종은 윤휴의 말대로 읽었던 일
이 있었다 한다.[25] 또한 영조(英祖)는 『사서』·『삼경』의 '관본언해'에

---

23 『四書栗谷諺解』, '跋文(洪啓禧)', "卽今見行官本諺解, 蓋出於其後, 而又婁經竄易, 先
　　生所定, 或有採入,…然一吐一釋之間, 旨義精確, 其於開發後學, 類非官本之所可及."
24 『梅山集』, 卷16, 31, '答金教官(聲大)', "有所謂栗谷四書諺解, 壹遵中國句絶, 且解釋
　　音義, 眞正不差, 非官本之所可及也." 이 구절은 田愚의 『艮齋集』(前編 卷16, '題中
　　庸諺解後·經書諺解口訣源委附')에서도 다시 인용되고 있다.

도 구본과 신본 사이에 차이가 드러나자, 필사하는 과정에서 착오가
생긴 것이라 하여 구본을 따를 것을 명하기도 하였다.[26] 이런 사실에
서 보면 왕실을 비롯하여 조선사회의 교화체계 속에서 '관본언해'의
비중은 여전히 확고한 권위를 지니고 있었던 것을 엿볼 수 있다.

25『朝鮮王朝實錄』(38집 255쪽), 肅宗元年乙卯, 3月18日丙子.

26『朝鮮王朝實錄』(42집 407쪽), 英祖10年甲寅, 1月1日戊寅.

4. 『사서언해』에서 해석상의 문제와 쟁점

‘율곡언해’는 ‘관본언해’와 더불어 경전의 교육에 활용될 뿐만 아니라, 학자들 사이에 경전해석에서 정밀한 뜻을 확인하는 과정에서도 논의되어 왔다. 이규경은 경전에 붙인 구결과 언해가 경전해석에서 중요함을 강조하여, “경서의 ‘구두’와 ‘구결’은 혹시라도 한 번 잘못되면 문장의 뜻이 따라서 어긋나서 본래의 취지를 잃게 되고 마니 두렵지 않겠는가”[27]라 하여, 올바른 구결을 확보함으로써 경전의 올바른 해석이 가능함을 역설하였다.

여기서 이규경은 올바른 ‘구결’과 ‘언해’를 확보하는 방법을 제시하면서, “경전과 사서(經史)의 ‘구두’는 우리나라에 ‘언해’(관본언해)가 이미 정해진 것이 있으니, 다시 거론할 여지가 없다. 그러나 구두가 이미 달라지면 글 뜻도 현격하게 달라지기 마련이다. 배우는 자는 마땅

---

27 『五洲衍文長箋散稿』(經史篇, 經傳類, 經傳雜說), ‘經書口訣·本國正韻辨證說’, “經書句讀·口訣, 苟或一誤, 文義從以舛錯, 遂失本旨, 可不懼哉.”

히 깊이 생각하고 세밀하게 음미하여, 그 문장의 뜻(辭義)에 해롭지 않
는 것만을 취하고 선현(先賢)들의 정론을 배반하지 않아야 옳을 것이
다"28라고 하였다.

곧 이규경은 우리나라에 이미 기준으로 정해진 '관본언해'가 있고,
그 밖에 '율곡언해'가 '언해'로서 권위를 지니고 있다는 사실을 받아들
이지만, 이 두 '언해본'의 사이에도 구두가 달라지면서 해석도 달라지
고 있는 점을 유의하지 않을 수 없음을 지적하였다. 따라서 서로 다른
'구결'이나 '언해'를 정밀하게 검토하여 경전 본문의 뜻에 해롭지 않는
것을 선택해야 한다는 조건과 더불어 선현의 기준이 되는 정론(定論)
에 어긋나지 말아야 한다는 조건을 동시에 요구하고 있다. 여기에 문
제의 복잡성이 드러난다. 구결과 언해의 기준이 제시되고 있지만 서
로 차이가 나는 점을 절충하지 않을 수 없고, 절충의 기준은 경전 '본
문의 뜻' 곧 '사의'(辭義)를 올바르게 이해하고 이에 맞는 '구결'과 '언
해'를 찾아가야 한다는 자율적 판단의 조건과 경전 본문의 해석은 자
의적 해석이 아니라, 선현의 '권위적 해석' 곧 '정론'(定論)을 따라야 한
다는 권위적 순응의 조건이 서로 모순되는 것으로 보이기도 한다. '정
론'을 제시한 선현은 주자 한 사람뿐인지, 주자와 다른 선현의 견해도
'정론'으로 받아들일 수 있는지부터 판단해야 한다. 경전 원문의 '사의'
가 무엇인지 판단하는 것은 자신의 합리적 사유능력에 전적으로 의존
할 수 있는 것인지, 끊임없이 선현의 '정론'을 확인하여 경전 원문의
'사의'와 일치시키는 이해를 해야하는 것인지도 지침을 세워주지 않으

---

28 『五洲衍文長箋散稿』(經史篇, 經史雜類, 經史雜說), '經史句讀辨證說', "經史句讀,
我國諺解, 旣有已定, 則更無餘蘊矣, 句讀旣異, 則文義又當逈別, 學者所當深思細玩,
取其無害於辭義, 不畔先賢之定論, 可矣夫."

면 안 된다. '사의'와 '정론'이라는 두 기준 사이에 절충하여 지향할 수
있는 폭은 사실상 매우 넓어 다양한 차이를 드러내지 않을 수 없을 것
이다.

경전해석의 문제점을 보다 근원적으로 성찰하고 있는 인물로 정조
(正祖)대왕을 유의할 만하다. 곧 정조는 "우리나라에서 과거시험으로
선비를 뽑거나, 선생이 제자를 가르치는 데는 거의 『사서오경대전』
(四書五經大全)을 위주로 한다. 그러므로 구두(句讀)가 엇갈리고 훈의
(訓義)가 뒤바뀌어 이제는 살펴서 판정할 수도 없다. 언해(諺解)와 음
석(音釋)에 이르러서도 본래의 뜻을 많이 잃은 것이 더욱 드러난다"[29]
고 하였다. 여기서 정조는 명나라 영락제(永樂帝)가 경전해석의 통일
을 이루고 기준을 수립하기 위해 호광(胡廣) 등에게 명하여『사서오경
대전』을 편찬하게 하였는데,『사서오경대전』은 1년도 안 걸려(永樂12
년 11월부터 13년 9월 사이) 옛 주석을 잡다하게 모아놓은 졸속의 편찬
으로서, 도리어 경학을 망치는 결과를 초래한 것임을 지적하였다. 또
한 그는 우리의 경전교육이『사서오경대전』을 기본으로 삼으면서 구
두를 끊어 읽거나 뜻을 해석하는데 심한 착오가 굳어져 고치기도 어
렵게 되었으며, 이에 따라 언해나 글자의 발음에도 착오가 많이 일어
나게 되었음을 밝히고 있다. 그것은 경전해석의 기준으로 삼는 주석
이 잘못되면서, '관본언해'이거나 '율곡언해'이거나 구결과 언해에 착
오가 생기지 않을 수 없는 현실을 인식함으로써, 경전해석의 정당성
을 확보하기 위한 경학적 인식기반의 전면적 재검토와 근원적 성찰을

---

29 『弘齋全書』, 卷161, 27, '日得錄(1), 文學(1), "我朝科目之取士, 講師之教徒, 率以大
全爲主, 故凡其句讀乖舛, 訓義顚錯, 至于今莫可考定, 而至於諺解音釋, 尤見其多失
本義."

요구하고 있는 것이다.

경전해석의 구체적 문제로 경전의 구절에서 '사서언해'의 해석을 검
토함으로써, '사서언해'가 지닌 해석상의 문제와 성격을 이해할 필요
가 있다.

(1) 먼저 글자와 음(音)의 해석이나 구절을 끊고 토를 붙이는 것이
경전해석과 연결되고 있는 사실을 살펴보자.

① 정조는『맹자』(滕文公下4)에서 '관본언해'나 '율곡언해'는 모두
'彭更'의 '更'자를 상성(上聲)으로 '갱'(깅)이라 읽는데, 본래는 평성(平
聲)으로 '경'이라 읽어야 함을 지적하여 '언해'에서 글자의 발음을 잘못
읽고 있는 경우를 지적하였던 일이 있다.[30]

②『맹자』(公孫丑上2장)에서 '재아왈이여관어부자'(宰我曰以予觀於
夫子)의 구절에 대해 '율곡언해'에서는 "宰我ㅣ 글오듸 써 予의 夫子
보오모론…"라 하였는데, '관본언해'에서는 "宰我ㅣ 글오듸 내 夫子
를 觀ᄒᆞ욤오로써…"라 하였다. 곧 '관본언해'에서는 '予'를 글자의 뜻
을 따라 '나'라고 해석하였는데, '율곡언해'에서는 재아(宰我)의 이름
인 '여'(予)로 해석하여 글자이해에 차이를 보이고 있다. 여기서 '관본
언해'의 해석이 잘못되었다는 것은 송시열·이간·안정복 등 여러 학
자들이 지적한 바 있다.[31]

③『맹자』(告子下2장)의 '일필추'(一匹雛)에 대해, '관본언해'에서는
'ᄒᆞᆫ 匹雛'라 풀이하였는데, '율곡언해'는『맹자집주』의 해석에 따라

---

[30] 같은 곳, "彭更之更, 本是平聲, 而諺解則以上聲爲音."
[31]『宋子大全』, 附錄 卷15, 23, '語錄'2(金榦錄).『巍巖遺稿』, 卷13, 34, '孟子疑目'.『順
菴集』, 권11, 23, '經書疑義'.

'흔 올힌 삿기'(한 오리새끼)로 풀이하였다. 안정복은 '일필추'의 '필 (匹)'은 음이 '목'(木)으로, 집오리를 가리키는 '목'(鶩)을 가리키는 말이 라 보며, 『언해』에서 '필'(匹)을 글자 그대로 풀이한 것이 잘못임을 지 적하였다.[32] 대체로 '관본언해'의 오류가 많음을 엿볼 수 있다.

(2) 구절에 붙인 '토'(吐)에도 여러 곳에서 차이가 드러나고 있다.

① 『맹자』(離婁上1장)에서 '고왈'(故曰)이 네 번 나오는데, 안정복은 이것이 모두 맹자의 말씀이라 하여, '관본언해'나 '율곡언해'에서 이 구절에 '이라 ᄒ니라'라고 간접인용의 토를 붙인 것은 'ᄒ노라'라고 직접인용의 토를 붙여야 하는 것이 마땅하다고 주장하였다.[33] 어떤 토를 붙이는가에 따라 문장의 상황이 달라짐을 잘 보여주고 있는 것 이다.

② 『맹자』(盡心上41)의 '관본언해'에는 "引而不發ᄒ야 躍如也ᄒ야 中道而立이여든…"이라 하였는데, '율곡언해'에서는 "引而不發ᄒ나 躍如也ᄒ야 中道而立이여든…"이라 하였다. '관본언해'에서는 '引而 不發ᄒ야'를 '躍如也'의 인과적 조건이 되는 것으로 보는데 비해, '율 곡언해'에서는 '引而不發ᄒ나'를 '躍如也'에 대해 반대의 조건이 되는 것으로 보는 뚜렷한 차이가 드러난다. 안정복은 이 구절에 대해 『맹자 집주』를 근거로 "引而不發이나 躍如也라 中道而立ᄒ나니"로 토를 붙이는 것이 마땅하다고 하면서, '관본언해'의 이 구절에 대한 토는 퇴 계의 『사서석의』에서 나온 것으로 잘못된 것이라 지적하고, 이익의

---

32 『順菴集』, 권11, 31, '經書疑義', "一匹雛, 匹音木, 諺解作如字非."

33 『順菴集』, 권11, 27, '經書疑義', "離婁上首章故曰, 章內故曰, 皆孟子言, 故集註不言 爲古語, 而今諺吐作이라ᄒ니라, 當日ᄒ노라."

『맹자질서』에서 붙인 토를 따르고 있음을 밝혔다.[34] 여기서 안정복이 받아들이고 있는 『맹자질서』의 토는 '율곡언해'의 토에 훨씬 접근된 것임을 보여준다. 이에 비해 이간(巍巖 李柬)은 이 구절에 대해『맹자질서』의 토나 '율곡언해'에 따라 "引而不發이나 躍如也ㅣ라"(發티 아니ㅎ나 躍듯 흔다라)는 해석에 대해 모두 명백하지 못하다고 의문점을 제기하면서, 자신의 견해를 분명하게 밝히지는 않고 있다.[35] '토'와 '언해'의 해석이 끊임없이 경전의 원문에 대한 해석에 따라 바뀔 수 밖에 없음을 보여주는 것이다.

(3) '언해'를 통한『사서』의 해석에서 쟁점이 되고 있는 경우를 골라 검토해보면 다음의 경우를 음미해 볼 수 있다.

① 『논어』(鄕黨12)에서 '관본언해'나 '율곡언해'는 주자의 해석에 근거하여 "傷人乎아 ㅎ시고 不問馬ㅣ러시다"라 하였다. 이에 대해 박세당은 "사람이 다치지 않았느냐고 묻고 말을 물었다"(傷人乎不,問馬)로 구절을 새롭게 끊어서 읽는 또 다른 견해를 소개하면서, "선유(先儒)들은 모두 사람이 다쳤을까 염려하는 뜻이 많아서 말에 대해 물을 겨를이 없었던 것으로 여기니, 이는 사람이 귀하고 가축은 천한 이치를 얻은 것이다. 혹자는 '사람이 다치지 아니했는가'(傷人乎)는 한 구절로 띄우는 것이 옳지 않다고 말하였으니, 먼저 사람을 물은 뒤에 말을 물었다는 것이다. 지금 이치를 추구해보면, 혹자의 설이 옳은 것 같다.

---

34 『順菴集』, 권11, 32-33, '經書疑義', "引而不發이나, 躍如也라, 中道而立ㅎ나니, 考之集註, 吐當如是, 而諺解吐不發ㅎ야, 躍如也ㅎ야, 而立이여든, 此本出退溪釋義而似誤, 今從疾書吐."

35 『巍巖遺稿』, 卷13, 40, '孟子疑目', "引而不發이나 躍如也ㅣ라(發티아니ㅎ나 躍듯 흔다라), 此兩句, 諺解音釋吐, 皆未瑩."

마구간이 불탔으면 말도 묻는 것이 인정의 떳떳함이요 이치도 당연하다. 성인이 먼저 사람을 묻고 뒤에 말을 물었다면, 사람이 상했을까 두려워한 뜻이 많은 것이니, 사람과 가축의 귀하고 천함이 각각 이치에 마땅함을 알 수 있다.…하물며 마구간이 탔는데도 말의 죽고 사는 것까지 묻지 않았다면 옳겠는가"[36]고 하였다. '不' 한 글자를 앞구절에 붙일 것인지 뒷구절에 붙일 것인지에 따라 말의 안부를 물었는지 아닌지가 달라지며, 인간과 가축의 귀천에 따라 대응하는 의리가 달라지고, 인정의 씀씀이가 달라지는 해석상의 큰 차이를 초래하고 있음을 잘 보여준다. 정조(正祖)는 이 구절에 대해 박세당이 제시한 구두(句讀)와 해석이 상당히 새로운 논지가 있음을 긍정적으로 받아들이면서, 이러한 해석은 이미 『패해』(稗海: 明 商維濬 編)에 실려 있는 것이요 박세당이 창안한 견해가 아님을 지적하였다.[37]

　②『논어』(憲問42)에는 공자가 위(衛)나라에서 경쇠(磬)를 연주할 때 삼태기를 지고 지나가던 사람의 평가를 듣고서, '말지난'(末之難)이라 하였다. 여기서 '관본언해'나 '율곡언해'는 『논어집주』의 해석에 따라 "果ᄒ다 어려움이(難호미) 업스니라"하였다. 그러나 안정복은 이와 다른 또 하나의 해석을 제시하여, "'과감하구나'(果哉)란 삼태기를 진 사람이 세상을 과감하게 잊는 것을 말하고, '없기가 어렵다'(末之難)란

---

36 『思辨錄』, '論語'(鄕黨), "先儒皆以爲恐傷人之意多故未暇問馬, 是得貴人賤畜之理, 或人又謂傷人乎, 不當爲一句, 蓋先問人而後問馬也, 今以理求之, 恐或說爲得, 蓋廏焚而問馬, 人情之常而理亦當然, 聖人先問人而後問馬, 此可見恐傷人之意多而人畜貴賤各當其理矣,…況於廏焚而不問其死生, 可乎."

37 『弘齋全書』, 권161, 日得錄(1), 文學(1), "西溪文多可觀, 思辨錄中傷人乎不問馬句讀, 頗有雌黃之論, 而此說已載稗海, 非西溪所刱之語." 李圭景도 朴世堂과 같은 해석을 하는 입장을 보이고 있다.(『五洲衍文長箋散稿』, 經史篇(4), 經史雜類(1), 經史雜說, '經史句讀辨證說')

공자 자신이 과감하게 잊을 마음이 없기가 어렵다는 것을 말씀하신 것인데, 그 말씀의 기세가 온순하여 겉으로 드러나지 않는다. 만일 그렇다면 그 토는 마땅히 '果哉나 末之ㅣ難矣니라'라고 해야 할 것이다"[38]라 하였다. 곧 '언해'에서는 "(삼태기를 진 사람 말대로 하면 세상을 잊는데) 어려움이 없을 것이다"라는 뜻으로 해석한 것이요, 이와 달리 안정복이 소개한 견해는 "(공자로서도 세상을 잊을 마음이) 없기가 어렵다"는 뜻으로 전혀 다른 의미를 내포하는 해석의 견해를 보여주는 것이다. 같은 구절이 다른 사람의 말을 듣고 그 말에 대한 견해를 피력한 것으로 해석되기도 하고, 다른 사람의 말을 듣고 그 말에 대한 평가와 더불어 자신의 입장을 밝히는 것으로 해석되기도 하는 차이를 뚜렷이 드러내고 있다.

③『맹자』(梁惠王上7)에서 제환공(齊桓公)과 진문공(晉文公)의 일에 대해 '후세무전언'(後世無傳焉)이라는 구절에 대해 '관본언해'에서는 "後世예 傳ᄒ리 업스니"라 하였고, '율곡언해'에서는 "後世예 傳호미 업스니"라 하였다. 이간은 "'무전'(無傳)이란 일이 전해지는 것이 없는 것이다. '언해'의 해석이 사람에 나아가 말하는 것은 정밀하지 못하다"[39] 하여 비판하였다. 곧 '관본언해'는 '사람이 전하는 것'으로 보고, '율곡언해'는 '일이 전해지는 것'으로 보는 해석상의 차이를 드러내면서 사실상 '율곡언해'의 해석을 긍정하고 있다. 안정복도 "만일 그 일이 전해짐이 없음을 말한다면 마땅히 '傳홈이'라고 해야 하고, 만일 전한 사람이 없음을 말한다면 마땅히 '傳ᄒ 이'라고 해야 한다. 두 가지

38『順菴集』, 권11, 12, '經書疑義', "果哉, 言荷蕢者之果於忘世, 末之難, 孔子言無果忘之心難矣, 其辭氣婉順不發露矣, 若然則其吐當云'果哉나末之ㅣ難矣니라.'"

39『巍巖遺稿』, 卷13, ??, '孟子疑目', "無傳者, 事無傳也, 諺解所釋就人上說, 恐欠精."

의 뜻이 모두 옳다. 그러나 일을 가지고 말하는 것이 정밀한 해석에
가깝다. 지금 『언해』에서는 사람을 가지고 말하였다"[40]고 하여, '관본
언해'가 일을 가지고 말하고, '율곡언해'가 사람으로 말하는 차이를 확
인하면서 양쪽 모두 긍정할 수 있음을 전제로 일을 가지고 말한 '율곡
언해'의 쪽이 더 정밀함을 인정하고 있는 것이다. 원문에는 분명하게
밝혀져 있지 않은 애매성에 대해 주어와 술어를 어떻게 해석하여 확
인하느냐에 따라 일을 주어로 보는 견해와 사람을 주어로 보는 상반
된 견해에 대해 각각 제한하여 규정하는 것이다. 이러한 상황에서 이
간은 '율곡언해'쪽이 옳고 '관본언해'쪽은 잘못된 것으로 판단하는 태
도라면, 안정복은 양쪽의 해석이 모두 가능함을 인정하면서 '율곡언
해'의 경우가 의리상 더욱 정밀한 것으로 판단하는 태도로서, 평가의
입장에 차이가 드러남을 엿볼 수 있다.

④『맹자』(公孫丑上1)에서 '문왕하가당야'(文王何可當也)'에 대해,
'관본언해'는 "文王은 엇디 可히 當ᄒ시리오"라 하였고, '율곡언해'는
"文王을 엇디 可히 當ᄒ리오"라 하였다. 그것은 문왕이 주어로서 해
석되기도 하고 목적어로 해석되기도 하여 뚜렷한 차이를 드러내고 있
는 것이다. 안정복은 "내가 『맹자』를 읽을 때 이 구절 끝에 '유(猶)'자
가 있기 때문에, '文王을 何可當也리오'로 토를 붙이고 해석하기를 '맹
자가 문왕을 당할 수 없는 것으로 여겼다' 하였다. 왜냐 하면 은(殷)나
라의 풍교(風敎)가 점점 물들어서 이처럼 변하기 어려웠는데 문왕은
오히려 사방 백 리를 가지고 일어났으니, 이것은 문왕이 하신 바가 실
로 어려운 것이라 다른 사람은 미칠 바가 아니기 때문이다"[41]라 하여,

---

40 『順菴集』, 권11, 17-18, '經書疑義', "若言其事無傳, 則當云傳홈이, 若言人無傳者,
則當云傳ᄒ이, 兩義俱是, 然而以事言之近精, 今諺解以人言."

'율곡언해'와 일치하는 입장에서 이 구절을 해석하였다는 것이다. 그
러나 그는 "퇴계의『석의』를 보았더니 '文王을 엇지 可히 當ᄒ리요'라
는 이 말은 잘못된 것이다. 마땅히 '文王은 엇지 可히 當ᄒ시리요'라
고 해야 한다고 하였다. 상고하건대, 이것은 문왕이 능히 은(殷)나라
를 당하지 못함을 말한 것이다. 집주에 '당(當)은 적(敵) 자와 같다' 하
였으니, 그 뜻이 분명하다"[42]고 하여, '율곡언해'의 해석을 버리고 퇴
계가『사서석의』에서 제시한 해석을 따르면서 사실상 '관본언해'의 해
석으로 돌아가고 있는 입장의 전환과정을 보여준다.

이 구절에 대해 송시열은 "본주(本註:『맹자집주』)에는 여기에 대해
서 해석을 하지 않아서 '언해'와 '변의'(辨疑)가 어느 것이 옳은지 모르
겠다. 그러나 '연이'(然而)라는 글자로 보면 '변의'의 설이 맞는 것 같
고, '이래서 어려웠다'(是以難)는 것으로 보면 '언해'의 설이 순리인 것
같으니, 두 가지로 보는 것이 무방할 듯하다"[43]고 하였다. 송시열은
'관본언해'의 해석과 김장생의『경서변의』(經書辨疑)의 해석에 드러나
는 상반된 견해에 양쪽 모두 타당성이 있다고 받아들이는 중립적 입
장을 취하고 있다. 이에 비해 이간은 "文王을 何可當也ㅣ리오"라고
해석하는 입장에서 김장생의 견해가 옳다고 지지하였다.[44] 김장생의
『경서변의』는 '율곡언해'와 같은 견해이니, '율곡언해'의 해석을 따르

41 『順菴集』, 권11, 20–21, '經書疑義', "余讀孟子, 以此節末有猶字, 故以文王을何可當
也리오爲吐, 而釋之曰, 孟子以文王爲不可當, 何也, 殷之風敎漸染, 如是難變, 文王猶
以方百里起, 是文王之所爲實難, 非他人所及也."
42 『順菴集』, 권11, 21, '經書疑義', "又見退溪釋義, 曰文王을엇지可히當ᄒ리요, 此說誤,
當云文王은엇지可히當ᄒ시리요, 按此言, 文王不能當殷也, 集註當猶敵也, 其義曉然."
43 『송자대전』, 권129, 18, '答三錫(別紙)', "本註, 於此不爲解釋, 未知諺解與辨疑孰爲得
失也, 然以然而字見之, 則辨疑說似當, 以是以難也見之, 則諺解說似順, 姑爲兩下看."
44 『巍巖遺稿』, 卷13, 33, '孟子疑目', "文王을 何可當也 ㅣ리오, 沙溪先生說然."

는 것이라 할 수 있다. 여기에 정조도 가세하여, '율곡언해'의 해석과
같은 입장에서 "문왕을 어찌 당할 수 있겠는가"라 해석하면서, 경문의
문맥 안에서 해석의 근거를 제시할 뿐만 아니라 채청(明 蔡清)의 『사
서몽인』(四書蒙引)을 끌어들여 입증하기도 하였다.[45] 정약용(茶山 丁
若鏞)도 이 구절의 쟁점에 관심을 보이면서, "주석의 설(註說)은 '문왕
이 은나라 덕을 감당할 수 없었다'하고, 혹자의 설(或說)은 '뒷 사람이
문왕을 감당할 수 없다'고 하는데, 혹자의 설이 나은 것 같다. 만약에
'문왕이 은나라를 감당하지 못하였다'고 말한다면 '가'(可)자가 타당치
않다"[46]고 하였다. 이 구절에 대해 정약용이 말하는 주석의 설(註說)
은 '관본언해'의 해석과 일치되고, 혹자의 설(或說)은 '율곡언해'의 해
석과 일치하는데, 그의 논증이 치밀한 것은 아니지만, 결론적으로는
'율곡언해'와 같은 입장을 취하였다. 이렇게 『맹자』의 한 구절을 해석
하면서도 두 '언해' 사이에 견해가 상반되고, 조선시대 학자들 사이에
도 견해가 분분하게 갈라지고 있었던 사실을 확인할 수 있다.

---

45 『弘齋全書』, 권107, '經史講義'(44)(總經2, 孟子), "文王何可當, 所以答文王不足法
也, 而文王猶方百里起。是以難也, 又所以結文王何可當也, 故古今諸家, 皆以文王之
德何可當之義看, 蒙引所謂執謂文王之不足法哉者, 亦是此義." 여기서 正祖는 '官本
諺解'의 해석이 어떤 문헌에 근거하고 있는지 의문을 제기했는데, 이때 朴師轍은 고금
의 여러 학자 가운데는 '관본언해'와 같은 견해가 없다고 대답하였지만, 가까이 退溪의
『四書釋義』가 '관본언해'의 해석에 근거가 되고 있는 사실도 모르고 대답한 것임을 알
수 있다.
46 『與猶堂全書』[2], 권5, 14, '孟子要義', "註說謂文王不可當殷德也, 或說謂後人不可當
文王也, 或說似長, 若云文王不當殷, 則可字未安."

5. 『사서』 한글번역의 과제

　한문의 경전으로서『사서』를 한국어로 번역하는 작업은 바로 삼국 시대에 이두(吏讀)로 구결(口訣: 吐)을 붙이면서 시작되었다. 구두를 끊고 구결을 붙이면(懸吐) 한문에 변형을 일으키지는 않지만 이미 한문에서 한국어의 언어형식으로 들어오기 시작하는 것이다. 『대학』(경1장)의 첫구절을 "大學之道는 在明明德ㅎ며 在親[新]民ㅎ며 在止於至善이니라"라 읽고, 『중용』(首章)의 첫구절을 "天命之謂性이오 率性之謂道ㅣ오 脩道之謂敎ㅣ니라"라고 토(구결)를 붙여 읽으면 이미 한문이기만 한 것이 아니라 한쪽 발을 한국어 속으로 들여놓고 있다. 토가 붙으면 원문의 의미가 한국어로서 규정되지 않을 수 없다. 그래서 토가 달라지면 의미가 달라지기 마련이다.

　'구결'(현토)의 단계에서 한 걸음 더 한국어로 깊이 들어온 것이 '언해'(諺解)라 할 수 있다. '율곡언해'에서『대학』(경1장)의 첫구절을 "大學의 道ᄂᆞᆫ 明德을 明호매 이시며 民을 新호매 이시며 至善의 止호매

잇느니라"라고 언해하면 이미 한문의 원문이 깨뜨려지고 한국어의 어순과 언어구조로 재편되어 표현되고 있다. 여기서부터 사실상 경전의 한글번역이 시작되고 있는 것으로 확인된다. 경전의 언해는 조선시대에서 이루어진 경전의 한글번역작업임에 틀림없다. 오늘날 한국어로 경전을 번역하는데서도 '언해'는 한글번역의 선행하는 모범으로서 권위와 역할을 지니고 있다. 주자의 『사서집주』를 한국어로 매우 정확하게 번역한 번역서로 평가받고 있는 『현토완역 사서집주』에서는 경전 원문에 토를 붙이면서도 '관본언해'의 토를 기준으로 삼고 '율곡언해'의 토를 참고하면서 필요에 따라 조정하였다고 한다.47 이 번역서도 '관본언해'와 '율곡언해'의 토를 기준으로 삼는 만큼, 이 토를 기준으로 해석된 '언해'와도 번역문이 크게 달라질 수 없음을 의미하는 것이다.

또한 『사서원문언해(강독본)』(四書原文諺解 講讀本)는 경전원문에 토를 붙이지 않고, 그 아래에 '관본언해'(陶山本)와 '율곡언해'(栗谷本)의 두 가지 언해를 병렬하여 제시하는 형식을 보여주고 있다.48 이 책은 오늘날에도 한국에서 경전교육을 위한 강독에 '언해'가 얼마나 소중하게 활용되고 있는 것인가를 잘 보여주는 것이라 하겠다. 그만큼 '언해'는 여전히 한국어의 언어감각과 사유형식으로 경전이해를 하는데 전통적 권위와 기준이 되고 있음을 의미하는 것이다. 성균관대학교 유교문화연구소에서 옮긴 '유교경전번역총서'로서 『사서』의 번역

---

47 成百曉譯註로 『四書集註』의 번역서는 『懸吐完譯 大學·中庸集註』(1991)·『懸吐完譯 論語集註』(1990)·『懸吐完譯 孟子集註』(1991)의 3책으로 傳統文化硏究會에서 간행되었으며, 각 책의 '凡例'에서는 같은 원칙으로 경전원문에 토를 달고 있음을 밝히고 있다.

48 『四書原文諺解(講讀本)』, 林東錫註, 學古房, 2004.

본을 간행하였는데, 경전원문에 토를 붙이고, 그 아래에 '언해'와 '직역'(直譯)과 '자해'(字解)와 '의해'(意解)·'요지'(要旨)의 차례로 구성하였다.[49] 이 번역본은 번역한 기관이 한국에서 유교연구기관으로서 대표성과 권위를 지니고 있는 만큼 일반 상업출판의 번역서와는 다른 차원의 비중과 의미를 지니는 것으로 주목된다. 그런데 여전히 '언해'가 원문 다음에 수록되어 있는 사실은 아직도 한국에서 유교경전의 번역과정에서는 여전히 '언해'를 거쳐서 '직역'으로 나오는 순서를 밟아가고 있음을 보여주는 것이라 하겠다.

왜 이렇게 조선시대의 경전번역인 '언해'를 아직도 번역문의 앞머리에 올려놓고 있는 번역서가 많이 보이는지, 그 이유가 어디에 있는지 궁금하다. 경전의 '언해'는 분명히 경전의 한국어 번역문이지만, 여전히 원문에 토를 붙이고 그 다음에 풀이로서 '언해'를 붙이고 있으니, 한문의 경전원문에서 완전히 독립된 한국어 번역문이라 하기가 어려운 점이다. '관본언해'는 국가적 사업으로 이루어진 언해의 표준을 제시한 것이라 할 수 있다. 그러나 같은 주자학의 경전주석에 근거를 두고 있으면서도 '관본언해'와 '율곡언해' 사이에 해석상의 차이점이 상당부분 제기되고, 입장에 따라 '관본언해'의 문제점을 제기하는 지적들이 사방에서 표출되면서 사실상 '언해'의 확고한 권위가 자리 잡히지 못하였다는 측면을 드러낸다. 또한 몇몇 학자들 사이에 경전해석에서 '언해'를 검토하여 쟁점을 분석하는 경우가 확인되고 있지만, 대

---

49 成均館大 儒敎文化硏究所에서 번역하고 成均館大 出版部에서 간행한 '儒敎經傳飜譯叢書'는 『論語』(2005), 『孟子』(2006)·『大學·中庸』(2007)의 세 책이 현재 간행되었다. 이 책의 '일러두기'에서는 '언해'로 '관본언해'를 기본적 대본으로 하고, 『諺解四書』(1985, 旿晟社影印本)와 『儒敎經傳諺解叢書』(2003, 聖志學社影印本)을 참고하였음을 밝히고 있다.

부분의 학자들은 기본언어를 한문으로 경전이해를 하고 있는 만큼, '언해'는 초학자들의 교육용으로 삼는데 맡겨지고 경전해석의 학문적 검토자료로서 확고한 자리를 찾지 못하였다는 한계를 드러내고 있다. 그렇다면 '언해'는 경전의 원문을 이해하는 한 단계의 수단이지, '언해'로부터 출발하여 경전해석의 세계를 열어가는 독자적 경학기반을 확보하지 못하고 말았던 것이다.

'언해'가 경전해석과 이해의 중요한 방법으로 확립되지 못하고 여전히 한문에 매달려 있는 보조적 도구의 역할을 하고 있는 사실은 조선시대 유학자들의 문자생활이 한문에 철저히 의존하여 경전이해나 성리학의 철학적 사유도 예학이나 경세론의 현실사회문제에 대한 논의도 한문에 자족하여 한글을 계발하지 않았기 때문이다. 오늘날 한글세대에게 '언해'란 한문에 버금갈 만큼 생소한 언어이다. 그런데도 여전히 경전의 원문에 토를 붙이고, 원문의 다음에 언해까지 붙이는 번역서가 나오고 있는 현상은 유교경전의 한글번역이 아직도 미숙하다는 자신감의 결핍이나 불완전하다는 불신감에 젖어, 한문의 경전원문에서 풀려나와 자유롭게 홀로 서는 한글번역을 확보하지 못하고 있기 때문이라 하겠다.

『논어』의 한글번역서가 인터넷에 130여종 검색된다고 소개하면서, 중요한 『논어』 번역서 8종에 대해 번역의 특징과 문제점을 구체적으로 검토한 전호근의 논문에서는 한문의 경전을 한글로 번역하는 어려움을 절실하게 지적하고 있다.[50] 이 논문을 읽으면서 사실은 경전의 좋은 한글번역서가 부족한 것이 아니라, 그동안 경전의 한글번역서에

---

50 전호근, 「溫故知新'과 '述而不作'의 사이에서-『논어』 번역본에 대한 검토」, 『오늘의 동양사상』(5호), 예문동양사상연구원, 2001.

대한 학자들의 관심과 체계적 이해가 부족하였던 것이 아닌가 생각하게 되었다. 한글번역에는 원문의 뜻을 정확하게 전달하는지, 한국어 표현이 자연스러운지, 여러 주석들의 다양한 견해를 수렴하여 종합하고 있는지, 어려운 문제가 첩첩이 기다리고 있다. 이러한 난관을 넘어서 완성도가 높은 한글경전번역이 나올 수 있는 여건은 이제 상당히 무르익은 것으로 보인다.

　외국어를 완전하게 자기 국어로 번역한다는 것은 처음부터 불가능한 것이라 할 수 있다. 번역하는 순간에 그 의미의 변화나 제약이 일어나지 않을 수 없기 때문이다. 그래서 '언해'는 한자어를 최대한 그대로 두고 최소한을 한국어로 풀고 있는 양상을 보여준다. 『중용』(16장)의 구절에 대한 '율곡언해'에서 제시한 '현토'와 '언해'는 다음과 같다.

　〈현토〉 "鬼神之爲德이 其盛矣乎ㄴ뎌.

　　　　　視之而弗見ㅎ며 聽之而弗聞이로딕 體物而不可遺ㅣ니라."

　〈언해〉 "鬼神의 德이론디 그 盛ㅎ뎌.

　　　　　視ㅎ야 見티 몯ㅎ며 聽ㅎ야 聞티 몯호딕 物의 體ㅎ야 可히 遺

　　　　　티 몯홀디니라."

　이처럼 '언해'는 한자어를 대부분 그대로 두고 최소한의 한국어로 풀이 하였으니, 착오가 일어날 여지나 원래 의미의 변형이 일어날 여지를 최소화한 것이라 할 수 있다. 그렇지만 실제로 한문의 원문을 전혀 모르는 사람은 '언해'를 들어도 이해하기는 불가능한 일이다. 한문의 이해를 위한 보조장치의 역할을 벗어나지 못하고 있다는 말이다. 우리시대에 통용되는 말로 번역을 한다면, 원문의 의미에 상당한 변형이나 제약이 일어나겠지만, 뒤집어보면 경전정신을 우리시대의 언어 속에 새롭게 살려내는 것이요 재창조하는 것이라 볼 수도 있는 것이 사실이다.

유교경전을 한글로 번역하는 과제는 무엇보다 먼저 알아들을 수 있는 한국어로 번역하는데서 출발해야 한다. 히브리어나 희랍어로 된 기독교 성경의 한글번역은 지식인부터 서민대중까지 하나의 번역본으로 편안하게 읽고 이해할 수 있으며, 한문으로된 유교경전이 현대의 서양어로 번역되어 넓리 읽혀지고 있다. 그런데 오랫동안 유교문화권 속에서 살아온 한국인으로서 한문의 원문에 매달아두지 않으면 경전의 뜻이 제대로 전달될 수 있는 한글번역이 불가능한 것은 결코 아니다. 교육용으로 '현토'와 '언해'가 붙은 한글번역서도 필요할 수 있지만, 그보다 더 넓게 유교경전이 한글번역만으로 자유롭게 읽힐 수 있고, 학문적 토론의 자료가 될 수 있어야 진정한 의미에서 한글번역이라 할 수 있을 것이다.

경전의 한글번역이 정착되기 위한 가장 바람직한 조건은 표준번역이 나와서 누구나 같은 번역본을 읽고 토론하며 인용할 수 있는 상황이다. 그러나 현실적으로 어려운 점이 많다. 무엇보다 해석을 하는 기본입장으로 주자학 전통을 따를 것인지 또다른 입장을 따르거나 그렇지 않으면 또 하나의 새로운 해석입장을 수립할 것인지에 따라 용어의 선택이나 해석의 내용에 상당한 차이가 드러나기 마련이다. 유교교단이 공식적으로 채택한 한글번역이 없으니, 다양하게 제시되는 번역본에 대한 학자들의 평가가 활발하게 이루어지는 것은 좋은 효과를 거둘 수 있을 것이다. 이런 의미에서 위에서 들었던 전호근의 논문은 좋은 사례라 할 수 있겠다. 다양하게 쏟아져 나오는 경전의 한글번역

본에 대해 엄밀한 평가가 제기되면 보다 좋은 번역본을 선택할 수 있
는 길잡이의 역할도 할 수 있을 것이다. 이와 더불어 경전의 한글번역
은 경학의 수준에 상응하여 완성도가 높아질 수밖에 없다. 한글번역
본을 자료로 활발한 경전해석 문제의 토론이 일어날 때 경학의 수준
도 따라서 향상될 수 있을 것이다.

6. 『사서』 한글번역에서 '언해'가 지닌 의미

『사서율곡언해』는 '관본언해' 보다 뒤늦게 간행되었고, '관본언해' 가 가진 '언해'로서의 대표성을 누리지 못했지만, 사실상 왕명을 받아 착수되었던 작업이었고, 또한 율곡이라는 이 시대의 대표적 학자의 역량으로 이루어진 '언해'라는 점에서 '관본언해'와 더불어 '언해'의 두 축을 이루어 왔다고 할 수 있다. 조선시대 유교가 도학-주자학을 기본 이념으로 하는 것이요, 따라서 이 시대에 나온 모든 '언해'가 주자학의 경전해석을 근거로 삼고 있는 것이다. 그렇다면 어떤 '언해'가 주자의 경전해석에 가장 가깝게 일치하고 있는지를 확인하는 것이 어떤 '언해'가 가장 우수한 '언해'인지를 말해주는 것이 된다. 이런 점에서도 조선시대 주자학 인식의 한 정점을 이루었던 율곡의 '언해'가 가진 선명한 성격과 비중을 주목할 수 있다.

조선시대에서도 유교이념이 학문적으로나 사회적으로 가장 활발하게 표출되고 있던 16세기 후반의 선조(宣祖) 때에 '율곡언해'와 '관본언해'가 이루어졌다는 사실은 '언해'에 대한 요구는 학문적 역량의 축적과 사회적 요구가 만났을 때 표출되었던 것이라 하겠다. 퇴계의『사서석의』가 선행하였고, 율곡의『사서언해』가 사실상 이루어졌던 배경에서 '관본언해'가 나올 수 있었던 것으로 보인다. 그만큼 '언해'를 통한 경전이해의 필요성은 조선사회의 학문수준이 퇴계와 율곡의 시대라는 단계에 이르러서 가능하였던 것이니, '언해'가 결코 초학자의 교육을 위한 부차적 도구로만 만들어진 것은 아니다. 실제로 '언해'가 나온 이후 송시열, 이간, 안정복을 비롯한 다수의 학자들과 정조(正祖) 임금까지 '언해'와 관련하여 경적해석의 쟁점을 논의하고 있는 사실을 엿볼 수 있다. 말하자면 조선시대의 경학에서는 '언해'를 자료로 하는 경학적 논의가 비록 한정된 것이기는 하지만 하나의 뚜렷한 흐름을 이루었다는 사실이 주목된다.

『사서』의 '언해'에서도 문제는 '언해'가 경전의 한글번역으로서 중요한 한계를 드러내고 있다는 사실이다. 하나는 이 시대 조선사회의 유교이념으로서 주자학의 경전해석에 따른 '언해'라는 점이다. 물론 당시에는 주자학의 이념을 더욱 분명하게 이해하기 위한 방법으로 '언해'의 역할이 컸겠지만, 오늘에서는 경전의 한글번역에서 주자학적 해석은 수용할 것인지 비판할 것인지 선택의 조건일 뿐이다. 따라서 '언해'는 오늘의 한글번역에서는 주자학적 해석의 시야만 보여주고 있다는 한계를 지닌 것이다. 또 하나는 '언해'가 한문에 너무 의존되어 한글의 독자적 언어생활을 확보해주지 못하고 있다는 점이다. 조선시대의 조건을 보면 사회전반이 한문의 지식체계로 운영되고 있었으며, 법조문이나 죄인의 심문처럼 한문의 애매함을 그대로 허용할 수 없는 곳에서만 이두나 구결을 활용하는 수준이었던 것이 사실이다. 그러나 오늘에서 보면 '언해'가 한국어로서 전달능력이 결핍된 한문중심에 치우친 국한문혼용체라는 형식을 보여주고 있다는 한계를 벗어나지 못하고 있는 것이다.

그렇다면 '언해' 이후 오늘에서 유교경전의 한글번역을 위한 방향을 찾을 필요가 있다. 한문으로 기록된 옛 성현의 정신은 한문 원문의 정확한 이해라는 과제와 동시에 가장 완벽하게 한국어로 옮겨져야 한다는 두 마리 토끼를 쫓아가야 하는 어려움이 있는 것은 사실이다. 한문의 원문을 벗어나면 창작은 되어도 성현의 뜻을 버리게 되고, 원문에 매달려 있으면 성현의 뜻을 지키는 것이겠지만 그 뜻을 전달할 수가 없게 된다. 글자의 뜻을 넘어서 그 정신의 깊은 세계를 이해하지 못하면 제대로 번역이 될 수가 없다. 석가모니야 염천(炎天)에서 고행했겠지만, 한문으로 번역할 때는 설산(雪山)에서 고행했다고 번역한 것은 사실에 어긋나는 오역일 수 있다. 그러나 열대지역과 온대지역의 생활환경이 다름에 따른 가장 생동감있는 번역일 수도 있다. 사실에 충실한 만큼이나 호소력이 살아있는 경전번역이 중요하다는 말이다.

'언해'는 여전히 한문경전에서 한글번역으로 건너가는 길에서는 탁월한 길잡이요 요긴한 나룻배이다. 비록 주자학적 해석에 한정되어 있지만 한문의 올바른 이해를 확보해주는 필수적인 나루터이다. 그러나 한글번역은 우리시대의 언어생활 속에서 이루어져야 하는 만큼 우리의 판단이 더 크지 않을 수 없다. 그래서 '언해'를 발판으로 삼아 제대로된 경전의 한글번역을 해내야 하는 것이다. 그러니 길을 다 왔으면 길잡이와 작별해야 하고, 나루를 건너왔으면 나룻배에서 내려야 하는 것처럼, '언해'에서 벗어나 한글로 생각하고 이해하는 경전의 세계를 창조하는 것이 바로 경전 한글번역의 과제라 생각한다.

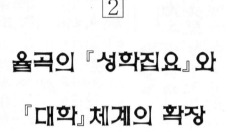

2

율곡의 『성학집요』와
『대학』체계의 확장

경전과 시대

한국유학의 경전활용

1. 『성학집요』의 성격

선조8년(1575) 당시 홍문관부제학(弘文館副提學)이었던 율곡(栗谷
李珥, 1536~1584)은 『성학집요』(聖學輯要) 8권을 저술하여 선조임금
에게 올렸다. 『성학집요』는 율곡의 저작 가운데 그의 학문과 사상체
계를 전체적으로 가장 잘 드러내고 있다는 의미에서 그의 대표작이라
할 수 있다.

'성학'(聖學)이란 요(堯)·순(舜)·우(禹)·탕(湯)·문왕(文王)·무왕(武
王)·주공(周公)으로 내려오면서 성왕들이 제시한 치적(治迹)과 가르
침이요, 공자(孔子)가 이를 집대성하여 경전으로 편찬하고 증자·자사·
맹자가 계승하여 전해준 가르침이다. 사실상 성인의 가르침을 뜻하며
'유교'라는 말과 같은 의미라 할 수 있다. 그러나 송대 도학에서 성인
의 도통(道統)을 강조하면서 공자의 정통을 이은 진정한 학문을 가리
키는 명칭으로 '성학'이 일반화되어 쓰이고 있는 것이 사실이다. 실제
로는 '성학'이 여러 가지 복합적 의미를 내포하고 있는 것을 볼 수 있

다. 곧 근원적으로는 '성인이 베풀어준 가르침'(聖人之敎)이라는 뜻이
지만, 도학의 이념에서는 '성인을 이루기 위한 학문'(聖人之學)이라는
의미를 지니며 동시에 국가체제에서는 군주가 성왕으로서 다스림을
실현하기 위한 '제왕의 학문'(帝王之學)이라는 의미로도 쓰이고 있다.

그렇다면 군왕으로서 닦아야 할 학문은 마땅히 '성학'이라야 할 것
이요, 신하로서 군주의 학문을 일컬을 때는 '성학'이라 말하는 것이 당
연하게 된다. 율곡의『성학집요』도 군주에게 올려 군왕으로서 닦아야
할 학문을 제시하였다는 점에서 '제왕의 학문'으로서 '성학'인 것은 사
실이다. 그러나 '성학'이 제왕으로서 닦아야할 학문을 가리킬 때에도
여전히 성인(성왕)의 가르침으로서 '성인이 베풀어준 가르침'의 의미
와 성인을 이루기 위해 닦아야 하는 학문으로서 '성인을 이루기 위한
학문'의 의미를 그 속에 내표하는 것임을 유의할 필요가 있다.

율곡은『성학집요』를『대학』의 '명명덕'(明明德)-'신민'(新民: 親民)
구조, 곧 '수기'(修己)-'치인'(治人)구조로 제시하였다. 바로 이 점에서
『성학집요』는『대학』의 체계를 활용하고 확장한 것이라 할 수 있다.
문제는 '수기'와 '치인' 사이에 현실에서 어느 쪽을 우선해야 할 것인가
의 실천적 선택이 요구되는 경우이다. '수기'가 근본이라는 점에서 '수
기'를 앞세워야 한다는 근본주의적 논리가 도학의 일반적 입장이다. 여
기서 율곡은 '근본에서 말하는 관점'(從本而言)과 더불어 '실무에서 말
하는 관점'(從事而言)이 있음을 제기하여, 근본의 중요성과 동시에 실
무의 시급성을 함께 보는 안목을 열어주고 있다는 사실이 주목된다.

곧 도학의 학문체계에서 보면 '수기'는 성리학을 포함하는 수양론의
과제로 근본(本)을 이루는 것이며, '치인'은 경세론의 과제로 지말(末)
을 이루는 것으로 인식되고 있다. 따라서 '수기'의 수양론이 선행하여

야 할 근본의 과제로 강조되고 '치인'의 경세론이 다음에 와야 할 지말의 과제로서 소홀히 다루어지는 경향이 뚜렷하다. 그러나 율곡의『성학집요』에서는 근본과 지말이 두 가지로 나누어지기 보다는 하나로 통합되어 제시되고 있는 점에서 이기일원론(理氣一元論)으로 집약해 볼 수 있는 그의 성리설이 지닌 철학적 특성을 가장 잘 드러내주는 사실을 확인할 수 있다. 수양론이 경세론으로 실현되어야 하고, 경세론이 수양론에 바탕을 두어야 하는 일원적 통합성을 선명하게 밝혀주고 있는 것이 바로『성학집요』의 일관하는 정신이요, 율곡의 사상적 기본특성이라 할 수 있을 것이다. 이 점에서『성학집요』는 율곡이 존경하고 따랐던 선배학자인 퇴계가 1568년 선조에게 올렸던『성학십도』(聖學十圖)와 좋은 대조를 드러내고 있는 점이기도 하다.

　『성학집요』를 통해 율곡은 성리학·수양론의 학문기반과 경세론의 현실적 관심을 하나의 전체로 통합시킴으로써, 자신의 도학적 학문성격을 선명하게 드러내고 있음을 확인할 수 있다. 그가 수양론과 경세론의 구체적 문제를 얼마나 정밀하고 구체적으로 분석하고 있는지를 점검할 필요가 있다고 본다.『성학집요』를 통해 율곡의 학문체계가 지닌 성격과 사상적 특성을 이해하는 과제는 바로『대학』의 경전정신이 율곡을 통해 어떻게 응용·확장되고 있는지를 이해할 수 있는 과제이기도 한 것이다.

2. 『성학집요』의 저술동기와 구조

1) 『성학집요』의 저술동기

율곡이 40세 때(1575) 『성학집요』를 저술하여 24세인 선조임금에게 올렸는데, 이보다 7년 전인 선조 원년(1568) 68세의 퇴계는 『성학십도』를 17세의 선조임금에게 올렸다. 이 두 저술은 각각 조선시대 도학의 두 정점이라 할 수 있는 퇴계와 율곡의 사상적 특성을 가장 잘 드러내주는 대표작이라 할 수 있다. 『성학십도』와 『성학집요』는 '성학'이란 이름으로 제왕이 실현해야할 학문이면서 동시에 성인을 이루기 위한 학문을 체계화하여 제시해주고 있다는 점에서 공통성을 지니고 있다. 그러나 두 도학자의 학문성향에 따라 '성학'의 인식내용이나 저술동기와 체제나 구조에 중요한 차이점을 드러내주고 있는 것이 사실이다. 따라서 『성학집요』의 편찬동기와 체제의 구조를 이해하기 위해 『성학십도』와 대비하여 보는 것이 의미있는 것으로 보인다.

율곡은 선조임금에게 『성학집요』와 함께 올렸던 차자(箚子:「進箚」) 에서 자신이 「성학집요」를 올리게 된 배경을 밝히고 있다.

> "조정 안에서는 외람되이 시종신(侍從臣)이 되었으나 임금의 계책을 돕지 못하였고, 외직에 나가서는 황공하게 감사(監司)가 되었으나 백성에게 덕화(德化)를 펴지 못하였습니다. 백번 생각해도 사직하고 돌아가 농사 짓는 이외에 다른 대책이 없사옵니다. 다만 임금을 사랑하는 한 생각은 천성에 뿌리박혀 지울 수 없어서, 망설이고 되돌아보며 간절히 그리워서 물러갔다가 다시 나왔습니다. 나무하고 꼴 베는 사람 같은 어리석음이 라도 반드시 임금님께 모두 아뢰어, 미미한 도움이나마 드린 뒤에야 마 음 편히 지낼 수 있겠습니다."[1]

율곡이 조정에서 홍문관 부제학으로 임금을 측근에 모시거나 외직 으로 황해도 관찰사로 나가 목민관으로 활동하면서 그 이룬 공적이 탁월하였음에도 불구하고 임금의 계책을 돕지 못하고 백성을 교화하 지 못하였다고 말하는 것은 겸손하게 자신을 낮추려는 뜻을 임금에게 보이려는 것만은 아니다. 그는 선비로서 국사를 담당하여 펼치고자 하는 포부가 컸고 치밀한 계책을 제시하였던 인물이다. 그는 당시 조 선사회가 누적된 폐단으로 위기에 놓여 있다고 인식하여, 당시 사회 의 폐단을 예리하게 지적하는 시폐론(時弊論)을 제시하고, 전면적인 과감한 개혁방책을 제기하는 경장론(更張論)을 주장하였다. 그러나

---

1 『栗谷全書』, 권19, 1, '聖學輯要, 進箚' "內叨侍從, 無以贊煥王猷, 外忝岳牧, 無以宣 布德化, 百爾忖度, 歸田之外, 更無他策, 只緣愛君一念, 根於秉彝, 銷鑠不得, 遲回惓 戀, 已退復進, 必以芻蕘之愚, 罄陳冕旒之下, 少效涓埃之補, 然後庶獲食息之安."

선조임금은 개혁정책에 불안을 느끼고 소극적 입장을 취하였으니, 율곡을 신하로서 존중하면서도 그의 개혁정책을 받아들이지 않았다. 그러다 보니 율곡은 자신의 개혁정책을 펼 수 없는 한계를 절실하게 느끼지 않을 수 없었다. 그가 거듭 벼슬에서 물러나기를 청하는 상소를 올리고 자주 벼슬을 버리고 고향으로 내려갔던 사실도 자신의 정치적 포부와 정책을 펼 길이 없기 때문이었던 것으로 보인다. 이러한 상황에서 율곡이 할 수 있었던 중요한 과제는 저술을 통해 이상정치의 조건과 방법을 제시함으로써 임금을 깨우쳐주고 다음 시대에 그 실현을 기다리는 것이다.

율곡은 참된 선비(眞儒)를 정의하여, "(관직에) 나아가면 한 시대에 '도'를 행하여 이 백성으로 하여금 태평을 누리게 하고, 물러나면 온 세상에 교화를 베풀어 학자로 하여금 큰 잠에서 깨어나게 하는 것이다"[2]라 하였다. 그 자신 한 시대에 '도'를 행하여 태평한 시대를 이루는 이상정치를 실현할 수 없다면, 물러나 저술을 남겨 임금과 후세의 학자들을 깨우치는 것이 마땅한 임무임을 절실하게 인식하고 있었던 것이다. 그가 『성학집요』를 저술한 동기는 바로 현재 임금 뿐만 아니라 다음 시대를 위해 '도'를 깨우쳐주기 위한 것이라 볼 수 있다.

"일찍이 한 책을 편찬하여 (도학의) 요령을 얻는 도구로 삼아, 위로는 우리 임금에게 바치고 아래로 후생을 가르치고자 하였습니다. 그러나 자신을 성찰하니 부끄러운 점이 많아 뜻이 있어도 착수하지 못했습니다. 계유년(1573)에 특별히 부름을 받아 감히 끝내 사양하지 못하고 명을 받

---

2 『栗谷全書』, 권15, 9, '東湖問答', "夫所謂眞儒者, 進則行道於一時, 使斯民有熙皞之樂, 退則垂敎於萬世, 使學者得大寐之醒."

들어 직무를 맡아 신하의 대열을 따라다녔으나, 나라에는 공이 없고 학문에는 방해가 되었습니다. 큰 은혜를 입고도 책임을 다하지 못함을 스스로 탄식하여, 비로소 책을 편집할 계획을 정하여 경전을 탐색하고 역사문헌을 추렸는데, 절반도 이루지 못하고 병으로 조정을 떠났습니다. 시골에 살면서도 미미한 정성이 그치지 않아, 한가하게 홀로 있으면서 하던 일을 계속했습니다. 그런데 탈고도 하기 전에 또 황해도 관찰사의 명을 받아, 공문서 처리에 시달리느라 전념하여 힘쓰지 못하였고, 게다가 병까지 나서 여러 달 덮어 두었다가 올해 초가을에 비로소 편(編)을 이룰 수 있어서,『성학집요』라 이름을 붙였습니다."[3]

율곡은 제왕의 도리가 심술(心術)의 은미함에 근거를 두고 있지만 이를 밝혀주는 경전과 주석이나 제자서(諸子書)와 역사서가 이미 무수히 많은 현실에서 중요한 것은 그 요령을 파악하는 것임을 주목하였다. 따라서 그는 일찍부터 제왕으로서 실현해야할 '도'의 요령을 파악하고 그 내용을 집약하여 제시하는 저술에 뜻을 두었던 사실을 밝히고 있다. 그러다가 38세 때(1573) 홍문관 직제학(弘文館直提學)으로 다시 조정에 나왔고, 이듬해는 우부승지(右副承旨)로서「만언봉사」(萬言封事)를 올려 당시 조정의 걱정스러운 문제점들을 제시하였다. 곧 상하가 서로 믿는 실상이 없는 것, 신하들이 일을 책임지려는 실상

<hr>

3 『栗谷全書』, 권19, 1-2, '聖學輯要, 進箚', "嘗欲裒次一書, 以爲領要之具, 上以達於吾君, 下以訓於後生, 而內省多愧, 有志未就, 歲癸酉, 恭承特召, 未敢固辭, 拜命供職, 逐隊隨行, 無功於國, 有害於學, 自嘆辜負盛恩, 無以塞責, 始定輯書之計, 探索經傳, 搜剔史籍, 功未半途, 以病去國, 畎畝之間, 微誠未歇, 居閒處獨, 續其餘緒, 猶未脫藁, 又受海西之命, 困于簿牒, 不能專功, 加以疾作, 廢業累月, 今秋之初, 始克成編, 其名曰聖學輯要."

이 없는 것, 경연(經筵)에서 성취되는 실상이 없는 것, 현명한 사람을 불러들이고도 거두어 쓰는 실상이 없는 것, 재난의 변고를 당하여도 하늘의 뜻에 응답하는 실상이 없는 것, 여러 정책에 백성을 구제하는 실상이 없는 것, 인심이 선(善)을 지향하는 실상이 없는 것 등 일곱가지를 지적하기도 하였다.[4] 이처럼 그는 현실정치의 문제점을 절실하게 인식하는 기반 위에서, 이를 해결하는 방법을 체계화하는 저술로서 『성학집요』의 편찬에 착수하였던 것임을 보여준다.

율곡은 선조에게 올린 상소에서, "영특한 기질이 너무 드러나 착한 것을 받아들이는 도량이 넓지 못하고, 노기(怒氣)를 쉽게 발하여 남에게 이기기를 좋아하는 사사로운 마음을 버리지 못하셨습니다. 이러한 병통을 제거하지 않으면 '도'에 들어가는 데 방해가 됩니다. 이 때문에 유순하게 말하는 자가 많이 받아들여지고, 직언으로 비평하는 자는 반드시 거슬리게 되니, 거룩하고 밝은 제왕이 자신을 비우고 남을 따르는 도리가 아닐 것입니다"[5]라 하였다. 여기서 그는 직언을 받아들이는 도량이 부족한 병통을 직설적으로 지적하고, 옛 성왕이 겸허하게 자신을 비우고 신하들의 간언(諫言)을 받아들였던 사실을 들어 본받기를 요구하였다.

따라서 선조를 통해 왕도(王道)의 이상정치를 실현하고자 하는 포부를 지녔던 율곡으로서는 선조의 병통을 예리하게 지적함으로써, 임

---

4 『栗谷全書』, 권5, 16, '萬言封事', "所可憂者有七, 上下無交孚之実, 一可憂也, 臣鄰無任事之実, 二可憂也, 経筵無成就之実, 三可憂也, 招賢無収用之実, 四可憂也, 遇災無應天之実, 五可憂也, 羣策無救民之実, 六可憂也, 人心無向善之実, 七可憂也."

5 『栗谷全書』, 권19, 3-4, '聖學輯要, 進箚', "第論病痛, 則英氣太露, 而受善之量未弘, 天怒易發, 而好勝之私未克, 此病不除, 實妨入道, 是故, 溫言巽辭者, 多蒙採納, 直言面折者, 必至違忤, 恐非聖帝明王虛己從人之道也."

금으로 하여금 선비들의 간언(諫言)을 받아들이고 간신들의 아첨을 물리치며, 현실의 폐단을 개혁하여 백성을 살려내는 정치적 혁신을 실현하게 하는 것이 핵심의 과제였다.

> "어찌하여 뜻을 세우기를 돈독히 하지 않으시고 착한 것을 취하기를 널리 하지 않으십니까. 여러 신하들이 잘못을 바로잡아 허물이 없게 해드리고자 하면 반드시 이해를 못한다고 의심하시고, 착한 말을 아뢰고 어려운 일을 권하여 요순(堯舜)의 '도'로 인도하려고 하면 반드시, 감당할 수 없다고 거절하십니다.…지금 전하께서 착한 것을 좋아함이 지극하지만 선비들이 꼭 옳지만은 않다고 의심하시고, 악한 것을 미워함이 깊지만 비열한 자들이 꼭 그르지만은 않다고 의심하십니다.…선비들의 말은 행하지 않고 큰소리로 비방하는 말만 취하며, 백성을 병들게 하는 법규를 제거하지 않고 오히려 경장(更張)의 지나침만 근심합니다. 이 때문에 착한 것을 좋아하면서도 어진 이를 등용하는 실상이 없고, 악한 것을 미워하면서도 간사한 이를 제거하는 유익함이 없어서 의논은 갈라지고 시비는 정해지지 않으며, 충성스럽고 어진 이에게 믿고 맡기는 일이 없고, 간사한 자들에게 틈을 노릴 기회를 만들어 주게 됩니다."[6]

사실상 율곡이 펼치고자 한 '왕도'정치의 이상과 사회적 폐단을 개혁하고자 하는 '경장론'은 군왕으로서 선조의 태도에 현실적으로 한계

---

6 『栗谷全書』, 권19, 4-6, '聖學輯要, 進箚', "奈之何立志不篤, 取善不廣, 羣臣繩愆糾謬, 欲置無過之地, 則必疑其不相知, 陳善責難, 引以堯舜之道, 則必拒以不敢當.…今殿下好善非不至, 而又疑士類之未必眞是, 嫉惡非不深, 而又疑鄙夫之未必眞非,…儒者之說不行, 而徒取大言之譏, 病民之法不除, 而猶患更張之過, 是以好善而無用賢之實, 嫉惡而無去邪之益, 議論多岐, 是非靡定, 忠賢無腹心之寄, 姦細有窺覬之路."

에 부딪치고 있음을 잘 드러내고 있다. 따라서 임금의 태도를 바꾸어 놓고 임금이 '왕도' 곧 '제왕지도'(帝王之道)를 추구하게 하지 않는다면 그의 포부를 펼 수 있는 방법이 없는 것이다. 바로 여기에 임금을 일깨워 '왕도'정치를 실현하는 방향과 요령을 제시하고자 하였던 것이 그가 『성학집요』를 저술하였던 가장 큰 동기가 있었던 것이라 하겠다.

실제로 율곡이 『성학집요』를 올렸을 때, 선조는 이를 받아보고 그 다음날 "그 글은 아주 절실하고 긴요하니, 이는 곧 부제학(율곡)의 말이 아니고 바로 옛날 성현의 말씀이다. 다스리는 도리에 매우 보탬이 있겠으나 나같이 불민한 자로서는 능히 행해내지 못할 듯하다"고 말하여, 그 저술을 칭찬하면서도 그 도리를 받아들여 실천할 의사가 없음을 드러내었다. 이에 대해 율곡은 "전하께서 늘 이런 하교(下敎)가 계시니 신은 민망스럽기만 합니다. 옛날 송(宋)나라 신종(神宗)이 '이는 요순(堯舜)의 일인데 내가 어찌 감당할 수 있겠는가'라 말하자, 명도(明道: 程顥)가 걱정스런 기색으로 '폐하의 이 말씀은 나라(宗社)와 백성(臣民)에게 복되는 말씀이 아닙니다'고 아뢰었는데, 지금 전하의 말씀이 여기에 가깝지 않겠습니까"[7]라고 대답하는데서도, 군왕이 왕도정치를 실현할 군은 의지가 결핍되어 있는 현실적 문제점을 확인할 수 있다. 그만큼 『성학집요』는 그 시대에 행해야 할 '도'를 제시하는데 그치는 것이 아니라, 다음 시대의 군왕을 위해서 '왕도'정치의 방법과 요령을 일깨워주기 위한 저술이었다고 할 수 있다.

---

[7] 『栗谷全書』, 卷33, 56, '年譜'(乙亥.先生40歲條), "翌日, 上謂先生曰, 其書甚切要, 此非副學之言, 乃聖賢之言也, 甚有補於治道, 如我不敏, 恐不能行, 先生謝曰, 自上每有此敎, 臣切悶焉, 昔宋神宗曰, 此堯舜之事, 朕何敢當, 明道愀然曰, 陛下此言, 非宗社臣民之福, 殿下之言, 無乃近此乎."

2) 『성학집요』의 구조

율곡의 『성학집요』(이하 '『집요』'로 줄임)와 퇴계의 『성학십도』(이하 '『십도』'로 줄임)는 '제왕의 학문'이요 '성인의 학문'으로서 '성학'(聖學)을 제시한 저술이다. 그러나 이 두 저술은 여러 면에서 특성과 차이를 드러내고 있다.

그 차이점으로서 먼저 그 형식에서 보면, 『십도』는 10개의 주제별 도상(圖)과 설명(說)을 가려내어 열폭 병풍에 담을 수 있는 정도로 극진하게 집약시킨 함축형 형식이요, 이에 비해 『집요』는 강령과 조목을 나누고, 조목에 세목을 나누어 경전구절을 중심으로 인용하고 구절마다 주석에 해당하는 내용을 인용해놓은 정밀한 체계의 서술형 형식으로 차이를 드러낸다. 『십도』의 함축형 표현형식은 스스로 깨우치도록 유도하는 것이라면, 『집요』의 서술형 표현형식은 가르쳐 설득하려는 것이라 할 수 있다.

다음으로 그 내용에서 보면, 『십도』는 '경'(敬)의 수양론적 실천에 초점을 맞추고 있는 것이라면, 『집요』는 '공'(功)의 경세론적 실현에 초점을 맞추고 있는 것이라 할 수 있다. 수양론적 실천의 중심은 군주 자신의 내면적 자기각성이라면, 경세론적 실현의 중심은 군주와 신하의 상호관계 속에서 사회제도적 시행을 지향하고 있다는 차이를 보여준다.

퇴계는 『십도』를 두 가지 구조적 형식을 지니는 것으로 제시하고 있다. 하나는 전반부(1도-5도)가 '천도'(天道)에 근본하는 것이요, 후반부(6도-10도)가 '심성'(心性)에 근원하는 것이라 제시하고 있다.[8] 그것

---

8 『退溪集』, 권7, 22·35, '聖學十圖', "以上五圖(1-5圖), 本於天道, 而功在明人倫懋德業,…以上五圖(6-10圖), 原於心性, 而要在勉日用崇敬畏."

은 전체를 '천도'와 '심성'이 상응하는 '천인상응'(天人相應)의 구조를
이루는 수양론으로 인식하는 것이다. 다른 하나는 제3도(「小學圖」)와
제4도(「大學圖」)를 학문의 중심체계로 삼고, 앞의 제1도(「太極圖」)와
제2도(「西銘圖」)를 하늘을 본받아 '도'를 실현하는 학문의 표준이라
하며, 뒤의 제5도(「白鹿洞規圖」)에서 제10도(「夙興夜寐箴圖」)까지는
선을 밝히고 덕을 높이는 것으로 학문의 터전이 된다는 것이다.[9] 그것
은 학문의 기본구조에 근원과 토대까지 드러내어 '체용일원'(體用一元)
의 구조를 지닌 교학론(敎學論)으로 인식하고 있음을 보여준다. 말하
자면『십도』는 수양론적 구조와 교학론적 구조의 양면을 포함하고 있
는 것이라 하겠다.

　이에 비해 율곡의『집요』는『대학』의 구조를 기준으로 삼아 편찬
한 것이다.『집요』의 서문(1575년 7월16일撰)에서는 자신이『성학집
요』를 저술한 이유의 또 하나로서 덕에 들어가는 문(入德之門)인『대
학』을 기준으로 삼았는데, 송나라 진덕수(眞德秀)가 편찬한『대학연
의』(大學衍義) 43권은 간결하지 못한 점이 있음을 지적하였다.[10] 여기
서 그는『집요』의 체제가 진덕수의『대학연의』를 선행의 업적으로

9『退溪集』, 권7, 19-20, '聖學十圖', "非但二說(小學圖說·大學圖說)當通看, 幷與上下
八圖, 皆當通此二圖而看, 蓋上二圖, 是求端擴充體天盡道極致之處, 爲小學大學之標
準本原, 下六圖, 是明善誠身崇德廣業用力之處, 爲小學大學之田地事功."

10『栗谷全書』, 권19, 8, '聖學輯要, 序', "竊念大學固入德之門, 而眞氏衍義, 猶欠簡要."
宋의 眞德秀는『大學衍義』43권에서 '帝王爲治之序'(권1), '帝王爲學之本'(권2-4),
'格物致知之要'(권5-27) 4目(明道術·辨人才·審治體·察民情), '誠意正心之要'(권28
-34) 2目(崇敬畏·戒逸欲), '修身之要'(권35) 2目(謹言行·正威儀), '齊家之要'(권36-
43) 4目(重妃匹·嚴內治·定國本·敎戚屬)으로 편을 나누고 그 조목에 다시 44개의
세목으로 자세히 분석한 것이다. 그후 明의 丘濬은『大學衍義補』160권을 저술하여
誠意正心之要에 '審幾微' 1目을 추구하고,『大學衍義』에서 서술하지 않은 '治國平天
下之要'편을 12目(正朝廷·正百官·固邦本·制國用·明禮樂·秩祭祀·崇敎化·備規
制·愼刑憲·嚴武備·馭夷狄·成功化)으로 구성되어 있다.

인정하지만 그 체제가 방만하여 간결하지 못함을 해결하는 것임을 밝
히고 있다. 여기서 율곡은 "진실로『대학』의 뜻을 본떠 차례를 나누고
서, 성현(聖賢)의 말씀을 정밀하게 선택하여 채워 넣고, 절차와 조목을
자세하게 밝히며, 말은 간략하지만 이치를 다한다면, 요체를 잡는 방
법이 여기에 있을 것이다.…이에 다른 일을 덮어 두고 사서(四書)·육
경(六經)에서 선유(先儒)의 학설과 역대 역사서까지 깊이 탐색하고 널
리 찾아내어, 정수를 채집하고 차례에 따라 분류하며, 번잡한 것을 깎
아내고 요점을 잡았으며, 침잠하여 음미하고 반복 수정하여 두 해가
걸려 편성한 것이 다섯 편이다"[11]라 하였다. 곧『집요』는『대학』의
'수기(修己)-치인(治人)'구조를 기준으로 삼아 5편으로 구성하면서, 그
내용은 사서·육경과 옛 유학자들의 학설 및 역대의 역사서에서 정수
를 채집하여 분류함으로써 수양론과 경세론을 통합하여 '왕도'를 이루
는 요령을 제시하고자 하였음을 밝히고 있다.

『집요』의 체제는 (1) '통설'(統說), (2) '수기'(修己), (3) '정가'(正家),
(4) '위정'(爲政), (5) '성현도통'(聖賢道統)의 5편으로 이루어져 있다.
율곡자신이『집요』의 서문에서 밝힌 바에 따르면, 이 5편은 바로『대
학』의 '3강령'구조에 따라 '명명덕(明明德)-신민(新民)'의 기본 두 강령
에서 드러내는 '수기(修己)-치인(治人)'의 구조를 따른 것임을 보여준
다. 곧 (1) '통설'편은 '수기'와 '치인'을 합하여 말한 것으로,『대학』에
서 말한 '명명덕'·'신민'·'지어지선'(止於至善)의 3강령을 통합적으로
제시한 것임을 지적하였다. 또한 (2) '수기'편은『대학』의 첫 번째 강

---

11 같은 곳, "誠能倣大學之指, 以分次序, 而精選聖賢之言, 以塡實之, 使節目詳明, 而辭
約理盡, 則領要之法, 其在斯矣,…於是, 廢棄他功, 專事撮要, 四書六經, 以及先儒之
說, 歷代之史, 深探廣搜, 採掇精英, 彙分次第, 刪繁就要, 沈潛玩味, 反覆櫽括, 兩閱
歲而編成, 凡五篇."

령인 '명명덕'이며, (3) '정가'편과 (4) '위정'(爲政)편은 『대학』의 두
번째 강령인 '신민'(新民)이며, 『대학』의 8조목으로 말하면 (3) '정가'
편은 '제가'(齊家)에 해당하고, (4) '위정'편은 '치국'(治國)·'평천하'
(平天下)에 해당한다는 것이다. (5) '성현도통'편은 『대학』이 실지에
드러난 자취(實跡)라 하여, 『대학』의 '도'가 유교의 전통 속에 실현된
양상을 제시하고 있는 것이다.[12] 곧 『집요』에서 (1) '통설'편이 총론이
라 한다면, (2) '수기'·(3) '정가'·(4) '위정'의 3편은 본론이요, (5) '성
현도통'편은 결론에 해당된다. 이렇게 『대학』에 상응하는 『집요』의
구조를 도표로 만들어 보면 다음과 같다.

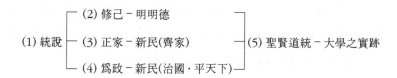

『집요』의 본론이라 할 수 있는 (2) '수기'·(3) '정가'·(4) '위정'의 3
편에는 다시 각각 조목을 여러 장으로 나누어 정밀한 체계를 이루고
있다. 이 3편은 각각 첫장이 '총론'(總論)으로 그 편의 전체를 개괄한
다면, 마지막장은 '공효'(功效)로 그 편이 지선(至善)에 머물게 되는 성
취의 양상을 제시하는 것으로 끝맺는다. 첫장과 마지막 사이에 중간
부분의 여러 장이 그 편의 구성내용을 전개순서에 따라 다시 분석하
여 보여주고 있으니, 마치 양파처럼 겹겹이 싸고 있는 치밀한 구조를

---

12 『栗谷全書』, 권19, 8-9, '聖學輯要, 序', "其一篇曰, 統說者, 合修己治人而爲言, 卽大
　學所謂明明德·新民·止於至善也, 其二篇曰, 修己者, 卽大學所謂明明德也,…其三篇
　曰, 正家, 四篇曰, 爲政者, 卽大學所謂新民, 而正家者, 齊家之謂也, 爲政者, 治國平
　天下之謂也,…其五篇曰, 聖賢道統者, 是大學之實跡也."

확인할 수 있다.

(2) '수기'편은 13장으로 구성되어 있다. 첫장(1장 '총론')과 마지막장 (13장 '수기공효') 사이의 중간 부분을 보면, 2장 '입지'(立志)와 3장 '수 렴'(收斂)은 지향하는 바를 정하여 흩어지는 마음을 찾아들여『대학』 의 기본을 세우는 것이다. 4장 '궁리'(窮理)는『대학』 8조목에서 '격 물'(格物)·'치지'(致知)에 해당하는 것이고, 5장 '성실'(誠實), 6장 '교기 질'(矯氣質), 7장 양기(養氣), 8장 '정심'(正心)은『대학』 8조목의 '성 의'(誠意)·'정심'(正心)에 해당하는 것이요, 9장 '검신'(檢身)은『대학』 8조목의 '수신'(修身)에 해당한다. 10장 '회덕량'(恢德量), 11장 '보덕' (輔德), 12장 '돈독'(敦篤)은 8조목에서 보면 '성의·정심·수신'의 남은 뜻을 거듭 논한 보완적 내용이라 한다.[13] '수기'편의 세부구조를 보면 먼저 첫 단계로『대학』전체의 기본을 수립하는 기초공사('立志'·'收斂' 章)를 하고, 그 기초 위에 둘째 단계로『대학』 8조목에서 '명명덕'의 강 령에 속하는 조목을 다루어, '격물·치지'('窮理'章)와 '성의·정심'('誠實'· '矯氣質'·'養氣'·'正心'章), 및 '수신'('檢身'章)을 차례로 다루었다. 그리 고 나서 셋째 단계로 '성의·정심·수신'의 조목에 해당되는 수양론적 과제를 한층 더 심화시키는 과제('恢德量'·'輔德'·'敦篤'章)를 제시하였 다. 여기서 그는『집요』의 구조가 실천과정의 단계에 따라 중층(重層)

---

13 율곡이「聖學輯要序」에서 언급한데 따라 '修己'편의 구조를 도표화하면 다음과 같다.

(01)摠論

(02)立志·(03)收斂-定趨向而求放心, 以植大學之基本

(04)窮理 -『大學』'格物'·'致知'

(05)誠實·(06)矯氣質·(07)養氣·(08)正心-『大學』'誠意'·'正心'

(09)檢身 -『大學』'修身'

(10)恢德量·(11)輔德·(12)敦篤 -申論'誠'·'正'·'修'之餘蘊

(13)修己功效-修己之'止於至善'者

의 입체적 구조를 이루고 있음을 선명하게 보여주고 있는 것이다.

(3) '정가'편은 8장으로 구성되어 있다. 역시 첫장(1장 '총론')과 마지막장(8장 '정가공효') 사이의 중간부분을 보면, 2장 '효경'(孝敬), 3장 '형내'(刑內), 4장 '교자'(敎子), 5장 친친(親親)은 어버이에게 효도하고 처자(妻子)에게 모범이 되며, 형제간에 우애하는 것으로 가정을 바로잡는 기본 도리로서 가족규범을 제시하는 것이다. 이어서 6장 '근엄'(謹嚴), 7장 '절검'(節儉)은 이 기본도리로서 다 드러내지 못한 뜻을 미루어 연역한 보완적 과제를 제시하고 있다.[14] '정가'편은 오륜(五倫)의 규범에서 가족 규범인 부모·부부·형제의 도리를 밝히고, 다음 단계로 이를 실현하는 조건들을 한층 더 다각적으로 제시하고 있는 것이다.

(4) '위정'편은 10장으로 구성되어 있다. 마찬가지로 첫장(1장 '총론')과 마지막장(10장 '위정공효') 사이의 중간부분을 보면, 2장 '용현'(用賢)과 3장 '취선'(取善)은 인재를 쓰는 방법으로『대학』(傳10章)에서 말한 "어진 사람이라야 능히 사랑하고 미워한다"는 뜻을 밝힌 것이고, 4장 '식시무'(識時務)와 5장 '법선왕'(法先王) 및 6장 '근천계'(謹天戒)는『대학』(傳10章)에서 인용한, "은(殷)나라를 거울삼을 지어다. 준명(峻命 하늘의 큰 명)을 따르기가 쉽지 않다"는 뜻을 밝힌 것이라 한다. 또한 7장 '입기강'(立紀綱)은『대학』(傳10章)에서 말한 "나라를 가진 자는 삼가야 할 것이니 치우치면 온 세상으로부터 죽임을 당하게 된다"는 뜻을 밝힌 것이고, 8장 '안민'(安民)과 9장 '명교'(明敎)는『대학』(傳10章)

---

14 율곡이「聖學輯要序」에서 언급한데 따라 '正家'편의 구조를 도표화하면 다음과 같다.
   (01)摠論
   (02)孝敬·(03)刑內·(04)敎子·(05)親親 -言孝於親·刑于妻子·友于兄弟之道
   (06)謹嚴·(07)節儉 -推演未盡之意
   (08)正家功效-齊家之止於至善者

에서 말한 "군자에게는 혈구(絜矩)의 도가 있다"하고, "효도를 일으키
고 우애를 일으키면 배반하지 않는다"는 뜻을 밝힌 것이라 하였다.[15]
그것은 정치의 기본과제가 인재를 쓰는 일에서 시작하여 행정의 실무
를 처리하는 방법을 제시하면서, 나아가 정치의 기틀이 되는 국가의
기강을 확보하고 정치의 목적이 되는 백성을 안정시키고 교화하는 과
제를 차례로 규정하고 있는 것이다.

　『집요』의 편찬체제에서 형식적 요소들을 '범례'(凡例)에서 자세히
규정하고 있는데, 가장 중요한 특징은 각 편의 장에서 사서(四書)와 오
경(五經)을 위주로 하고 간혹 선현(先賢)의 말로 보충하면서 요점이 되
는 내용을 취하여 '장'(章: 經文)으로 삼아서 큰 글자로 썼으며, 그 아래
에 한 글자 낮추어서 주자(朱子)의 주석을 위주로 삼고 경전이나 여러
문헌들의 설을 인용하여 '주'(註)로 삼았음을 밝히고 있다.[16]『집요』는
『대학』의 체제를 기준으로 삼았지만 내용은 여러 경전을 비롯하여 선
현들의 학설이나 역사서까지 광범하게 수집의 대상으로 삼았고, 그
핵심의 요점을 본문의 '장'으로 하고, 본문의 '장'을 해명하는 여러 이
론들을 '주'로 하였으니, 일종의 집주(集註)체제를 이룬 것이요,『집요』
자체가 경전의 핵심을 집약하고 있는 것임을 보여준다.

---

15 율곡이「聖學輯要序」에서 언급한데 따라 '爲政'편의 구조를 도표화하면 다음과 같다.
　　(01)摠論
　　(02)用賢・(03)取善-大學所謂仁人能愛能惡之意
　　(04)識時務・(05)法先王・(06)謹天戒 -大學所引儀監于殷, 峻命不易之意
　　(07)立紀綱 -大學所謂有國者, 不可以不愼, 辟則爲天下僇之意
　　(08)安民・(09)明敎-大學所謂君子有絜矩之道, 而興孝興弟不倍之意
　　(10)爲政功效-治國平天下之止於至善者
16『栗谷全書』, 권19, 10, '聖學輯要, 凡例', "先擧撮要之言爲章, 卽大文也引諸說以爲
　　註, 其章則以四書五經爲主, 而閒以先賢之說, 補其不足, 註則以本註爲主, 而雜引經
　　傳諸書."

'장(章)-주(註)'의 서술체제로 이루어진 각 '장'의 시작과 끝이나 단락에는 의논할 문제가 있을 때마다 율곡 자신의 견해로 '안설'(按說)을 붙여 자기 이론을 분명하게, 때로는 매우 자세하게 제시해주고 있다. 그만큼『집요』는 단순한 편찬서가 아니라 율곡 자신의 견해가 중심에서 문제의식을 끌어가고 맺어주는 역할을 하는 점에서 그의 창의적 저작으로서 성격을 강하게 드러내주고 있는 것이 사실이다.

여기서 퇴계의『십도』와 율곡의『집요』가 지닌 가장 중요한 차이점과 특징을 보면, 퇴계의『십도』는 '천도'와 '심성'의 구조에 기초하여 '경'(敬)의 실천방법을 제시하는 수양론적 시각에서 '성학'을 제시한 것이라면, 율곡의『집요』는『대학』의 '수기-치인' 구조에 따라 수양론적 인격실현의 기반 위에서 나아가 정치적 실현을 추구하는 경세론적 시각에서 '성학'을 제시한 것이라 할 수 있다. 이 점에서 퇴계는 제왕의 덕을 수립하는 '수기'의 근본정립에 초점을 맞추었다면 율곡은 제왕의 치도를 밝히는 '치인'의 현실적용에 초점을 맞추었다고 할 수 있으며, 퇴계의『십도』가 '내성'(內聖)의 학문으로 기반을 다지는 단계를 보여주고 있다면, 율곡의『집요』는 '내성'의 기반에서 '외왕'(外王)의 현실문제로 나아가는 사회적 실현의 단계를 보여주는 것이라 할 수 있을 것이다.

3. 성학(聖學)의 사유기반과 신념

1) '성학'의 인식과 방법

율곡은 '성학'을 먼저 '제왕의 도'(帝王之道)로 제시하면서, "제왕의 '도'는 심술(心術)의 은미함에 근본하지만 문자(文字)의 뚜렷함에 실려 있다"[17]고 하여, '심술'에 근본하는 '도'가 경전과 문헌들의 '문자' 속에 드러나는 사실을 전제로 밝히고 있다. 그것은 '도'를 인식하는 방법을 먼저 '문자'로 기록되어 있는 경전을 통해 찾아들어가지 않을 수 없음을 말하는 것이다.

여기서 율곡은 경전에 실려 있는 성인의 말씀을 통해 '도'를 찾아서 이를 실현하는 길을 강조하고 있다. 곧 "다만 성인의 말씀으로써 이치를 살피고, 이치를 밝혀서 행동으로 옮겨, 자신을 완성하고 사물을 이루는 노력을 다하면 될 뿐이다.…살피는 데 정밀하지 못한 것은 그 요

---

17 『栗谷全書』, 권19, 2, '聖學輯要, 進箚', "帝王之道, 本之心術之微, 載於文字之顯."

령을 얻지 못해서요, 실천하는 데 독실하지 못한 것은 성실함을 다하
지 못해서이다. 그 요령을 얻은 뒤에 그 맛을 알게 되고, 그 맛을 안
뒤에 그 성실함을 다하게 된다"[18]고 하였다. 그것은 '성인의 말씀'(경
전)을 통해 '이치'를 밝히고, '이치'에 따라 '행동'으로 자신과 사물을 온
전하게 실현하는 '도'의 실현과정을 제시하는 것이면서, 동시에 '요령'
을 얻어 맛을 알아야 정밀하게 이치를 관찰할 수 있고, 그 다음에 '성
실'을 다하여 독실하게 실천할 수 있다는 인식과 실천의 방법을 제시
하고 있는 것이다.

따라서 『집요』를 통해 드러내고자 하는 '성학'의 큰 줄거리가 "제왕
의 학문하는 본말(本末)과, 나라를 다스리는 선후(先後)와, 덕을 밝히
는 실효(實效)와, 백성을 새롭게 하는 실적(實跡)"[19]임을 지적하여, '성
학'이 학문(學)과 정치(治), 내지 덕을 밝힘(明德)과 백성을 새롭게 함
(新民)의 근본과 지말을 갖추고 있는 것임을 거듭 확인하고 있다. 여
기서 율곡은 '성학'의 두 축으로서 '제왕의 학문'과 '제왕의 정치'를 제
시하면서, "제왕의 학문은 기질(氣質)을 변화시키는 것보다 절실한 것
이 없고, 제왕의 정치는 정성을 다해 어진 이를 등용하는 것보다 우선
하는 것이 없다. 기질을 변화시키는 일은 마땅히 병을 살펴 약을 써야
성과가 있을 것이며, 정성된 마음으로 어진 이를 쓰는 일은 마땅히 상
하(上下)에 틈이 없어야 실효가 있을 것이다"[20]라 강조하였다. 덕을

---

18 같은 곳, "只可因其言, 而察夫理, 明其理, 而措諸行, 以盡成已成物之功而已,…察之
不精者, 由乎不領其要, 踐之不篤者, 由乎不致其誠, 領其要, 然後能知其味, 知其味,
然後能致其誠."

19 『栗谷全書』, 권19, 3, '聖學輯要, 進箚', "凡帝王爲學之本末, 爲治之先後, 明德之實
效, 新民之實迹, 皆粗著其梗概."

20 같은 곳, "帝王之學, 莫切於變化氣質, 帝王之治, 莫先於推誠用賢, 變化氣質, 當以察
病加藥爲功, 推誠用賢, 當以上下無間爲實."

밝히는 학문에서 기질을 변화시켜 바로잡는 '교기질'(矯氣質)의 절실
함과 백성을 새롭게 하는 정치에서 어진 인재를 등용하는 '용현'(用賢)
의 우선함을 역설하여, '성학'의 실천방법으로 학문과 정치에서 무엇
부터 착수해야 하는지 실천의 출발점을 분명하게 보여주고 있다.

그렇다면 '제왕의 학문'으로서 '성학'은 결국 정치에서 실현되어야
하는 것이요, 정치를 '도'에 따라 실행한다는 것은 임금과 신하의 만남
에서 실현되는 것이 아닐 수 없다. 따라서 옛 성군과 현신의 만남을
모범으로 제시하여, "성스러운 임금과 어진 신하는 뜻이 같고 도가 합
치하여 물고기가 물을 만난 듯 서로 기뻐하여, 하루에 세 번씩 만나 덕
으로 교화하며 서로 도움을 주어 말하면 다 들어주고 간(諫)하면 다
따라 주었다. 그러니 어떤 선(善)인들 행해지지 않겠으며, 어떤 일인
들 이루지 않겠는가"[21]라 하여, 임금과 신하가 한 마음이 되어 깊이 신
뢰하고, 임금이 어진 신하의 충언을 즐겨 받아들이기를 요구하였던
것이다.

율곡은 『집요』를 선조임금에게 올리면서 '성학'을 '제왕의 학문'으
로 제시하였던 것은 사실이다. 그러나 그는 '성학'이 '제왕의 학문'이기
만 한 것이 아니라 '성인을 이루기 위한 학문'으로 모든 선비가 따라야
하는 학문이기도 한 사실을 분명하게 지적하고 있다. 곧 "이 책은 비
록 임금의 학문에 위주로 하였지만 실제는 상하에 통하는 것이다. 배
우는 사람들이 널리 보다가 겉돌기만 하고 귀결됨이 없는 자는 마땅
히 여기서 성과를 거둠으로써 요약하는 방법을 얻어야 하며, 배움의
기회를 놓쳐 고루하고 견문이 좁은 자도 마땅히 여기에 힘을 기울임

---

[21] 『栗谷全書』, 권19, 5, '聖學輯要, 進箚', "聖主賢臣, 志同道合, 魚水相懽, 一日三接,
薰陶相益, 言無不聽, 諫無不從, 何善不行, 何事不成."

으로써 학문으로 나아가는 방향을 정해야 한다"[22]고 하여, 제왕 뿐만 아니라 학자들도 누구나 학문의 요령을 얻고 학문으로 나아가는 방향을 찾도록 이끌어주고 있는 것이『집요』에서 추구하는 '성학'의 과제임을 밝히고 있다. 곧 '도'는 하나인데 제왕이 쓰면 '제왕의 도'가 되고 학자가 배우면 '성인의 도'가 되며,『집요』에서 제시하는 '성학'도 제왕이 쓰면 '제왕의 학'이요 학자가 배우면 '성인의 학'으로 열려 있는 보편적 학문임을 제시하고 있는 것이다.

율곡은『집요』의 첫 편인 (1) '통설'(統說)편에서 "성현의 말씀은 횡(橫)으로 말하기도 하고 종(縱)으로 말하기도 하여, 한마디 말로 체(體)와 용(用)을 다한 것도 있으며, 여러 가지 말을 했지만 한 가지 실마리에 대해서만 말한 것도 있다"[23]고 하여, '성학'이 근본의 문제를 언급한 것이나 지말의 문제를 언급한 것, 또는 본체의 문제를 논의한 것이나 작용의 문제를 논의한 것이 있지만, 먼저 본체와 작용을 총괄하여 전체를 관통하는 시야를 열어주고 있음을 밝혔다.

'통설'편에서 율곡은 '성학'의 본체와 작용을 총괄하는 논의로서『중용』의 '수장'(首章)과『대학』의 '경(經)1장'을 제시하면서, "성현의 학문은 자신을 닦음(修己)과 남을 다스림(治人)에 지나지 않을 뿐이다. 이제『중용』과『대학』첫 장의 말씀을 엮으니, 실제로 서로 표리(表裏)가 되어 자신을 닦고 남을 다스리는 '도'가 다 갖추어지지 않음이 없다"[24]고 강조하였다. 여기서 율곡은 '성학'의 기본구조를 '수기-치

22『栗谷全書』, 권19, 10, '聖學輯要, 序', "此書雖主於人君之學, 而實通乎上下, 學者之博覽而泛濫無歸者, 宜收功於此, 以得反約之術, 失學而孤陋寡見者, 宜致力於此, 以定向學之方."

23『栗谷全書』, 권19, 12, '聖學輯要'(統說), "聖賢之說, 或橫或豎, 有一言而該盡體用者, 有累言而只論一端者."

인'의 두 축으로 확인하면서, "대개 '천명의 성'(天命之性)은 '명덕'(明德)이 갖춘 바이고, '솔성의 도'(率性之道)는 '명덕'이 행하는 바이며, '수도의 교'(修道之敎)는 '신민'(新民)의 법도이다. '계구'(戒懼)는 고요할 때 간직하여 '마음을 바로잡음'(正心)에 속하는 것이며, '신독'(愼獨)은 활동할 때 성찰하여 '뜻을 정성스럽함'(誠意)에 속하는 것이다. '중화'(中和)를 이루어 천지가 자리 잡고 만물을 양육된다는 것은 '명덕'·'신민'(新民)이 '지극한 선에 머물러'(止於至善), '명덕'을 천하에 밝히는 것을 말한다"[25]라 하여,『중용』의 중심개념이『대학』의 중심개념과 소통하고 일치하는 점을 구체적으로 지적함으로써 자신의 독특한 경학적 해석을 제시하고 있다.

따라서 그는『중용』과『대학』의 일관적 해석의 관점을 밝히면서 그 차이는 다만 적용의 범위나 효과의 크기에 있는 것이라 하여, "다만 미치는 바에 많고 적음이 있으며, 성과에 넓고 좁음이 있다. '중화를 이룸'(致中和)의 성과가 한 가정에 그치면 곧 한 가정의 천지가 자리잡고, 만물이 양육되며, 한 가정에서 '명덕'이 밝아진다.…한 나라에 그치면 한 나라의 천지가 자리잡고 만물이 양육되며 '명덕'이 한 나라에 밝아질 것이요, 천하에 미치면 천하의 천지가 자리잡고 만물이 양육되며 '명덕'이 천하에 밝아지는 것이다"[26]라 하였다. 본체와 이치에

24『栗谷全書』, 권19, 18, '聖學輯要'(統說), "聖賢之學, 不過修己治人而已, 今輯中庸大學首章之說, 實相表裏, 而修己治人之道, 無不該盡."

25 같은 곳, "蓋天命之性, 明德之所具也, 率性之道, 明德之所行也, 修道之敎, 新民之法度也, 戒懼者, 靜存而正心之屬也, 愼獨者, 動察而誠意之屬也, 致中和而位育者, 明德新民, 止於至善, 而明明德於天下之謂也."

26 같은 곳, "但所及有衆寡, 而功效有廣狹, 致中和之功, 止於一家, 則一家之天地位萬物育, 而明德明於一家,…止於一國, 則一國之天地位萬物育, 而明德明於一國, 及於天下, 則天下之天地位萬物育, 而明德明於天下矣."

서는 하나이지만, 작용과 실현에서는 범위와 효과에 차이가 드러나는
것이라 하여, 체용구조에서 '성학'의 보편적 근원성과 현실적 다양성
이 양면으로 인식될 수 밖에 없다는 '이통기국'(理通氣局)의 구조를 확
인한다. 따라서 율곡은 '성학'의 인식에서 항상 근원의 일치성을 각성
하면서 방법적으로는 현실의 다양성에 맞추어 순서와 체계를 해명해
가겠다는 입장을 보여주고 있는 것이다.

2) '성학'의 이념과 '도통'(道統)의식

율곡은 『집요』의 마지막편인 (5) '성현도통'(聖賢道統)편을 『대학』
곧 '수기-치인의 도'가 실지에 드러난 자취(實跡)라 하였다. 그렇다면
'수기-치인의 도'를 하나의 원리로서 논의하고 난 다음에 그 결론으로
이 '도'가 역사적 현실인 성현의 행적에서 어떻게 드러났고 또 어떻게
계승되어 왔는지 확인하고 있음을 보여준다. 그것은 '성학'의 이념이
역사의 현실에서 구체적 인격을 통하여 실현되었던 사실과 계승되어
온 전통을 밝힘으로써, '성학'이 지식이나 이론의 체계를 넘어서 확신
과 실현을 추구하는 신념의 체계임을 의미하는 것이다.

따라서 역사는 성인의 가르침으로 시작되는 것이요, 이 성인의 가르
침을 계승하는 '도통'(道統)이 진실의 기준으로 확인된다. 율곡은 '성
학'의 '도통'을 규정하여, "아득한 옛날 성신(聖神: 聖人)이 하늘의 뜻을
이어 중정(中正)한 준칙을 세우면서 '도통'이 비롯되었다. 문자가 생기
기 전은 막연하여 고찰해 볼 수 없고, '팔괘'(八卦)가 그려지면서부터
인문(人文)이 비로소 선양되었다.…복회에서 시작하여 주자에까지

'수기'와 '치인'의 실지 자취를 드러내었는데, 먼저 '공효'(功效)를 살피고 다음에 '실적'(實迹)을 상고한다면 따를 바에 어둡지 않을 것이다"27라 하였다. 첫머리의 "아득한 옛날 성신(聖神)이 하늘의 뜻을 이어 중정(中正)한 준칙을 세우면서 '도통'이 비롯되었다"는 말은 주자의 「중용장구서」(中庸章句序)에서 인용하고 있는 말인데, 도학에서 '도통'의 근원에 대한 인식을 가장 선명하게 선언하고 있는 언급이다. 문자의 기록으로 남아있기 이전의 신화적 설명은 근거가 없는 것으로 끊어내고 문자의 시원을 복희가 '팔괘'를 그렸다는 『주역』(繫辭下)의 기록을 근거로 내세워 '도통'의 시작으로 삼고 있다.28 이처럼 '도통'은 '도'의 이념이 역사의 현실 속에서 구체적 인격을 통해 계승되어 온 실현의 양상을 확립하는 것이다.

율곡은 '성현도통'편에서 '도통'이 복희에서 시작하여 신농(神農)으로 이어지고, 황제(黃帝)를 거쳐 요(堯)와 순(舜)과 우(禹)로 이어지고, 그후 성탕(成湯)과 문왕(文王)·무왕(武王)·주공(周公)이 계승하여 갔다는 성왕(聖王)의 '도통'계승론을 받아들이고 있다. 이처럼 복희에서 주공까지 이어지는 '도통'에 대해, "이들은 성인의 덕을 가지고 군주이면서 스승의 자리에 올라 '수기'하고 '치인'하여 각각 그 이르름을 극진히 하였다. 주공은 비록 임금의 지위에 있지 않았지만 천하를 다스리

---

27 『栗谷全書』, 권26, 2, '聖學輯要'(聖賢道統), "上古聖神, 繼天立極, 道統攸始, 書契以前, 茫乎罔稽, 八卦肇畫, 人文始宣,…始于伏羲, 終于朱子, 以著修己治人之實迹, 先觀功效, 後稽實迹, 則可以不昧於所從矣."

28 『周易』, 繫辭下, "古者包犧氏之王天下也, 仰則觀象於天, 俯則觀法於地, 觀鳥獸之文與地之宜, 近取諸身, 遠取諸物, 於是始作八卦, 以通神明之德, 以類萬物之情." 율곡은 『周易』(繫辭下)의 이 구절을 인용하면서 伏犧를 道統의 시원으로 삼고 있는 견해를 밝혔던 것은 주자가 「中庸章句序」에서 堯가 舜에게 "允執厥中"의 훈계를 내려준 사실을 들어 堯에서 시원을 제시하는 것과 차이점을 드러내는 것이라 볼 수도 있다.

는 '도'를 다하였다"[29]고 하여, 성인이면서 제왕인 인물들에 의해 이어
온 '도통'을 확인하고 있다. 율곡이 제시하는 '도통'의 계보는 '도학'의
전통에서 제시하는 '도통'의 계보를 사실상 그대로 받아들이고 있는
것이 사실이다.

성왕의 '도통'은 주공에서 끊어졌지만, 공자에 의해 옛 성왕의 '도통'
이 집대성(集大成)되었으며, 공자는 만세의 스승이 되었다. 그러나 공
자 이후는 '도'가 제왕이 아니라 개인에서만 실현되고 그 시대에는 행
해지지 못하여, 공자로부터 새로운 '도통'의 양상이 시작되었음을 지적
하였다.[30] 그만큼 공자는 옛 성왕의 '도통'을 이어서 밝혔지만 이때부
터는 '도통'의 계승자가 제왕이 아닌 '성현'이었음을 말해주는 것이다.

또한 공자의 '도통'은 맹자에까지 이어졌지만 맹자에 와서 다시 끊
어지고 말았던 것으로 본다. 율곡은 맹자 이후 '도통'이 끊어진 다음에
'도'가 드러나는 양상을 지적하여, "순경(荀卿)·모장(毛萇)·동중서(董
仲舒)·양웅(揚雄)·제갈량(諸葛亮)·왕통(王通)·한유(韓愈)의 무리가
이론을 세우고 사업을 일으켜 세상을 교화하는 데 도움이 있었다. 그
러나 순경과 양웅은 모두 편벽되고 잡박하였으며, 모장은 드러난 공
이 없고, 왕통은 견해가 좁고 조급하여 모두 볼만한 것이 적었다. 오
직 동중서는 의리를 바로잡고 도리를 밝히는 의논이 있었고, 제갈량
은 선비의 기상이 있었으며, 한유는 불교와 노장(老莊)을 배척하였으
니, 다른 이들보다는 우수하다. 그러나 동중서는 재이설(災異說)에 흘
렸고, 제갈량은 신불해(申不害)·한비(韓非)의 습속에 가까웠으며, 한

---

29 『栗谷全書』, 권26, 9, '聖學輯要'(聖賢道統), "道統, 自伏羲至於周公, 以聖人之德, 居
君師之位, 修己治人, 各極其至, 周公雖不居君位, 亦盡治天下之道."

30 『栗谷全書』, 권26, 14, '聖學輯要'(聖賢道統), "道統, 至於孔子而集大成, 爲萬世之師,
由孔子以下, 道成於己, 不能行於一時."

유는 실천하는 학풍에 소홀하였다. 이것이 맹자의 '도통'을 이어갈 수 없었던 까닭이다"[31]라 하였다. 맹자 이후 유학자들의 업적과 문제점을 지적하여 맹자의 '도통'이 계승될 수 없었던 사실을 확인하고 있는 것이다.

율곡은 맹자 이후 끊어진 '도통'이 송대(宋代)에 와서 새롭게 밝혀지면서 주렴계(周濂溪)·정명도(程明道)·정이천(程伊川)·장횡거(張橫渠)로 이어지고 주자가 이를 계승하였음을 확인한다. 그는 주자 이후 '도통'의 정맥을 얻은 인물이 누구라고 지적할 만한 사람이 없다고 보면서, 장남헌(張南軒: 張栻)은 주자와 도의(道義)로써 교제한 사람으로 강론(講論)의 공이 있고, 채서산(蔡西山: 蔡元定) 이하 황간(黃榦)·이번(李燔) 등 여러 인물들도 모두 주자의 학문에서 터득한 것이 있음을 인정하여 그 행적을 소개하고 있다.[32] 또한 주자의 뒤로 송(宋)의 진덕수(眞德秀)와 원(元)의 허형(許衡)이 선비로서 세상에 이름이 났지만, 그 출처(出處)의 큰 절개를 살펴보면 논란의 여지가 있음을 지적하고, 명(明)나라의 이름 있는 신하들 중에도 이학(理學)에 침잠한 인물들이 많지만 도통의 정맥에 접할 만한 자는 볼 수 없다고 하여 기록하지 않았음을 밝히고 있다.[33]

31『栗谷全書』, 권26, 21-22, '聖學輯要'(聖賢道統), "荀卿, 毛萇, 董仲舒, 楊雄, 諸葛亮, 王通, 韓愈之徒, 立言立事, 有補於世敎, 而荀·揚皆偏駁, 毛萇無顯功, 王通見小而欲速, 皆少可觀, 惟仲舒有正誼明道之論, 諸葛亮有有儒者氣象, 韓愈排斥佛老, 視諸子爲優, 但仲舒流於災異之說, 亮近於申·韓之習, 愈疏於踐履之學, 此所以不能接孟氏之統也."

32『栗谷全書』, 권26, 34, '聖學輯要'(聖賢道統), "朱子之後, 得道統正脈者, 無可的指之人, 張南軒, 與朱子爲道義之交, 有講論之功, 蔡西山以下諸公, 皆有得於朱子之學."

33『栗谷全書』, 권26, 35, '聖學輯要'(聖賢道統), "朱子之後, 有眞德秀, 許衡, 以儒名世, 而考其出處大節, 似有可議, 故不敢收載, 至於皇朝名臣, 亦多潛心理學者, 第未見可接道統正脈者, 故亦不敢錄."

여기서 율곡은 성왕에 의해 '도통'이 성립되는 조건을 제시하여, "인심을 따르고 천리에 근본하여 교화(敎化)의 기구를 만들게 되자, 부자(父子)·군신(君臣)·부부(夫婦)·장유(長幼)·붕우(朋友)가 각각 그 도리를 얻으니, 하늘이 정해준 질서와 등급이 밝아지고 또 행해졌다.… 그 지나침은 억제하고 그 못미침은 끌어올려, 착한 자는 일으키고 악한 자는 징계하여 끝내 '대동'(大同)으로 돌아오게 한다. 성인이 하늘의 뜻을 이어 중정(中正)한 준칙을 세워 한 시대를 다스린 것도 이러한 것에 불과하며, '도통'이란 명칭이 여기서 생겨났다"[34]고 하였다. '도통'을 이루는 '성왕의 도'는 인심과 천리에 근거하여 백성을 교화하는 '치도'(治道)의 표준을 제시하는 것이요, 한 시대에서 '대동'의 이상사회를 실현하는데 있음을 지적한 것이다.

이러한 '성왕의 도'가 성인에서 성인으로 이어질 때는 선양(禪讓)으로 왕위가 계승되었지만, 다음 세대에 성인이 출현하지 않아 왕위의 대통(大統)을 성인으로 이어갈 수 없을 때, 아들에게 왕위를 전해주는 세습(世襲)의 제도가 정해지면서 '도통'은 임금에게 전해지는 것이 아니라 신하인 성현(聖賢)에 전해질 수밖에 없는 것이 현실이 되었다. 우(禹)의 하(夏)왕조부터 세습이 시작되어 삼대(三代: 夏·殷·周)에서는 성왕이 '도통'을 잊지 못하여도 신하로 성현이 출현하여 '도통'을 전해갔던 것으로 본다.

그러나 시대의 퇴보과정에서 삼대(三代) 이후에는 '도통'이 임금에도 전하지 않고 재상에게도 전하지 않으며 필부에로 내려가게 된 사

---

34 『栗谷全書』, 권26, 36, '聖學輯要'(聖賢道統), "因人心, 本天理, 制爲敎化之具, 於是, 父子君臣夫婦長幼朋友, 各得其道, 天敍天秩, 旣明且行,…抑其過, 引其不及, 善者興起, 惡者懲治, 終歸於大同, 聖人之繼天立極, 陶甄一世, 不過如此, 而道統之名, 於是乎立."

실을 지적하였다. 곧 "임금은 이미 자신을 닦는 덕이 없고, 또 현인을
좋아하는 정성도 결핍되었으며,…덕을 보고도 인재를 쓰지 않고 '도'
로써 세상을 다스리지 않았다. 그래서 아래에 있는 성현은 스스로 조
정에 설 수 없게 되어 (재주와 덕을) 깊이 감추고 내세우지 않으며, 보
물을 간직한 채 일생을 마치게 되었다.…'도통'이 비로소 거리의 필부
에게 돌아가게 되었다"[35]고 하여, 임금이 '도'를 따르고 자신을 닦지
않으면서 성인이 나와도 신하로 쓰지 않으면서 '도통'은 거리의 필부
에게 돌아갈 수밖에 없는 불운한 처지가 되었다는 것이다.

따라서 율곡은 '도'가 드러나고 '도통'이 전해지는 양상을 해명하면
서, "'도'는 높고 먼 것이 아니다. 다만 일용의 사이에 있는 것이다. 일
용의 사이와 활동하고 고요한 즈음에 사물의 이치를 정밀히 관찰하여
진실로 그 '중'(中)을 얻을 수 있다면 이것이 바로 ('도'에) 어긋나지 않
는 법도이다. 이로써 덕을 이루는 것을 '수기'(修己)라 하고, 이로써 가
르침을 베푸는 것을 '치인'(治人)이라 하며, '수기'·'치인'의 실상을 다
하는 것을 '전도'(傳道)라 한다. 그러므로 '도통'이 임금과 재상에 있으
면 '도'가 그 시대에 행해지고 은택은 후세에까지 흘러가지만, '도통'이
필부에게 있으면 '도'가 그 세상에 행해질 수 없고 다만 후학들에게 전
해질 뿐이다"[36]라 하였다.

먼저 '성학'의 '도'가 높고 먼 것이 아니라 일상생활 속에서 쉽게 만

---

35 『栗谷全書』, 권26, 37, '聖學輯要'(聖賢道統), "人君旣無自修之德, 又乏好賢之誠,…
用人不以德, 治世不以道, 於是, 在下之賢聖, 不能自立於朝, 深藏不售, 蘊寶終身,…
道統之傳, 始歸於閭巷之匹夫."

36 같은 곳, "道非高遠, 只在日用之間, 日用之間, 動靜之際, 精察事理, 允得其中, 斯乃
不離之法也, 以此成德, 謂之修己, 以此設教, 謂之治人, 盡修己治人之實者, 謂之傳
道, 是故, 道統在於君相, 則道行於一時, 澤流於後世, 道統在於匹夫, 則道不能行於
一世, 而只傳於後學."

날 수 있는 것임을 강조하여, '도'에로 나아가려는 의지가 쉽게 꺾이지
않도록 격려하고 있다. 성리학자로서 율곡이 '도'의 일상성을 강조하
고 있는 것은 결코 '도'가 성리설의 심원한 이론을 통해 도달될 수 있
는 것이 아님을 잘 인식하고 있다는 사실을 보여준다. 또한 그는 '성
학'의 '도'를 실현하는 과제가 바로 '수기'와 '치인'임을 거듭 확인하고
있다. 여기서 그는 이 '수기'와 '치인'으로서 '도'의 실상을 실현하는 것
이 바로 '도'를 전승하는 '전도'(傳道)임을 강조하였다. 유교에서 '전도'
는 밖으로 '도'를 선전하는 것이 아니라, 안으로 '도'의 실지를 실현함
으로써 행할 수 있는 것이라는 의식을 보여준다.

　다만 '도통'을 '전도'하는 사람이 임금이나 재상인 경우와 필부인 경
우는 그 시대에 미치는 성과가 엄청난 차이를 드러낸다는 사실을 주
목하고 있다. 그는 '도통'이 임금에게서 실현되는 것이 이상적 조건이
라는 확신을 지녔다. 따라서 그는 선조임금을 '도'에 나아가도록 이끌
어 선조임금을 통해 '도학'의 이상정치 곧 '지치'(至治)의 실현을 도모
하겠다는 간절한 희망으로 『집요』를 올리면서 선조임금에게 절실한
호소를 하였던 것이다.

　　"엎드려 바라건대, 전하께서는 도에 뜻을 두어 게으르게 하지 마시고, 멀
　　리 요(堯)·순(舜)을 본받아 학문으로써 선을 밝히고 덕으로써 자신을 성
　　실하게 하여, '수기'의 공부를 다하시고 '치인'의 교화를 베푸십시오. 물
　　러서며 주저하는 생각에 흔들리지 마시고, 이로운지 해로운지에 관한 말
　　에 동요되지 마시고, 옛 법도를 따라야 한다는 논의에 구애되지 마셔서,
　　반드시 이 '도'가 크게 밝아지고 크게 행해지게 하여 '도통'의 전해짐을
　　이으신다면 만세토록 매우 다행할 것입니다."[37]

이처럼 율곡은 '도통'을 밝힘으로써 '성학'의 '도'가 '수기'의 덕으로 실현되고 '치인'의 정치로 실현되기를 추구하는데 초점을 맞추고 있다. 그것은 '도통'을 밝히면서 밖으로 '도통' 곧 '정통'(正統)에 어긋나는 것으로 규정되는 '이단'(異端)을 공격하는데 관심을 집중하는 '배타적 도통론'의 방어적 성격과 뚜렷한 차이를 드러낸다. 그것은 자기실현을 추구하는 '자각적 도통론'의 성찰적 성격을 보여주는 것이라 하겠다.

---

37 『栗谷全書』, 권26, 38, '聖學輯要'(聖賢道統), "伏望殿下, 志道不懈, 追法堯舜, 學以 明善, 德以誠身, 盡修己之功, 設治人之教, 毋爲退怯之念所撓, 毋爲利害之說所動, 毋爲因循之論所拘, 必使斯道大明而大行, 以接道統之傳, 萬世幸甚."

4. 인격실현의 방법과 과제-수기(修己)

1) '수기'의 방법과 절차

(2) '수기'편에서 율곡은 "'제왕의 학문'은 '수기' 보다 앞서는 것이 없다"[38]고 하여 '수기'가 근본으로서 '치인'(正家·爲政편)에 선행한다는 도학적 사유의 본말구조에 대한 인식을 확인하고 있다. 『성학집요』에서 제기하는 문제의식의 초점은 '제왕의 학문'으로서 치도(治道)를 밝히는 경세론에 두고 있지만, 이 경세론의 근본은 인격적 기반을 확보하는 수양론 위에 설립될 수 있는 것임을 분명하게 보여준다.

율곡은 '수기'편을 13장으로 나누어 서술하면서, '수기'공부를 총괄하여 제시한 첫 장 총론수기장(摠論修己章)에서는 '수기'의 방법을 앎(知)과 행함(行)의 양면으로 파악하면서, "앎으로써 '선을 밝히고'(明善), 행함으로써 '자신을 참되게 한다'(誠身)"[39]고 하여, 도덕적 가치기

---

38 『栗谷全書』, 권20, 2, '聖學輯要'(修己), "帝王之學, 莫先於修己."

준의 인식과 도덕적 가치에 따른 자기실현의 실천을 제시하였다. 또
한 "'수기'의 공부는 '거경'(居敬)과 '궁리'(窮理)와 '역행'(力行)의 세 가
지를 벗어나지 않는다"40고 하여, '수기'의 기본과제를 '거경'·'궁리'·
'역행'의 세가지로 제시하였다. 이 세가지 조건을 앎(知)과 행위(行)의
양면으로 대비시켜 본다면 '궁리'는 '앎'의 문제로서 '선을 밝히는'(明
善) 공부요, '역행'은 행위의 문제로서 '자신을 참되게 하는'(誠身)의 공
부이다. 여기서 '거경'은 앎과 행위를 관통하는 바탕으로서 근본정신
이라 할 수 있다.

　나아가 2장 '입지'(立志)는 학문의 출발점으로서 주체의 지향성을 확
보하는 것이다. "학문에는 뜻을 세우는 것보다 우선하는 것이 없다.
뜻이 서지 않았는데, 성공할 수 있는 자는 없다"41고 하여, 뜻을 세우
는 '입지'를 '성학'의 앎과 행함을 위한 선행조건으로 제시하였다. 또한
3장 '수렴'(收斂)은 '거경'의 과제로서 "'경'(敬)이란 '성학'의 시작이요
마침이다"42라 하여, '수기' 뿐만 아니라 '성학' 전체를 관통하는 전제
로서 '경'을 강조하였다. 곧 '성학'의 근본으로서 '수기'의 앎과 행함을
위한 전제조건으로 '입지'와 '수렴'의 두 과제를 선행조건으로 들고 있
는 것이다.

　'수기'의 전체를 관통하는 전제조건인 '입지'와 '수렴'에서, '입지'가
'도'를 지향한 의지의 확립이라면, '수렴'은 그 의지를 '경'으로 집약하

---

39 같은 곳, "修己工夫, 有知有行, 知以明善, 行以誠身."
40『栗谷全書』, 권20, 3, '聖學輯要'(修己: 摠論修己章), "修己之功, 不出於居敬·窮理·
　　力行三者."
41『栗谷全書』, 권20, 3, '聖學輯要'(修己: 立志章), "學莫先於立志, 未有志不立而能成
　　功者."
42『栗谷全書』, 권20, 9, '聖學輯要'(修己: 收斂章), "敬者, 聖學之始終也."

여 '성학'을 위한 바탕을 확보하는 것이다. 그리고 나서 그 바탕 위에 4
장 '궁리'(窮理)는 '도'의 원리와 기준을 파악하는 앎의 문제를 제시한
것이다. 율곡은 '궁리'장에서 독서의 방법을 제시할 뿐만 아니라, 천지
와 인간과 사물의 이치를 논하면서 인간을 중심으로 본연지성(本然之
性)과 기질지성(氣質之性)의 문제, 심(心)·성(性)·정(情)의 개념적 인
식에 따른 사단칠정론(四端七情論)의 문제 등, 성리설의 쟁점에서 자신
의 철학적 입장을 집약하여 제시하고 있다. 또한 그는 왕도(王道)·패
도(霸道)의 의리문제와 이단(異端)의 해독을 변론하는 벽이단(闢異端)
의 정통론적 인식까지 '궁리'의 기본과제로 정밀하게 논의하고 있다.

　다음으로 5장 '성실'(誠實) 이후는 크게 보면 '궁리'에 기반하여 '역
행'의 실천적 과제로 나아가는 것이다. 곧 "이치를 궁구함(窮理)이 이
미 밝아지면 몸소 실행(躬行)할 수 있는데, 반드시 진실한 마음(實心)
이 갖추어진 다음에라야 실지의 공부(實功)를 착수할 수 있다. 그러므
로 '성실'(誠實)은 '궁행'(躬行)의 근본이 된다"[43]고 하였다. 곧 '성실'은
'궁리' 다음에 바로 '역행'으로 나아가는 것이 아니라, '역행' 내지 '궁행'
의 근본으로 제시된다. 이처럼 그는 근본의 바탕 위에 차곡 차곡 쌓아
올라가는 중층적(重層的) 구조에 따라 '성학'에서 '수기'의 실현방법을
정밀하게 분석하고 있음을 보여준다.

　그 다음의 6장 '교기질'(矯氣質), 7장 양기(養氣), 8장 '정심'(正心)
은 크게 보면 마음을 바로잡는 '정심'의 실천공부로서 그 구체적 방
법과 과제에 따라 '교기질'과 양기(養氣)를 다루고 있는 것임을 지적
하고 있다. 따라서 "위 두 장(矯氣質章·養氣章)의 공부는 '정심'(正心)

---

43 『栗谷全書』, 권21, 1, '聖學輯要'(修己: 誠實章), "窮理旣明, 可以躬行, 而必有實心,
　然後乃下實功, 故誠實爲躬行之本."

아닌 것이 없으나, 각각 주장하는 바가 있다.…이 장(正心章)의 대요
는 '경'(敬)을 위주로 하는데, 제3장 '수렴'(收斂)은 '경'의 시작이요,
이 장은 '경'의 마침이다"라 하여, '거경'의 과제가 '궁리'와 '역행'으로
관통하고 있음을 보여준다. 마음을 진실하게 하는 '성실'의 과제를
기초로 마음을 바로잡는 '정심'의 과제를 실현하기 위해서는 그 방법
으로서 기질을 변화시키는 '교기질'과 바른 기질을 배양하는 '양기'의
실행을 요구하고 있다. 따라서 "이미 학문함에 성실히 하였다면 반
드시 편벽된 기질을 고침으로써 본연의 성품(本然之性)을 회복하여
야 한다"[44]고 하여, 성실함을 이루려면 잘못된 기질을 바로잡는 '교
기질'의 실행으로 나아가 본성을 회복할 것을 요구하였다. 또한 "(치
우친 기질을) 바로잡아 다스림은 진실로 마땅히 사사로운 자기를 극
복함을 다하여 (바른 기질을) 보존하고 배양함에 치밀하지 않을 수 없
다. 바른 기질을 보존하고 배양하는 것은 곧 객기(客氣)를 고치고 다
스리는 방법이니, 실지로 두 가지 일이 아니지만 그 말에 각각 주장
이 있기 때문에 나누어 두 장으로 삼았다"[45]고 하였다. '교기질'장과
'양기'장이 표리관계를 이루는 것이요, '정심'의 구체적 실천과제임을
지적하고 있다.

　8장 '정심'(正心)과 9장 '검신'(檢身)은 마음과 몸을 다스리는 과제로
안팎의 양면을 이루고 있는 것이다. 따라서 율곡은 "'정심'은 안을 다
스리는 것이요, '검신'은 밖을 다스리는 것이니, 실지로 동시적인 일이
요, 오늘 '정심'하고 내일 '검신'하는 것이 아니다. 다만 그 공부에 안과

44『栗谷全書』, 권21, 6, '聖學輯要'(修己: 矯氣質章), "旣誠於爲學, 則必須矯治氣質之
偏, 以復本然之性."
45『栗谷全書』, 권21, 14, '聖學輯要'(修己: 養氣章), "矯治固當克盡, 而保養不可不密,
蓋保養正氣, 乃所以矯治客氣也, 實非二事, 而言各有主, 故分爲二章."

밖의 구별이 있기 때문에 두 장으로 나누었다"[46]고 하였다. 마음을 바로잡는 공부와 몸을 검속하는 공부가 안팎으로 방향이 다르다 하더라도 동시적인 것임을 강조하여, 구별하면서도 분리시켜서는 안 된다는 일원론의 논리를 강조하고 있다.

나아가 10장 '회덕량'(恢德量), 11장 '보덕'(輔德), 12장 '돈독'(敦篤)은 1장 '입지'에서 9장 '검신'까지 '수기'의 기본과제와 방법을 제시한 다음에 남은 문제들을 다루고 있는 보충의 의미를 지니는 것이라 한다.[47] '회덕량'장에서는 "덕량이 넓지 못하면 조금 터득한 것에 만족하고, 한 모퉁이에 치우쳐서 높고 밝으며(高明) 넓고 두터움(博厚)의 경지에 나아가지 못한다"[48]고 하여, '수기'의 실현을 확장하고 심화하는 조건으로 제시하고 있다. 또한 '보덕'장에서는 "천자로부터 필부에 이르기 까지 모름직이 벗으로 그 덕을 이루지 않으면 안된다"[49]고 하여, 벗으로 덕을 이루는데 도움을 받는 방법을 강조하여, 임금이 바른 선비를 가까이 하고, 신하들의 간언을 따르며, 허물을 고치는 일에 과감할 것 등 구체적 실천과제를 제시하였다. '돈독'장에서는 '수기'의 공부를 위한 과제와 방법을 모두 제시한 다음에, "그래도 중도에 폐지하는 일이 있을까 염려되기 때문에 돈독(敦篤)을 그 다음에 두었다.…이른바 '돈독'이라고 한 것은 마침을 돈독하게 하라는 것이다"[50]라 하여,

---

46 『栗谷全書』, 권21, 38, '聖學輯要'(修己: 檢身章), "正心, 所以治內, 檢身, 所以治外, 實是一時事, 非今日正心, 明日檢身也, 第其工夫有內外之別, 故分爲二章."

47 『栗谷全書』, 권22, 2, '聖學輯要'(修己: 恢德量章), "上篇九章, 已論修己之序詳矣, 復以恢德量·輔德·敦篤三章, 申論其餘蘊."

48 같은 곳, "蓋德量未弘, 則得少爲足, 偏於一曲, 未可進於高明博厚之境."

49 『栗谷全書』, 권22, 6, '聖學輯要'(修己: 輔德章), "自天子至於匹夫, 莫不須友以成其德."

50 『栗谷全書』, 권22, 17, '聖學輯要'(修己: 敦篤章), "猶慮其中道而廢, 故次之以敦篤,…所謂敦篤者, 敦篤於終也."

마지막 마무리까지 충실하게 완성시킬 수 있도록 세심하게 배려하고 있는 것이다.

'수기'편의 마지막 13장 '수기공효'(修己功效)에서도 "노력이 지극하면 반드시 효험이 있다.…앎과 행함을 겸비하고 겉과 속이 일치하기를 다하면 성인의 경지에 들어갈 수 있다"[51]고 하여, '수기'편의 결론으로서, '수기'의 실현을 '지극한 선에 머무는'(止於至善) 단계 곧 성인의 경지까지 끌어올려야 하는 것임을 역설하고 있다. '수기'편의 과제가 '입지'에서 시작하여 '돈독'까지 한걸음씩 나아가고 심화시켜가며 극진한 경지에 까지 성취하는 실천의 방법을 친절하고 정밀하게 제시해주는 점에서 탁월한 솜씨를 보여준다. 그러나 무엇보다 율곡은 '수기'가 '제왕의 학문'이요 '성인의 학문'으로서 '성학'이 지향하는 사회적 실현을 위한 근본단계요, '정가'·'위정'의 경세론으로 나아가기 위한 바탕으로 인식하는 사실을 지속적으로 각성시켜주고 있음을 유의해야 할 것이다.

2) '수기'의 과제에 대한 분석

율곡은 (2) '수기'편의 각 장에서 제기하는 '수기'의 방법과 과제에 대해 자신의 독자적 해석과 이론을 제시하였다. 이 점에서 율곡의 사상체계가 『성학집요』를 통해 하나의 완성된 체계를 이루는 사실을 엿볼 수 있게 한다. 여기서는 몇 가지 주제만 선택하여 율곡의 이론이

---

51 『栗谷全書』, 권22, 21, '聖學輯要'(修己: 修己功效章), "用功之至, 必有效驗,…以盡知行兼備, 表裏如一, 入乎聖域之狀."

보여주는 분석의 정밀함을 음미해보고자 한다.

먼저 ② '입지'에 대해, "뜻이란 '기'(氣)의 장수니, 뜻이 한결같으면 '기'가 격동하지 않음이 없다. 배우는 이가 평생토록 글을 읽고서도 성공하지 못하는 것은 단지 뜻이 서지 않아서 일 뿐이다"[52]라 하였다. 그것은 뜻(志) 곧 의지가 그 사람의 기질을 거느리는 장수이므로, 뜻을 세워 목적의식이 분명하지 않고서는 평생을 독서해도 아무 성취함이 없음을 지적한 것이다. 여기서 그는 뜻이 서지 않는 세 가지 병통으로 '믿음이 없음'(不信)과 '지혜롭지 못함'(不智)과 '용감하지 못함'(不勇)을 지적하고 있다.

첫번째 '믿음이 없음'의 병통으로, "저 믿지 못하는 이는 성현의 말씀을 사람들에게 권유하기 위해 베풀어 놓은 것이라 여기고, 단지 그 글을 음미할 뿐이지 몸소 실천하지는 않는다. 그러다 보니 성현의 글을 읽으면서도 세속의 행위를 일삼고 있다"[53]라 하여, 성현의 말씀에 대한 지식이 있어도 확신이 없어 실천에 옮기지 못하는 문제점을 지적하였다.

두번째 '지혜롭지 못함'의 병통, "저 지혜롭지 못한 자들은 자질이 아름답지 못함을 자신의 분수로 여기고 물러서는데 안주하여 한 걸음도 나아가지 못한다. 무엇보다 나아가면 성인도 되고 현인도 되지만, 물러나면 어리석은 자가 되고 못난 자가 되는 것이 모두 자기가 행하는 바임을 알지 못한다. 그러므로 성현의 글을 읽으면서도 지키는 바는 기품에 구애된 것이다"[54]라 하여, 진보와 퇴보가 자신의 행한 결과

---

52 『栗谷全書』, 권20, 8, '聖學輯要'(修己: 立志章), "志者, 氣之帥也, 志一則氣無不動, 學者終身讀書, 不能有成, 只是志不立耳."

53 같은 곳, "彼不信者, 以聖賢之言, 爲誘人而設, 只玩其文, 不以身踐, 是故, 所諫者聖賢之書, 而所蹈者世俗之行也."

일 뿐임을 알지 못하고, 자신의 기질이 부족하다 여기고 여기에 안주
하는 문제점을 지적하고 있다.

세번째 '용감하지 못함'의 병통으로, "다만 하던 대로 안주해 버리고
분발하여 떨치고 일어나지 못하니, 어제 한 일을 오늘 바꾸기 어렵게
여기고, 오늘 좋아하는 일을 내일 고치기 꺼린다. 이렇게 옛 습관을
답습하여 한 치를 나아가면 한 자씩 후퇴하니, 이것은 용감하지 못한
데서 오는 일이다. 그러므로 성현의 글을 읽으면서도 안주하는 바는
전날의 습관이다"[55]라 하여, 변혁할 용기가 없이 타성에 젖어 관습에
안주하는 문제점을 지적하였다.

바로 '입지'란 성인의 말씀에 대한 확신을 가지고 행동으로 나아가
며, 자신의 노력으로 향상할 수 있다는 명확한 인식을 가져야 하고, 낡
은 습관과 잘못된 폐단을 과감하게 고치는 용기가 있어야 하는 것임
을 제시하는 것이다. 그만큼 군주로서는 성현이 제시한 이상적 정치
에 대한 신념을 확고히 하고 실현의 책임이 자신에 있음을 투철히 인
식하며 과감한 자신의 변혁을 통해 선으로 나아가야 할 것을 강조하
고 있다.

④ '궁리'에 대해서, 율곡은 "만사와 만물에는 이치가 없는 것이 없
고, 사람의 한 마음은 온갖 이치를 포섭하고 있으니, 이 때문에 궁구
하지 못할 이치가 없다. 그러나 마음이 열리고 가리움이 한결같지 않
고, 총명하거나 어두울 때가 있어서, 궁리하고 격물할 즈음에 한 번
생각하여 바로 체득하는 사람도 있고, 정밀하게 생각한 뒤에야 깨달

---

54 같은 곳, "彼不智者, 自分資質之不美, 安於退託, 不進一步, 殊不知進則爲聖爲賢, 退
則爲愚爲不肖, 皆所自爲也, 是故, 所讀者, 聖賢之書, 而所守者, 氣稟之拘也."

55 같은 곳, "只是恬常滯故, 不能奮勵振發, 昨日所爲, 今日難革, 今日所好, 明日憚改, 如
是因循, 進寸退尺, 此不勇之所致, 是故, 所讀者, 聖賢之書, 而所安者, 舊日之習也."

는 사람도 있고, 고심하여 생각해도 통하지 못하는 사람도 있다"[56]고
하여, 이치를 깨달음의 정도에 세 단계를 구별하면서, 각 단계에서 노
력하는 방법을 '궁리'의 핵심적 과제로 제시하였다. 여기서 그는 임금
이 '궁리'하는 경우가 필부와 차이점을 지적하여, "임금은…이미 신하
와 백성의 주인이 되었고, 이미 가르치고 양육하는 책임을 지고 있
다.…그러므로 '수기'와 '치인'의 도리를 같이 처리하지 않을 수 없다.
하루 동안의 접하는 모든 일과 한 가지 일을 만날 때 마다 반드시 지
극히 당연한 이치를 구하여, 그 그릇된 것은 버리고 옳은 것은 행하
며, 유학자 신하를 가까이하여 의리를 강론하고, 간쟁(諫諍)을 받아들
여서 오직 선을 위주로 하여야 하니, 이것이 모두 임금이 '궁리'하는
일이다"[57]라고 밝혔다. 그것은 임금의 '궁리'공부가 결코 독서와 실무
나 수양(修己)과 경세(治人)를 나누어 차례로 행할 수 없음을 지적하
여, 경세의 실무 속에서 이치를 찾고 자신을 수양하는 공부를 함께 해
야한다는 조건을 강조하고, 이에 따른 '궁리'의 방법을 제시하고 있는
것이다. 독서를 통해 '궁리'하여 지식을 얻는 것이 현실의 정치에 아
무 성과를 얻지 못한다면 그 '궁리'가 무익한 것임을 지적하여, '성학'
에서 '궁리'의 공부가 현실문제와 단절되어서는 안되는 것임을 역설하
고 있다.

　⑤ '성실'에 대해, "'성의'(誠意)는 '수기'와 '치인'의 근본이 된다.…성

---

56 『栗谷全書』, 권20, 66, '聖學輯要'(修己: 窮理章), "蓋萬事萬物, 莫不有理, 而人之一
　　心, 管攝萬理, 是以, 無不可窮之理也, 但開蔽不一, 明暗有時, 於窮格之際, 或有一思
　　而便得者, 或有精思而方悟者, 或有苦思而未徹者."
57 『栗谷全書』, 권20, 67-68, '聖學輯要'(修己: 窮理章), "人君則…已爲臣民之主, 已荷
　　敎養之責,…去其非而行其是, 親近儒臣, 講明義理, 容受諫諍, 惟善是主, 此皆人君窮
　　理之事也."

실하게 한다는 의사(意)는 실로 아래 위의 모든 장을 꿰뚫고 있다. 의
지가 성실하지 않으면 확립되지 못하고, 이치가 성실하지 못하면 이
르를 수 없고, 기질이 성실하지 못하면 변화시킬 수 없는 것과 같으니,
다른 것도 미루어 알 수 있다"[58]고 하여, '성'(誠)이 '수기'와 '치인'의 근
본으로 전체를 관통하는 기본원리임을 확인하고 있다. 다른 한 편
'경'(敬)이 '성학'의 시작이요 마침으로써 전체를 관통하는 기본원리임
을 받아들이고 있으니, '성학'의 근본원리는 사실상 '경'과 '성'의 양면
으로 제시되고 있다. 여기서 '성'의 근본으로서 의미가 특히 강조되고
있는 점이 율곡의 사상적 특징을 잘 보여주는 대목이라 할 수 있을 것
이다.

　율곡은 ⑥ '교기질'(矯氣質)과 ⑦ '양기'(養氣)의 문제를 ⑧ '정심'(正
心)의 특수한 과제로 매우 세밀하게 분석하여 논의하고 있으며, '정심'
은 마음을 바로잡는 과제를 전체적으로 분석하고 있다. 곧 "마음의 본
체는 투명하게 맑아 텅비고 밝아서 거울이 비어 있는 것과 같고, 저울
대가 평평한 것과 같아, 사물에 감응되어 움직이면 칠정(七情)이 이에
대응하니, 이것이 마음의 작용이다. 다만 기질이 구속하고 욕심이 가
려서 (마음의) 본체가 수립할 수 없으므로 (마음의) 작용이 그 바름을
잃기도 하는데, 그 병통은 어두움(昏)과 어지러움(亂)에 있을 뿐이
다"[59]라 하여, 마음의 본체와 작용을 분석하면서, 마음의 작용에 기질
의 구속과 욕심의 가리움에 따라 그 바름을 잃은 병통으로 어두움(昏)

---

58 『栗谷全書』, 卷21, 6, '聖學輯要'(修己: 誠實章), "誠意爲修己治人之根本, ⋯誠之之意,
實貫上下諸章, 如志無誠則不立, 理無誠則不格, 氣質無誠則不能變化, 他可推見也."
59 『栗谷全書』, 권21, 36, '聖學輯要'(修己: 正心章), "心之本體, 湛然虛明, 如鑑之空, 如
衡之平, 而感物而動, 七情應者, 此是心之用也, 惟其氣拘而欲蔽, 本體不能立, 故
其用或失其正, 其病在於昏與亂而已."

과 어지러움(亂)의 두 가지를 제시하고 있다.

그는 다시 '어두움'의 병통을 두 가지로 구분하여, '지혜의 어두움'(智昏)은 궁리를 못하여 시비에 우매함을 말하는 것이요, '기질의 어두움'(氣昏)은 게으르고 방일(放逸)하여 잠잘 생각만 하는 것이라 구분한다. 또한 '어지러움'의 병통도 두 가지로 구분하여, '나쁜 생각'(惡念)은 바깥 사물(外物)에 유혹되어 헤아리고 견주는 사사로운 욕심이요, '들뜬 생각'(浮念)은 생각이 산란하게 일어나 끊임없이 이어지는 것이라 분석하였다.[60] 이에 따라 '어두움'과 '어지러움'의 병통을 바로잡는 방법을 제시하면서, "'궁리'하여 선을 밝히고(明善), 의지를 돈독하게 하여 기질을 거느리며, '함양'(涵養)하여 정성을 보존하고(存誠), 성찰하여 거짓을 버림으로써 그 '어두움'과 '어지러움'을 다스려야 한다. 그런 다음에라야 아직 감응하기 전에는 지극히 텅 비고 지극히 고요하여 이른바 거울처럼 맑고 저울처럼 공평한 본체는 비록 귀신이라도 그 끝을 엿볼 수 없을 것이요, 감응함에 미쳐서는 절도에 맞지 않음이 없어서 거울처럼 맑고 저울처럼 공평한 작용이 유행하여 머물지 않고 정대하여 밝게 빛날 것이다"[61]라 하였다. 사물의 이치를 궁구하여 선을 밝히는 '궁리'공부로 의지를 독실하게 할 것과 본원(本原)인 성품을 배양하여 진실함을 간직하는 '함양'공부로 거짓을 제거할 것을 제시하고 있다. 곧 '궁리'공부로 '어두움'을 다스리고 '함양'공부로 '어지러움'

---

60 같은 곳, "昏之病有二, 一曰智昏, 謂不能窮理, 昧乎是非也, 二曰氣昏, 謂怠惰放倒, 每有睡思也, 亂之病有二, 一曰惡念, 謂誘於外物, 計較私欲也, 二曰浮念, 謂掉擧散亂, 相續不斷也."

61 같은 곳, "窮理以明善, 篤志以帥氣, 涵養以存誠, 省察以去僞, 以治其昏亂, 然後未感之時, 至虛至靜, 所謂鑑空衡平之體, 雖鬼神, 有不得窺其際者, 及其感也, 無不中節, 鑑空衡平之用, 流行不滯, 正大光明."

을 다스려, 고요할 때는 거울처럼 맑고 저울대처럼 공평한 마음의 본
체를 확보하는 것이 '중'(中)이라면, 활동할 때에는 모든 일에서 절도
에 맞게 하는 것은 '화'(和)임을 제시하였다.

덕의 도량을 넓히는 ⑩ '회덕량'(恢德量)에서도 도량이 넓지 못함은
기질의 병통에서 나오는 것임을 지적하며, 도량이 작은 자의 병통을
'치우치고 왜곡됨'(偏曲)과 '스스로 잘난 체함'(自矜)과 '이기기를 좋아
함'(好勝)의 세 가지로 제시하였다.[62] 여기서 율곡은 덕량이 작아지는
기질의 세 가지 병통을 지적하여, "치우치고 왜곡된 자는 막혀서 두루
통하지 못하여 마음을 공평하게 함으로써 이치를 살필 수 없고, 스스
로 잘난 체하는 자는 조금 얻은 것에 만족해서 뜻을 겸손하게 함으로
써 덕에 나아갈 수가 없으며, 이기기를 좋아하는 자는 잘못을 꾸며대
는데 안주하여 자기를 비움으로써 선을 따를 수가 없다. 세 가지가 모
두 하나의 '사사로움'일 뿐이다"[63]라 하였다. 이 세 가지 기질적 병통
의 조건으로 막혀서 두루 통하지 못하거나, 조금 얻은 것에 만족하거
나, 잘못을 꾸며대는데 안주하는 것이 모두 한 마디로 '사사로움'(私)
이라 지적한다. 따라서 이 사사로움의 병통에 따라 행하지 못하게 되
는 것으로서 '마음을 공평하게 함으로써 이치를 살피는 것'이나, '뜻을
겸손하게 함으로써 덕에 나아가는 것'이나, '자기를 비움으로써 선을
따르는 것'은 바로 도량을 넓히는 방법이요 과제이기도 하다. 또한 그
는 '천지'는 사사로움이 없지만 '인간'에게 사사로움이 있어서 인간이
천지에 일치하지 못하는 사실을 지적하면서, 인격의 단계에 따라 도

62『栗谷全書』, 권22, 5, '聖學輯要'(修己: 恢德量章), "量之不弘, 出於氣質之病,… 量之
小者, 其病有三, 一曰偏曲, 二曰自矜, 三曰好勝."

63 같은 곳, "偏曲者, 滯而不周, 不能公心以觀理, 自矜者, 足於少得, 不能遜志以進德,
好勝者, 安於飾非, 不能虛己以從善, 三者, 都是一箇私而已."

량을 키워서 '천지'와 일치하는 양상을 제시하였다. 곧 "성인은 사사로움이 없기 때문에 덕이 천지에 합치되고, 군자는 사사로움을 버리기 때문에 행실이 성인에 합치된다. 학자는 마땅히 그 사사로움을 극복하고 도량을 넓혀서 군자와 성인에 미치도록 노력해야 할 것이다"[64] 라 하여, 성인과 군자와 학자의 인격적 단계에서 사사로움을 이기고 도량을 키워서 '천지'의 덕에 합치하는 데로 향상하는 방향을 제시하고 있다. 병통을 적확하게 진단하고 원인을 밝히며, 치료를 위한 처방을 내리는 해석의 방법은 율곡의 '성학'이 이상의 표준을 제시하는데 그치는 것이 아니라, 현실의 군주나 대중을 이상으로 이끌어가는 길을 밝히는데 주력하고 있음을 선명하게 드러내고 있는 것이다.

---

64 같은 곳, "聖人無私, 故德合乎天地焉, 君子去私, 故行合乎聖人焉, 學者當務克其私, 以恢其量, 以企及乎君子聖人焉."

5. 성학의 사회적 실현과제

1) 사회의 기반으로서 가정─정가(正家)

'수기'의 다음에 '치인'으로 나아가 가정을 바로잡는 (3) '정가'(正家)와 나라를 다스리는 (4) '위정'(爲政)이 '치인'의 두 영역이지만, '정가'가 '위정'에 선행하는 영역이라는 것이 『대학』의 기본원리이다.

율곡은 (3) '정가'의 도리로 '윤리를 바르게 함'(正倫理)과 '은혜와 의리를 돈독히 함'(篤恩義)의 두 가지를 제시하고,[65] 기본과제로서 2장 '효경'(孝敬)은 부모에 효도하고 공경하는 일이요, 3장 '형내'(刑內)는 아내에게 본보기가 되는 일이며, 4장 '교자'(敎子)는 자식을 가르치는 일로서, 이 세가지 주제는 '윤리를 바르게 함'에 해당한다고 볼 수 있다. 5장 '친친'(親親)은 친족을 친애하는 일로서 '은혜와 의리를 돈독히

---

65 『栗谷全書』, 권23, 3, '聖學輯要'(正家: 摠論正家章), "正家之道, 不出於正倫理·篤恩義二者."

함'에 해당한다고 하겠다. 그렇다면 '효경'·'형내'·'교자'·'친친'으로
'정가'편의 기본과제를 제시하고 있는 것이요, 6장 '근엄'(謹嚴)의 삼가
고 엄숙히 함과 7장 '절검'(節儉)의 절약하고 검소함은 '정가'편의 보완
적 과제라 할 수 있다.

②'효경'의 도리로서 '살아계실 때 부모를 섬기는 도리'(生事之道)는
아침 저녁으로 잠자리를 보살펴 드리거나 문안을 드리는 미세한 일에
서 정성으로 봉양하고 사랑으로 공경하는 정밀한 일과 안색을 즐겁게
하고 용모를 부드럽게 하는 한층 더 정밀한 일에 까지 평소에 봉양하
는 방법을 제시하고 있다. 이와 더불어 만약 부모가 질병이나 우환을
당하면 마땅히 그 근심을 다하고, 한 단계 더 나아가 만약 부모가 허물
이나 악행을 저지르는 일을 당하면, 마땅히 충분히 간하여, 미리 부모
의 뜻을 알고 뜻을 받들어 부모에게 도리를 깨우쳐 드리는 것이 효도
를 지극하게 하는 것임을 지적하였다.[66] 또한 '돌아가셔서 장례를 지
내는 도리'(死葬之道)로 풍수설에 빠져 있는 폐단을 경계하면서, 특히
국상(國喪)에서 왕릉을 쓸 자리로 새로운 곳을 찾게 되면 역대 임금의
수가 많아지면 경기도의 땅은 모두 산림이 될 염려가 있음을 지적하
고, 중국에서 산 하나를 정하여 여러 임금의 능으로 삼고 있는 사실을
들어 본받기를 권하였다.[67]

율곡은 '효'의 이상적 실현의 조건을 제시하여, "사람의 '성명'(性命)
은 부모에게서 받았으며, '성명' 속에는 모든 이치가 다 구비되어 있는

---

[66] 『栗谷全書』, 권23, 8, '聖學輯要'(正家: 孝敬章), "若遇疾病, 則當致其憂, 若遇過惡,
則當熟其諫, 至於先意承志, 諭父母於道, 然後乃爲孝之至也."
[67] 『栗谷全書』, 권23, 12, '聖學輯要'(正家: 孝敬章), "國家玄宮, 必卜新域, 曆數綿遠, 幾
旬將盡爲山林鳥獸之窟, 殊非可繼之道, 中朝列聖衣冠之藏, 卜于一山, 傳之無窮, 此
可爲法."

데, 한 가지 이치라도 밝혀지지 않거나 실천되지 않는다면 내가 부모
에게 받은 본체(本體)에 결함이 있게 된다. 곧바로 타고난 본모습을
부족함이 없도록 실천하는데 이르른 다음에 본체가 온전하다. 그러니
성인이 사람의 도리를 다한 것이 아니라면 효도를 다하는데 부족하
다"68라 하였다. 부모로부터 완전무결한 '성명'(性命)을 물려받았으니,
이 '성명'을 온전하게 실현해야 효도가 완성될 수 있다는 것이다. 그것
은 자신을 완성하여 성인이 되었을 때에 비로소 효도가 완성된다는
의미이다. 부모를 받드는 차원을 넘어서 효도의 극치가 자신의 인격
적 완성을 이루는 차원으로 제시되고 있는 사실이 주목된다. 또한 제
왕의 효도가 필부의 효도와 달리 백 년의 사직(社稷)과 천 리의 영토를
물려받은 막중한 책임이 있음을 강조하여, "만일 털끝만치라도 스스
로 한가롭고 편안히 지내려는 생각이 있다면, 곧 효도하는 생각에 흠
이 되고 선왕의 사업에 손상이 있을 것이다. 그런데도 감히 방자하게
내키는 대로 하여 종묘를 위태롭게 하거나, 선대 임금을 욕되게 할 수
있겠는가"69라 하여, 선대 임금의 뜻을 이어가고 사업을 펼쳐갈 책임
을 지는 것이 제왕의 효도임을 역설하였다.

아내에게 본보기가 되는 ③ '형내'(刑內)의 도리는 다른 것이 아니
라, '수기'(修己)에 있을 뿐임을 지적한다. "자신을 닦음(修己)이 지극
해지면 안으로 마음과 뜻이 한결같고, 밖으로 용모가 장중해지며 언
어와 동작이 모두 예의에 맞게 된다. 부부 사이에도 서로 공경하기를

---

68 『栗谷全書』, 권23, 19, '聖學輯要'(正家: 孝敬章), "人之性命, 受於父母, 而性命之中,
萬理具備, 一理未明, 一理未踐, 則吾之所受於父母之本體, 有所欠缺, 直至踐其形而
無歉, 然後本體全矣, 然則非聖人之盡人道, 不足以盡孝矣."
69 같은 곳, "若有一毫自暇自逸之念, 則孝思有缺, 而先業有虧矣, 尙敢肆然自放, 以危宗
祧, 以辱先君乎."

손님 대하듯 하여, 침실에서 버릇없이 친밀한 실수가 없고 어두운 가운데서도 단정하고 엄숙한 모습을 유지한다면, 후비(后妃)도 보고 감화되어 변화할 것이다"[70]라 하여, 자신의 인격적 수양의 바탕 위에 서로 공경하는 도리를 지키는 부부의 도리를 강조하고 있다.

율곡은 "사람이 공경하는 바가 있으면 방자해지지 않고, 두려워하는 바가 있으면 방탕해지지 않는다. 그런 뒤에야 마음을 격동시키고 성질을 참게 하여, 학문에 나아가 덕을 닦을 수가 있다"[71]고 하여, 공경(敬)하고 두려워하는(畏)는 마음의 바탕 위에서 학문을 하고 덕을 닦을 수 있음을 지적하였다.

또한 율곡은 자식을 가르치는 ④ '교자'(教子)의 도리를 제시하면서, 특히 임금으로서 세자를 가르치는 도리를 제시하는데 세심한 주의를 기울이고 있음을 보여주고 있다.

친족을 친애하는 ⑤ '친친'(親親)의 도리가 한 집안을 화목하게 하는데 중요한 일임을 지적하면서 특히 왕실에서 종친을 친애하는 절도를 중시하여, "반드시 사사로운 은혜로써 공변된 의리를 해치지 않고, 공변된 의리로써 사사로운 은혜를 끊지 않으면서, 은혜와 의리를 다한 뒤에야 친족을 친하게 하는 도리를 얻게 된다"[72]고 하여, 은혜의 사사로움과 의리의 공정함이 조화를 이루도록 하는 방법이 왕실의 친족을 친애하는 도리로 중요함을 강조하고 있다.

---

70 『栗谷全書』, 권23, 27, '聖學輯要'(正家: 刑內章), "刑妻之道, 無他, 只是修己而已, 修己旣至, 而心志一乎內, 容貌莊乎外, 言語動作, 一循乎禮, 夫婦之間, 相敬如賓, 衽席之上, 無昵狎之失, 幽暗之中, 持整肅之容, 則后妃亦且觀感變化."

71 『栗谷全書』, 권23, 35, '聖學輯要'(正家: 教子章), "蓋人有所敬而不肆, 有所畏而不放, 然後能動心忍性, 進學修德焉."

72 『栗谷全書』, 권23, 38, '聖學輯要'(正家: 親親章), "必也不以私恩害公義, 不以公義絶私恩, 恩義兩盡, 然後親親之道得矣."

　나아가 '정가'의 도리로서 ⑥ '근엄'을 제시하면서, 군왕에게 외척이
권력을 탐내고 세도를 부리다가 나라를 위태롭게 하는 재앙이 역사상
끊임없었음을 깊이 경계하여 삼가고 엄격하게 할 것을 강조하였다.
이와 더불어 임금의 측근에 있는 환관(宦寺)의 재앙이 예로부터 있어
왔지만 우리나라에서는 왕실의 가법이 엄숙하여 환관이 정치에 참여
하는 폐단이 없었음을 다행한 일로 지적하였다. 율곡은 "'근엄'(謹嚴)
에 집안을 다스리는 도리가 다 갖추어져 있다. 대개 내외(內外)를 분
별하여 예법으로 막으면 남녀가 그 올바름을 얻을 것이요, 편벽되고
사사로움을 물리치며 공정하고 밝음으로 임한다면 좋아하고 싫어함
이 이치에 맞게 된다.…그 강령(綱領)은 예법으로 막아내고 공정함으
로 임하는 것뿐이다"[73]라 하여, '예법'(禮)과 '공정함'(公)으로써 삼가고
엄숙하게 하는 것이 가정을 바로잡는 모든 문제의 처리방법임을 확인
하고 있다.
　⑦ '절검'(節儉)은 군왕으로서 집안을 바로잡는데 특히 중요한 과제
임을 지적하면서, "검소함은 공손한 덕이며, 사치는 큰 악이다. 검소
하면 마음이 늘 방종하지 않아서, 경우에 따라 대처하여 한가롭지만,
사치스러우면 마음이 늘 바깥으로 치달아 날마다 방자하면서도 싫어
할 줄 모른다"[74]라 하였다. 검소함이 한 집안을 일으키지만 사치함은
한 나라도 파탄에 빠뜨리게 됨을 깊이 경계하고 있다. 특히 당시 조선
의 현실로서 왕실이 절약하고 검소한 기풍을 잃어서 국고가 고갈되고

73『栗谷全書』, 권23, 47, '聖學輯要'(正家: 謹嚴章), "謹嚴一章, 治家之道悉備, 蓋辨別
內外, 閑以禮法, 則男女得其正, 克去偏私, 莅以公明, 則好惡當乎理,…其綱在於閑以
禮, 莅以公耳."

74『栗谷全書』, 권23, 49-50, '聖學輯要'(正家: 節儉章), "儉, 德之恭也, 侈, 惡之大也, 蓋
儉則心常不放, 而隨遇自適, 侈則心常外馳, 而日肆無厭."

백성들에도 사치가 만연되어 있어 위태로운 상황임을 지적하였다.

‘정가’의 ⑨ 공효(功效)를 논의하면서도 “마음이 바르지 않으므로 집 안을 바르게 함에로 미루어 나갈 수가 없고, 집안이 바르지 않으므로 나라를 다스림에로 미루어 나갈 수가 없다. 진실로 뜻이 정성스럽고 마음이 바르게 되면 집안과 나라는 (이 뜻과 마음에) 들어다 놓기만 하면 된다.…그러므로 임금이 궁중을 바로잡지 못한 채, 백성을 교화(敎化)하려고 한다든가, 신하가 그 처자를 바로잡지 못한 채 임금을 바로잡고자 하는 것은 마치 밭을 갈지 않고도 수확하려고 하는 것과 같다”[75]고 하여, ‘정가’의 근본이 뜻을 진실하게 하고(誠意) 마음을 바로잡음(正心)에 있음을 확인한다. 뜻이 진실하고 마음이 바르면 이 뜻과 마음으로 가정을 바로잡고 나라를 다스리는 성과를 이룰 수 있다는 것이다. 또한 가정을 바로잡는 성과는 바로 나라를 다스릴 수 있는 것으로 실현될 수 있음을 말해주고 있다.

2) 국가통치의 실현과제-위정(爲政)

율곡의 『성학집요』는 우선 선조에게 올리면서 ‘제왕의 학문’으로 제시되었던 만큼, 방법적으로는 ‘수기’가 근본이지만 실천적으로는 ‘치인’이 목적이라 할 수 있으며, ‘치인’에 더 큰 비중이 실려 있는 것이라 할 수 있다. 또한 ‘치인’의 과제는 가정을 다스리는 ‘정가’의 토대 위에

---

[75] 『栗谷全書』, 권23, 53, ‘聖學輯要’(正家: 正家功效章), “心不正, 故不能推以正家, 家不正, 故不能推以治國, 苟能意誠而心正, 則家國在擧而加之耳,…是故, 人君不正宮壼, 而欲化民, 人臣不正妻子, 而欲格君者, 是猶不耘而求穫也.”

서 나라를 다스리는 (4) '위정'을 통해 완성되는 것이라 하겠다. 이런 의미에서 율곡에서 '성학'은 '위정'에로 귀결되는 것이요, '위정'에 더욱 큰 비중이 실려 있는 것이 사실이다.

율곡은 ① '총론위정'(摠論爲政)장에서 '위정'편을 개괄적으로 제시하면서 '위정'의 전체적 체계를 '근본'과 '규모'와 '절목'(節目)의 세 차원으로 파악하고 있다. 곧 "'건중'(建中)과 '건극'(建極)은 정치하는 근본이요, 백성이 많고 부유하게 한 뒤에 가르치는 것은 정치하는 규모이며, '구경'(九經)의 일은 정치하는 절목이다. 그러나 '구경'은 근본과 지말을 통하여 말한 것이니, 이른바 '수신'(修身)이란 바로 '건중'과 '건극'을 말한 것이요, 이른바 '한결같음'(一)이란 또한 '건중'과 '건극'의 근본이다"[76]라 하였다.

중용(中庸)의 도를 세우는 '건중'(建中)과 백성의 부모로서 임금을 표준으로 세우는 '건극'(建極)을 정치하는 근본으로 확인하고, '수신'이 바로 중용의 도를 세우고 표준을 세우는 방법이라 지적한다. 또한 공자의 말씀(『논어』, 子路)으로서 많은 백성을 부유하게 하는 '민생'과 가르치는 '교화'의 기본과제를 정치하는 규모라 확인하며, 『중용』(20장)에서 말한 자신을 닦음(修身), 어진이를 높임(尊賢), 친족을 친애함(親親), 대신을 공경함(敬大臣)·모든 신하를 몸소 살핌(體羣臣), 백성들을 사랑함(子庶民), 온갖 직공들을 불러들임(來百工), 먼 지역 사람들을 어루만짐(柔遠人), 제후들을 포용함(懷諸侯)의 아홉 가지 일인 '구경'(九經)을 정치하는 '절목'으로 제시하였다. 여기서 '구경'의 아홉 가지

---

76 『栗谷全書』, 권24, 13-14, '聖學輯要'(爲政: 摠論爲政章), "建中建極, 爲政之根本也, 富庶而敎, 爲政之規模也, 九經之事, 爲政之節目也, 但九經, 通本末而言, 所謂修身者, 卽建中建極之謂也, 所謂一者, 又建中建極之本也."

일의 시행원리로서 '한결같음'(一)이란 성실함(誠)으로 해석하고, 이것을 정치하는 근본으로 강조하고 있음을 보여준다.

율곡은 (4) '위정'편에서 ① '총론위정'(撼論爲政)장 이하 어진 인재를 쓰는 ② '용현'(用賢), 인재의 역량을 활용하고 좋은 계책을 채택하는 ③ '취선'(取善), 실지의 사무를 인식하는 ④ '식시무'(識時務), 옛 성왕의 법도를 모범으로 삼아 본받는 ⑤ '법선왕'(法先王), 하늘의 경계하심을 두려워하고 삼가는 ⑥ '근천계'(謹天戒)의 여섯 장을 정치하는 근본이요 갖추어야 할 조건으로 제시하였다. 그 다음으로 나라의 기강을 세우는 ⑦ '입기강'(立紀綱), 백성의 생활을 안정시키는 ⑧ '안민'(安民), 백성을 교화하는 ⑨ '명교'(明敎), 및 ⑩ '위정공효'(爲政功效)까지의 네 장을 정치하는 실무로 들고 있다.[77]

'위정'에서 인재를 쓰는 ② '용현'(用賢)의 문제는 정치를 실현하기 위한 가장 선행적 조건으로, 9항목에 걸쳐 매우 세밀하게 서술하고 있다.[78] 군자의 행실을 속인과 비교하면서, "어버이를 사랑하는 것은 같지만, 부모를 도리로서 깨닫게 하고 명령에 복종하는 것을 효도로 생각하지 않는 것이 속인과 다르며, 임금을 존경하는 것은 같지만 임금을 도리에 맞도록 인도하다가 합하지 않으면 떠나가는 것이 속인과 다르다"[79]라고 하여, 군자는 인륜에 따라 예절을 다하여 부모와 임금

---

77 『栗谷全書』, 권25, 24, '聖學輯要'(爲政: 立紀綱章), "上六章, 備論爲政之本及爲政之具, 而此章以下, 乃論爲政之事."

78 율곡은 『聖學輯要』의 '爲政'篇 '用賢'章에서 '인물을 관찰하는 방법'(觀人之術), '군자의 행실을 분별함'(辨君子之行), '소인의 간사함을 분별함'(辨小人之奸), '군자와 소인을 전체로 논함'(通論君子小人), '인재를 쓰고 버림의 마땅함'(用捨之宜), '어진 이를 구하는 도리'(求賢之道), '책임을 맡겨 쓰는 도리'(任用之道), '예법으로 공경하고 친애하며 믿는 도리'(禮敬親信之道), '소인을 멀리하는 도리'(遠小人之道)의 9항목으로 나누어 서술하고 있다.

을 섬기지만, 도리를 기준으로 지키기 때문에 맹목적인 순종을 하지 않고 부모나 임금의 행위에 과오가 있으면 간언하여 바로잡고자 하는 태도를 중요한 조건으로 지적하였다.

임금으로서도 '도'와 '덕'을 갖춘 걸출한 인물을 등용하려면 그에 맞는 태도가 요구되고 있다. 곧 "임금이 공경함을 극진히 하고 예법을 다하지 않으면 '도'와 '덕'을 갖춘 선비를 만날 수 없으며, 간(諫)하는 것을 실행하고 말을 받아들이지 않으면 신하로 삼을 수 없으니, 임금은 마땅히 정성으로 맡기고 처음부터 끝까지 의심하지 말아야 한다"[80]고 하였다. 걸출한 인재를 만나고 신하로 삼기 위해서는 임금이 공경하는 예의를 갖추어야 할 뿐만 아니라, 그 계책을 받아들이고 끝까지 의심없이 믿고 맡겨야 함을 강조하는 것이다. 현명한 인물을 재상이나 대신으로 맞아들여 놓고서도 그 간언을 받아들이고 계책을 따르며 맡겨서 책임을 이룰 수 있게 하지 않는다면 그것은 인재를 쓰는 도리를 벗어난 것이라는 말이다. 그래서 어진 인재를 좋아하여 불러들여 놓고서도 작록(爵祿)으로 붙잡아 놓기만 하고 그 말을 채용하지 않는 임금은 어진 인재를 진실로 좋아하는 도리를 알지 못하는 것이라 지적하기도 하였다.

따라서 율곡은 어진 인재를 쓰는 조건으로서 인재를 알아보고 등용하며 신임할 것을 강조하여, "사람을 아는 데는 반드시 그 총명을 극진히 해야 하고, 사람을 기용(起用)하는 데는 반드시 그 재능에 적합하게 해야 하며, 신임하는 데는 반드시 그 정성을 극진히 해야 한다. 그

79『栗谷全書』, 권24, 16-17, '聖學輯要'(爲政: 用賢章), "愛親則同, 而喩父母於道, 不以從令爲孝者, 異於俗, 敬君則同, 而引君當道, 不合則去者, 異於俗."

80『栗谷全書』, 권24, 19, '聖學輯要'(爲政: 用賢章), "夫道德之士, 非致敬盡禮, 則不可得見, 非諫行言聽, 則不可得臣, 人君所當推誠委任, 終始勿貳者也."

런 다음에 진실로 어진 이를 좋아한다고 할 수 있다"[81]고 하였다. 그것
은 임금으로서 인재를 쓰는 태도로, 인재의 덕량과 재능을 알아보는
밝은 식견과 그 인재의 재능에 적합하게 적재적소에 기용하는 판단력
과 인재를 깊이 신뢰하여 흔들림이 없는 성실함을 요구하고 있는 것
이다.

율곡은 어진 인재로서 '군자'에 상대되는 '소인'을 분별하여 인식해
야 할 것을 매우 중시하였다. 그는 탐욕스럽고 비루하며 아첨하는 일
반적 소인을 분별하기는 어렵지 않다고 한다. 다만 옳은 듯이 보이지
만 옳지 않은 자(似是而非者)인 소인을 분별하기는 밝게 통찰하는 임
금으로서도 어려운 일임을 지적하면서, 이렇게 겉으로는 군자처럼 꾸
민 위선적 소인을 '향원'(鄕原)으로 지적하였다. 곧 "향원(鄕原)은 속셈
을 감추고 세상에 잘 보이며, 스스로 옳다고 여겨 세속과 부화뇌동하
며, 고식적이고 비루한 지경에 안주하여 '도'를 행하는 선비를 막고 억
제하여 학문하는 길을 끊어 버린다. 그 해독은 이단(異端)이 세상을
현혹시키는 것보다 더욱 심하다.…그 행위를 살펴보면, 앞을 쳐다보
고 뒤를 돌아보며 몸을 삼가고 봉록을 지키다가, 옛 것을 회복하자는
설을 듣거나 '도'에 뜻을 둔 선비를 보면 문득 실정에 어두워 이루기
어렵다고 비웃고, 오직 옛 관습을 따르며 미봉하는 것을 임무로 삼는
다"[82]고 하였다. 겉으로는 군자처럼 꾸미면서 속으로 간교한 생각을

---

81 『栗谷全書』, 권24, 20, '聖學輯要'(爲政: 用賢章), "必也知之極其明, 用之適其才, 信
之盡其誠, 然後可謂眞好賢矣."
82 『栗谷全書』, 권24, 22, '聖學輯要'(爲政: 用賢章), "夫鄕原闇然媚世, 自以爲是, 使流
俗雷同, 安於姑息卑汚之境, 沮抑行道之士, 杜絶爲學之路, 其爲害殆甚於異端之惑世
矣,…夷攷其所爲, 則瞻前顧後, 謹身持祿, 一聞復古之說, 一見志道之士, 則輒嗤以迂
闊難成, 惟以因循牽補爲務."

품고 있는 소인을 잘 분별해 내는 것이 중요함을 강조하고 있다. 군자
와 소인의 분별은 도학의 의리론에서 핵심적 주제이며, 특히 정치를
담당하는 세력이 군자인지 소인인지에 따라 '도학' 내지 '성학'의 정치
를 이룰 수 있는지 없는지가 판가름나는 조건이므로 '의리'와 '이해'의
분별(義利之辨)과 '군자'와 '소인'의 분별(君子小人之辨)에 정밀한 주의
를 기울이고 있는 것이다.

율곡이 활동하던 당시 조선사회의 정치현실은 훈구(勳舊)세력인 소
인이 정권을 장악하면서 도학자 선비들인 군자를 해치는 사화(士禍)
의 시대를 겪고나서 선비가 정치를 담당하는 사림정치(士林政治) 시대
로 막 들어선 시기였으니, 소인의 경계에 더욱 예민한 주의를 기울였
던 것으로 보인다. 더구나 율곡이 조정에서 활동하던 시기에 선비들
사이에 당파가 분열되어 당쟁이 시작되는 상황으로 선비들끼리 상대
방을 소인으로 비난하여 시비를 판단하기 어려운 처지였다. 여기서
율곡은 "신하로서 악행은 '사당'(私黨)보다 더 심한 것이 없고, 임금이
몹시 미워하는 것도 '붕당'(朋黨)보다 더 심한 것이 없다. 그러므로 소
인이 군자를 모함하는 데는 반드시 이것으로 빌미를 삼으니, 다만 임
금이 이것을 살피지 못할까 염려될 뿐이다"[83]라 하여, 선비들이 당쟁
을 벌이고 있는 사실을 문제삼기 이전에 소인이 군자를 '붕당'으로 모
함하여 해칠까 염려부터 하고 있는 것이다.

군자는 의리를 기준으로 삼아 임금을 사랑하고 백성을 보살피기 때
문에 의리에 어긋나면 임금의 뜻을 거슬리기도 하지만, 소인은 이익
을 추구하여 벼슬과 녹봉을 탐하니 권력이 있는 곳을 따라 임금에게

---

[83]『栗谷全書』, 권24, 25, '聖學輯要'(爲政: 用賢章), "人臣之惡, 莫甚於私黨, 人君所痛
嫉者, 亦莫甚於朋黨, 故小人之陷君子, 必以是爲嚆矢, 第患人君不之察耳."

아첨하기도 하고 권신이나 외척에게 붙기도 하며 심지어 적국과 내통
하기도 한다. 그럼에도 불구하고 군자와 소인을 혼동하는 현실의 풍
조를 지적하여, "말세의 풍속이 도도하고 도학이 밝지 않아서, 신하는
이미 임금을 바르게 할 뜻이 없고, 임금 역시 사람들이 자기에게 순종
하는 것만 좋아하여, 벼슬과 녹봉을 탐하는 자에 대해 임금을 사랑한
다고 여기고, 임금 사랑하는 자에 대해 임금을 원망한다고 여긴다"84
고 하였다. 군자와 소인의 분별이 분명하면 바로 다스려지는 시대가
열리고 군자와 소인의 분별이 어두우면 혼란의 시대가 열리는 사실을
지적하여, 군자와 소인의 분별이 정치를 하는데 기본과제임을 강조하
고 있는 것이다.

　군자와 소인을 분별함으로써 군자를 보호하고 소인을 멀리하는 것
을 강조하면서, 소인이 군자를 모함할 때에 온갖 교묘한 명목으로 군
자를 죄목에 얽어넣는 경우를 세밀하게 지적하고 있다. 곧 "독실하게
행하는 이를 가리켜 '위선'(僞善)이라 하고, '도'를 지키는 자를 가리켜
'위학'(僞學)이라 하며, 은거하여 지조를 높이는 사람에 대해 '세상을
업신여긴다'(傲世) 하고, 나아가기를 어려워하고 쉽게 물러나는 사람
에 대해 '임금을 협박한다'(要君)하고, 조정에서 바른 말로 다투는 사
람에 대해 '충직함을 드러내어 명성을 얻으려 한다'(賣直)하고, 국사에
마음을 다하는 사람에 대해 '권력을 제멋대로 휘두른다'(專擅)하고, 어
진 이를 천거하며 협력하는 사람에 대해 '붕당'(朋黨)하는 것이라 여기
고, 묵은 폐단을 개혁하는 사람에 대해 '정치를 어지럽힌다'(亂政)하니,
선량한 사람에 대해 모함하는 방법을 이루 다 열거할 수 없다"85고 하

84 『栗谷全書』, 권24, 29, '聖學輯要'(爲政: 用賢章), "末俗滔滔, 道學不明, 人臣旣無正
君之志, 而人君亦說人順己, 以愛爵祿者爲愛君, 以愛君者爲怨君."

였다. 이처럼 소인이 온갖 명목을 붙여 군자를 모함하는 실상을 지적하고 있다. 따라서 율곡은 군자와 소인을 함께 쓸 수 없음을 강조하였던 것이요, 소인을 물리치고 군자를 등용하는 것이 무엇보다 임금이 인재를 쓰는 기본과제임을 확인하고 있는 것이다.

율곡은 어진 인재와 현명한 군주가 만난 사례로서 탕(湯)임금이 밭 갈고 있는 이윤(伊尹)을 두 번 초빙하였던 사실과 소열(昭烈: 劉備)이 초야에 묻혀 있는 제갈량(諸葛亮)을 세 번 정성으로 찾아가 등용하며 끝까지 신뢰하여 맡겼던 사실을 들면서, "임금은 반드시 먼저 이치를 궁구하고(窮理) 말을 알아들어서(知言) 무게를 헤아리는 도수(權度)가 틀리지 않은 뒤에야 어진 이를 알아볼 수 있고, 아는 것이 아주 밝아 폐부까지 환하게 비춘 뒤에야 서로 믿을 수 있고, 믿음이 아주 돈독하여 부절(符節)처럼 합치한 뒤에야 서로 기뻐할 수 있고, 기뻐함이 아주 친밀하여 은혜가 부자(父子)같이 된 뒤에야 위임할 수 있고, 맡김이 아주 전적이고 딴 마음이 없게 된 뒤에야 '도'를 행하고 다스림을 이루며, 하고자 하는 뜻대로 한 시대를 교화하고 만세에 업적을 남길 수 있다"[86]고 하였다. 임금과 어진 신하의 만남에서 임금이 이치를 밝혀 남의 말을 잘 알아듣는 '지언'(知言)을 할 수 있어야 다음에 현명한 인재를 알아보는 '식현'(識賢)이 가능하고, 그 다음에 임금과 서로 신뢰하여(相信), 서로 기뻐하며(相悅), 믿고 맡김(委任)으로 나갈 수 있으며,

85 『栗谷全書』, 권24, 45, '聖學輯要'(爲政: 用賢章), "指篤行者, 爲僞善, 指守道者, 爲僞學, 隱居尙志者, 謂之傲世, 難進易退者, 謂之要君, 廷爭謷諤者, 謂之賣直, 盡心國事者, 謂之專擅, 擧賢協力者, 以爲朋黨, 矯革宿弊者, 以爲亂政, 誣陷良善之術, 不可枚擧."

86 『栗谷全書』, 권24, 48, '聖學輯要'(爲政: 用賢章), "人君必先窮理知言, 權度不差, 然後可以識賢矣, 知之甚明, 肺肝洞照, 然後可以相信矣, 信之甚篤, 如合左契, 然後可以相悅矣, 悅之甚親, 恩如父子, 然後可以委任矣, 任之甚專, 不貳不參, 然後可以行道致治, 惟意所欲, 而陶甄一時, 垂裕萬世矣."

마침내 '도'를 행하여 이상적 정치를 이루는 '행도치치'(行道致治)에까지 이르게 되는 심화과정을 제시하였다. 이처럼 그는 이상정치를 이루는 모범을 제시하면서, 어진 임금과 현명한 신하가 만나는 방법을 정치의 근본과제로 정밀하게 제시하고 있다.

선을 취한다는 ③ '취신'(取善)은 임금으로서 자신을 내세우지 말고 현명한 인재를 등용하여 모든 계책을 듣고 천하의 지혜를 모아 정치에 시행할 것을 강조하였다. 따라서 임금이 자신을 내세우고 신하의 선한 계책을 받아들이지 않음을 경계하여, "스스로 통달했다 여김(自聖)에 가리고, 자기 마음대로 함(自用)이 고질이 되며, 총명함에 현혹되어 한 시대를 능멸하고, 천하 사람들을 자기만 못하다고 여긴다. 그러나 휘장 안이나 울타리 안에서도 오히려 견문이 미치지 못함이 있는데, 하물며 천하의 광대함에 미치겠는가. 아, 스스로 성스러운 지혜를 가졌다 하지 않고 사람들에게서 취하기를 힘쓰는 것은 비천한 것 같지만 실은 순(舜)이 실행한 것이다"[87]라 하였다. 임금이 자신을 믿는데 빠져서 남의 선함을 취할 줄 모르는 과오를 지적하며, 백성들에게서도 선함을 취하려고 힘썼던 모범으로서 순임금을 들고 있다.

정치를 함에서 당면한 현실적 과제로 '시무'를 알아야 하는 ④ '식시무'(識時務)를 강조하면서, 시기에 따른 사무의 기본양상으로 '창업'(創業)과, '수성'(守成)과 '경장'(更張)의 세 가지 양상을 제시하고 있다. 왕조를 새롭게 일으키는 '창업'은 혁명의 일로서 성인이 개혁의 시기를 만나 천명에 응하고 인심에 따르는 것(應乎天而順乎人)이라 하고, '수

---

87 『栗谷全書』, 권25, 5, '聖學輯要'(爲政: 取善章), "蔽於自聖, 痼於自用, 衒其聰明, 陵駕一世, 視天下之人, 擧歸於莫己若, 而帷薄之間, 蕭墻之內, 見聞尙有所不及, 況於天下之廣乎, 嗚呼, 不自聖智, 務取於人, 似乎卑下, 而實是大舜之所服行也."

성'은 성스러운 임금과 어진 재상이 법을 창제하고, 정치 기구를 다 펼치며, 예악을 융성하게 하는 것(創制立法, 治具畢張, 禮樂濟濟)으로 후세 임금과 후세 어진 재상이 법규로 준수해야할 기준이라 하였다. 나아가 율곡은 자신의 시대가 당면한 '시무'의 과제로서 '경장'에 가장 깊은 관심을 보여주었다. 그는 '경장'을 정의하여, "홍성함이 극에 달했다가 중간에 미약해지고, 법이 오래되면 폐단이 생긴다. 안일함에 젖어 고루한 것을 따르고, 백 가지 제도가 해이해져 날로 달로 그릇되어 나라를 다스릴 수 없게 되니, 반드시 현명한 임금과 현철한 대신이 분발하여 떨쳐 일어나 기강을 붙들어 세우며, 어리석고 게으름을 일깨워 옛 습관을 깨끗이 씻어내어 묵은 폐단을 개혁하며, 선왕의 뜻을 잘 계승하여 한 시대의 규모를 새롭게 하는 것이다. 그런 다음에 공적은 선열을 빛내고 사업을 후손에 내려주게 된다"[88]고 하였다.

그러나 '경장'의 개혁은 '수성'의 계승과 달리 식견과 능력이 있어야 가능하다는 어려움이 있다. 따라서 군왕이 개혁에 뜻이 있어도 탁월한 인재를 만나지 못하였다는 이유로 '경장'을 행하지 못하고 옛 습관에 따르고 있는 문제점을 자손이 선조의 옛집을 지키고 있는 것에 비유하여 설명하고 있다. 곧 "해가 묵어서 재목이 썩어 무너지려 하는데, 대목을 만나지 못하면 고칠 수가 없다. 이때 집 주인은 천 리 길을 멀다 않고 급히 대목을 구하겠는가. 그렇지 않으면 대목을 얻지 못했다고 핑계 대고 앉아서 집이 무너지는 것을 지켜보겠는가. 폐단의 정치를 경장하는 것이 어찌 이것과 다르겠는가. 아, 사

---

88 『栗谷全書』, 권25, 10-11, '聖學輯要'(爲政: 識時務章), "所謂更張者, 盛極中微, 法久弊生, 狃安因陋, 百度廢弛, 日謬月誤, 將無以爲國, 則必有明君哲輔, 慨然興作, 扶擧綱維, 喚醒昏惰, 洗滌舊習, 矯革宿弊, 善繼先王之遺志, 煥新一代之規模, 然後功光前烈, 業垂後裔矣."

람의 감정은 옛 풍속에 편안하고, 세상의 습관은 앞 시대의 법규에
젖어서 안족(雁足)을 아교로 붙여놓고 거문고를 타거나, 나무를 지
키고 앉아서 토끼를 기다리는 것과 같다. 눈앞에 아무 일이 없는 것
만 다행으로 여기다가 뜻밖의 헤아리지 못한 재난을 빚어내는 일이
많다"89고 하였다. 곧 과감하게 '경장'을 못하고 구차하게 폐단 속에
안주하는 현실의 문제점을 절실하게 제시하였다. '경장'의 문제가
율곡의 경세론에서 핵심적 과제이었던 만큼, '위정'의 실무로서 '경
장'의 필요성을 역설하고 있는 것이다.

'시무'를 알아서 당시의 폐단을 '경장'한다는 과제는 옛 성왕을 본받
는 ⑤ '법선왕'(法先王)의 과제와 표리의 관계를 이루고 있다. 옛 성왕
의 법도를 표준으로 확인하고 본받음으로써 '경장'의 방향과 목표를
확보할 수 있게 된다. 따라서 율곡은 삼대(三代: 夏 · 殷 · 周)의 옛 도를
오늘에 시행할 수 있다는 신념을 확인하면서, 현실에서 저항에 부딪
치고 있는 문제점을 지적하고 있다. 곧 "세상 습속에 가려져 끝내 (옛
'도'를) 시행하지 못하고, 문왕 · 무왕의 정치를 빈말에 붙여두어, 상하
수천 년간 쓸쓸한 밤이 지속되었으니 통탄할 일이다. 어진 정치(仁政)
를 꼭 시행할 수 있다는 것은 성현의 말씀이요, 옛 '도'(古道)를 회복할
수 없다는 것은 속된 무리의 말이다"90라 하여, 임금으로 하여금 세속
의 풍조를 떨쳐버리고 옛 성왕의 이상정치를 본받는데 분발하도록 격

---

89 『栗谷全書』, 권25, 11, '聖學輯要'(爲政: 識時務章), "年深材故, 腐朽將頹, 而非遇工
師, 不能修改, 主厭家者, 將不遠千里, 急求工師乎, 抑誘以不得工師, 坐而視其傾圮
乎, 更張弊政, 何以異此, 嗚呼, 人情安於故俗, 世習溺於前規, 膠柱鼓瑟, 守株待兔,
苟幸目前之無事, 釀成意外之奇禍者, 多矣."

90 『栗谷全書』, 권25, 16, '聖學輯要'(爲政: 法先王章), "蔽於流俗, 終不克行, 文武之政,
付之空言, 上下數千年間, 長夜寥寥, 可爲於邑, 夫仁政必可行者, 聖賢之說也, 古道
不可復者, 俚俗之談也."

려하고 있다.

하늘의 경계를 삼가야 한다는 ⑥ '근천계'(謹天戒)의 과제는 하늘이 착한 자에게 복을 내리고 악한 자에게 재앙을 내린다는 '복선화음'(福善禍淫)의 천리(天理)에 대한 인식에 따라 임금의 선한 정치에 아름다운 상서로움이 이르고 무도한 행위에 재앙이 내린다는 믿음을 전제로 하고 있다. 여기서 문제는 하늘이 '떳떳한 이치'(常理)대로만 드러나는 것이 아니라 선한 정치에도 상스러움을 내리지 않고 악한 행위에도 재앙을 내리지 않는 '변칙의 현상'(變數)이다. 율곡은 이러한 '변칙의 현상'을 하늘이 경계하는 것으로 받아들여, "성스럽고 어진 임금이 재앙을 만나서 자신을 닦고 성찰하면 재앙이 상서로움으로 변하며, 용렬하고 어두운 임금이 재앙이 없다고 관습에 젖어 있으면 도리어 재앙을 초래하게 되는 것은 필연적 형세이다.…임금은 국가가 한가한 때에도 마땅히 미리 어진 덕의 정치를 닦아서 환난을 철저히 막아 오래 다스려지고 항구하게 안정하는 계책을 삼아야 하는데, 하물며 재앙의 변고로 경계를 드러내는 때에서랴"[91]라 하였다. 하늘을 두려워하고 하늘을 섬기는 마음으로 재앙을 만나면 하늘이 경계하는 뜻으로 받아들여 더욱 깊이 자신을 성찰하고 선한 정치에 힘써야 하는 것이 군왕의 정치하는 자세임을 강조하고 있다.

율곡은 정치하는 실무에서 가장 선행해야 할 일로서 국가의 기강을 수립해야 한다는 ⑦ '입기강'(立紀綱)의 과제를 제시하고 있다. 곧 "기강이란 국가의 '원기'(元氣)이다. 기강이 서지 않으면 모든 일이 무너

---

91 『栗谷全書』, 권25, 23, '聖學輯要'(爲政: 謹天戒章), "聖賢之君, 因災修省, 則災變爲祥, 庸暗之主, 狃於無災, 則反招殃禍, 此必然之勢也,…人君當國家閒暇之時, 當預修德政, 深防患難, 以爲長治久安之計, 況有災變以警發者乎."

져 내리고, '원기'가 튼튼하지 않으면 온 몸의 뼈대가 풀어져 흩어진
다"92라 하여, '기강'이 국가의 생명력으로서 '원기'를 이루는 것임을
역설하였다. 따라서 그는 나라에 기강이 무너진 현상으로 "임금은 잘
다스려야겠다는 의지가 없고 신하들은 녹봉이나 받겠다는 마음만 품
으며, 착한 이를 등용하지 못하고 악한 이를 물리치지 못하며, 공이 있
어도 상을 받지 못하고 죄가 있어도 벌을 받지 않으며, 도학은 폐지되
고 교화는 무너져서, 풍속은 휩쓸려 오직 권세와 이익만 좇고 있다"93
고 지적하였다. 그렇다면 기강을 세우는 방법은 임금이 먼저 잘 다스
리겠다는 의지를 정립하는데서 출발하여 자신을 성실하게 하고 대공
지정(大公至正)한 도리로 명령을 내리고 일을 시행하는 것임을 강조하
지 않을 수 없다. 그만큼 국가의 '원기'로서 '기강'을 바로잡는 일은 정
치의 실무에서 임금이 가장 선행해야할 과제임을 보여준다.

　　율곡은 ⑧ '안민'(安民)을 위한 구체적 과제를 11조목에 걸쳐 매우
자세히 논의하고 있다.94 '기강'이 세워진 위에서 모든 행정이 제대로
시행될 수 있으며, 그 행정은 백성의 생활을 안정시키는 것을 목표로
지향해야 한다는 것이다. 그는 임금과 백성의 관계를 확인하면서, "임

---

92 『栗谷全書』, 권25, 28, '聖學輯要'(爲政: 立紀綱章), "紀綱者, 國家之元氣也, 紀綱不
　　立, 則萬事頹墮, 元氣未固, 則百骸解弛."

93 『栗谷全書』, 권25, 29, '聖學輯要'(爲政: 立紀綱章), "夫上無必治之志, 下懷持祿之
　　心, 見善而不能擧, 見惡而不能退, 有功者不必賞, 有罪者不必刑, 道學廢絶, 敎化陵
　　夷, 風俗靡然, 惟勢利是趨."

94 『聖學輯要』의 '爲政'篇 '安民'章에서는 '임금과 백성이 서로 의지하는 도리'(君民相須
　　之道), '백성을 사랑하는 도리'(愛民之道), '백성을 두려워하는 도리'(畏民之道), '헤아
　　려 법도로 삼는 도리'(絜矩之道), '세금을 가볍게 거두는 도리'(薄稅斂之道), '부역을
　　가볍게 부과하는 도리'(輕徭役之道), '형벌을 신중하게 하는 도리'(愼刑罰之道), '의리
　　와 이해의 변별'(辨別義利), '소비의 절약과 재화의 생산'(節用生財), '백성에게 일정한
　　생업을 만들어 줌'(制民恒産), '군사정책을 정비하여 밝힘'(修明軍政)의 11조목에 걸
　　쳐 상세히 서술하고 있다.

금은 나라에 의존하고, 나라는 백성에 의존한다. 임금은 백성을 하늘로 삼고 백성은 식량을 하늘로 삼으니, 백성이 하늘로 삼는 바(식량)를 잃으면 나라는 의존할 바를 잃게 된다. 이것은 불변의 이치이다. 임금의 정치는 백성에게 부모 노릇하는 것을 마음으로 삼아서, 백성의 힘(民力)을 늦추어 주고 백성의 산업을 넉넉하게 해 주어서, 백성들이 하늘로 여기는 바가 여유있고 그 본연의 착한 마음을 보존하게 해 주는 데 불과할 뿐이다"[95]라 하였다. 임금의 하늘이 백성임을 확인함으로써 백성이 정치의 목적임을 제시하며, 임금은 백성의 부모노릇을 한다는 것은 백성을 사랑해야하는 임금의 의무요 도리를 말하는 것이다. 또한 백성의 하늘이 식량이라는 것은 정치의 목적이 백성에 있고, 백성의 생존을 확보하고 넉넉하게 하는 것이 정치의 최우선 과제임을 제시해준다.

정치의 기본과제가 백성을 부유하게 하는 '안민'의 다음에 백성을 가르쳐 교화를 밝히는 ⑨ '명교'(明敎)의 과제가 제시된다. 율곡은 "하늘이 이 백성을 낳을 때 '사목'(司牧)을 세웠는데, '사목'은 실로 '임금'(君)과 '스승'(師)을 겸하였다. 목자(牧)로서 양육하고, 임금으로서 다스리고, 스승으로서 가르친 뒤에 이 백성이 그 삶을 안정할 수 있고 그 악을 개혁할 수 있고, 그 선을 일으킬 수 있다"[96]고 하여, 임금의 다스림에는 백성을 양육하는 목자의 역할과 백성을 가르치는 스승의 역할을 함께 해야 하는 것임을 지적하였다. 여기서 가르침을 위해서는 학

---

95 『栗谷全書』, 권25, 47, '聖學輯要'(爲政: 安民章), "君依於國, 國依於民, 王者以民爲天, 民以食爲天, 民失所天, 則國失所依, 此不易之理也, 王者之政, 不過以父母斯民爲心, 紓民之力, 厚民之産, 使所天有裕, 得以保其本然之善心而已."

96 『栗谷全書』, 권25, 60, '聖學輯要'(爲政: 明敎章), "天生斯民, 立之司牧, 司牧實兼君師, 牧以養之, 君以治之, 師以敎之, 然後斯民得以安其生, 革其惡, 興其善焉."

교를 세우고 예법을 제정하며 선을 권장하고 풍속을 순화하는 것이요, 임금이 먼저 몸소 실행하여 모범을 보여야 하는 것임을 강조한다.

율곡은 ⑩ '위정'의 성과(爲政功效)로서 "정치하는 보람은 '인'(仁)으로 천하를 덮어 주고 은택이 후세에까지 흐르게 하는데 이르면, 성인이 할 수 있는 일로 이것보다 더 보탤 것이 없다"[97]고 하여, '인정'(仁政)을 극진하게 실현하여 천하와 후세에 그 혜택을 끼치는 것을 극치로 제시하였다. '인정'은 유교의 정치적 원리로서 덕치(德治)를 실현하는 것이다. 그는 정치의 이상을 실현하는 것이 결코 높고 멀어서 실행하기 어려운 것이 아니라, 임금이 몸소 행하겠다는 의지를 세우고 순서에 따라 점진적으로 나가면 반드시 실현될 수 있을 것임을 역설하였다.

율곡은 '위정'의 체계에서 임금이 다스림에 뜻을 세우는 '입지'(立志)를 확고히 할 것을 근본으로 강조하고, 어진 인재를 등용하여 믿고 맡기는 ② '용현'(用賢)을 정치원리의 전제로 확인하며, 국가의 기강을 세우는 ⑦ '입기강'(立紀綱)을 정치적 실천의 출발점으로 삼는다. 또한 백성을 정치의 목적으로 인식하여 백성의 삶을 안정시키는 ⑧ '안민'(安民)과 백성을 교화하는 ⑨ '명교'(明敎)를 정치적 실현의 기본과제로 제시하고 있는 것이다. 그는 '위정'의 기본원리와 과제를 제시하면서도 당시 조선사회의 당면문제로 '경장'(更張)의 문제나 '붕당'(朋黨)의 문제를 제기하여 '위정'의 일반론을 넘어서 현실의 당면문제를 구체화하고 있는 사실이 주목된다.

---

[97] 『栗谷全書』, 권25, 65, '聖學輯要'(爲政: 爲政功效章), "爲政之效, 至於仁被天下, 澤流後世, 聖人之能事, 蔑以加矣."

6. 『성학집요』의 의미와 특성

　율곡은 『성학집요』를 통해 자신의 학문적 기본과제인 성리설과 경세론의 문제를 정밀하게 체계화하였다. 『성학집요』는 『대학』의 3 강령으로서 '명명덕-신민' 곧 '수기-치인'의 구조를 기본골격으로 한다. 여기서 '수기'의 영역으로서 '수신'편과 '치인'의 영역으로서 '정가'편 및 '위정'편을 제시하였다. '수신'편은 그의 철학적 영역인 성리설을 수용하고 있으며, '위정'편은 그의 정치적 논의로서 경세론을 수용하고 있는 것이다.

　그는 '수신'이 '치국'(治人)의 근본임을 강조하여 '수신'편을 '정가'편과 '위정'편에 앞서 제시하였지만, '수신'의 문제는 언제나 '치국'의 문제를 위한 근본이요, 따라서 '치국'으로 귀결되고 있는 사실이 그의 사상에서 핵심을 이루는 것이라 할 수 있다. 도학의 전통에서 근본을 먼저하고 다음에 지말로 나가야 한다는 '선본후말론'(先本後末論)의 논리에서 근본의 '수신'에 주력하다가 '치국'을 소홀히 하게 되고, 성리설의

분석에 치중하다가 경세론의 실무를 등한히 하게 되었던 폐단이 일반
화되었지만, 그는 '도학'의 본래정신에서 '수신'과 '치국'이 서로 떠날
수 없다는 본말일체(本末一體)의 구조를 확립하는 입장을 선명하게 밝
히고 있다. 따라서 "'수신'을 '치국'보다 먼저 한다는 것은, 다만 그 순
서의 당연한 것을 말했을 뿐이다. 만일 반드시 '수신'이 지극한 데 이
르기를 기다린 뒤에야 정치를 할 수 있다고 한다면, 진실한 덕을 다 이
루기 전에는 국가를 어디에 둔단 말인가"[98]라 하여, '수신'과 '치국' 사
이에 선후의 순서가 있다고 하더라도, 양자가 상호의존하는 것이요
병행하는 것임을 분명하게 지적하였다.

『성학집요』는 선행하는 저술로서 송나라 진덕수의 『대학연의』에
비교하면 『대학』체계를 바탕으로 하고 있는 점에서는 공통적이지만
『대학연의』보다 훨씬 집약적이고 정밀한 체계를 제시하여 도학의 경
세론으로서 한 단계 나아간 것이라 할 수 있다. 또한 퇴계의 『성학십
도』가 '수기'의 수양론적 문제에 초점을 맞추어 극도로 집약시켜 도학
의 수양론을 위한 정수를 보여준 성찰의 지침서라 한다면, 『성학집요』
는 같은 '성학'의 명칭 아래에 수양론을 바탕으로 경세론에 까지 나아
가 '성학'의 전체적 체계를 제시하였으며 장과 절로 세밀하게 분석된
실천의 지침서라 할 수 있을 것이다.

율곡은 『성학집요』의 모든 장절에서 본문을 주로 경전에서 인용하
여 제시하고 인용하였고, 인용한 모든 구절에 주자의 해석을 중심으
로 경전과 역사서까지 포함하여 광범하게 인용하여 주석을 붙이고 있
다. 이러한 편찬체제는 경문(經)과 주석(註)의 구성형식을 지닌 것으

---

98 『栗谷全書』, 권25, 67, '聖學輯要'(爲政: 爲政功效章), "修身先於治國, 只言其序當然
耳, 若必待修身極其至, 然後乃可爲政, 則允德未終之前, 將置國家於何地歟."

로 독자적으로 편찬된 일종의 경전과 그 주석으로 보이기도 한다. 그
자신이『성학집요』의 서문에서, "이 책은 사서·육경으로 오르는 계
단이요 사다리다"⁹⁹라고 하였던 일이 있다. 도학의 유교경전에 대한
이해에서 '사서'는 '육경'에 오르는 사다리요, 주자가 편찬한『소학』은
'사서'에 오르는 사다리라 하고 있는데,『성학집요』가 '사서'와 '육경'
에 오르는 사다리라면『소학』의 위치와 비슷한 지위에 놓을 수 있을
것이다. 사실 도학전통에서는 주자의『소학』은 '사서'와 묶어서 '오자
서'(五子書)로 일컬어지면서 경전의 지위에 올려놓기도 하는데, 율곡
의『성학집요』도 경전에 근거하여 도학의 전체 체계를 집약적이고 일
관하게 제시해주고 있다는 점에서 일종의 경전으로서 의미를 지니는
것이라 할 수 있을 것 같다.

　『성학집요』에는 송대 유학자들 중심으로 여러 중국 유학자들의 견
해를 주석으로 인용하였지만, 우리나라 유학자의 견해는 한 구절도
인용한 것이 보이지 않는다. 율곡에게는 '성학'의 체계 속에 수용할 만
한 우리나라 유학자들의 견해가 눈에 들어오지 않았는지도 모르겠다.
그러나『성학집요』는 '성학'을 일차적으로 제왕의 학문으로서 서술하
고 있으며, 특히 그가 선조임금에게 올렸던 사실에서 '진차'(進箚)에서
만이 아니라 '서문'과 '안설'(按說)의 곳곳에서 선조임금에게 '성학'에
힘써 치도(治道)를 이루도록 호소하고 있다. 따라서 그는 이 시대 정
치적 현실에서 제기되는 문제들과 자신이 상소문을 통해 선조에게 올
렸던 '군자-소인의 분별'문제나 '경장'의 문제에 대해 조선사회가 당면
한 현실에 근거하여 문제를 제기하고 있는 것이 사실이다. 그만큼『성
학집요』는 '성학'의 수양론·성리설과 경세론의 이론적 체계이면서 동

99『栗谷全書』, 권19, 10, '聖學輯要, 序', "此書乃四書六經之階梯也.~"

시에 현실의 당면문제에 대한 관심 속에서 실천적 성격을 생생하게 보여주고 있는 점이 중요한 특징의 하나라 할 수 있다.

3

이휘일·이현일의 『홍범연의』와
경학의 경세론적 확장

경전과 시대

한국유학의 경전활용

1. 『홍범연의』(洪範衍義)의 경학적 성격과 과제

「홍범」(洪範)은 『서경』 58편 가운데 주서(周書)의 한 편으로 수록되어 있다. 경학의 전통에서는 「홍범」편이 '낙서'(洛書)와 연관된 것으로 인식되고 『주역』의 체제와 상응하는 것으로 이해되면서, 매우 중요한 편으로 주목을 받아왔다. 특히 「홍범」을 전해준 인물인 기자(箕子)는 은(殷)나라 말기의 '삼인'(三仁: 箕子·微子·比干)의 한 사람으로서, 은나라가 멸망한 다음 조선(朝鮮) 땅으로 망명하였던 인물로 전해지기 때문에 우리나라에서 중시되어 왔다.

우(禹)가 천하를 다스리는 기본원리를 하늘에서 받은 것이 '홍범'의 도(道)라 한다. 그리고 은나라의 기자가 우임금에 의해 밝혀진 '홍범'의 도를 계승하였으며, 이 '홍범'의 도를 해설한 「홍범」편을 주(周)나라를 세운 무왕(武王)에게 천하를 위해 전해주었다 한다. 그렇다면 기자는 유교의 도통(道統)을 이어받고 전해준 성인의 한 사람으로서 중요한 비중을 차지하고 있는 인물이다. 무왕은 조선으로 망명한 기자의 어진 덕을 존중하여 조선후(朝鮮侯)에 봉하고 신하로 삼지 않았다 한다. 따라서 기자는 옛 조선의 임금이 되어 이른바 '팔조금법'(八條禁 法)으로 옛 조선을 교화하였다는 것이니, 조선시대의 유학자들은 기자 를 우리나라의 문화적 시조로 존숭하여 왔다. 이러한 역사의 이해에 따라 조선시대 유학자들이 「홍범」편에 특별한 애정과 관심을 기울여 왔던 것은 지극히 당연한 일이라 하겠다.

『홍범연의』는 17세기 후반에 활동하던 성리학자로서 퇴계의 학맥 을 계승한 인물인 이휘일(存齋 李徽逸, 1619~1672)이 착수하였고 그의 아우 이현일(葛菴 李玄逸, 1627~1704)에 의해 편찬이 완성되었으며, 조선후기 도학이 지닌 경세론(經世論)의 관심에서 「홍범」편에 관한 해석을 집대성하여 28권의 방대한 체제를 이룬 중요한 저술이다. 같 은 시대를 살았던 조선후기 실학의 선구적 인물인 유형원(磻溪 柳馨 遠, 1622~1673)이 저술한 『반계수록』(磻溪隧錄)의 실학적 경세론 체계 와 대비해보면, 경세론에 접근하는 도학과 실학의 시각이 어떻게 다 른지가 잘 드러날 것이다.

도학-주자학의 경세론적 입장에서 편찬된 『홍범연의』는 '수기'(修 己)와 '치인'(治人)이라는 학문적 과제의 두 축을 하나의 원리로 일관 시켜 체계화하는 작업이었다. 바로 이 점에서 『홍범연의』는 송나라 유학자 진덕수(西山 眞德秀)가 『대학』의 체계에 따라 편찬한 『대학연 의』(大學衍義)에 상응하는 것이요, 16세기 후반 조선에서 율곡이 역시 『대학』의 체계를 기준으로 편찬한 『성학집요』(聖學輯要)와도 긴밀한 유사성을 지닌 업적이다. 따라서 진덕수의 『대학연의』와 율곡의 『성 학집요』나 이휘일·이현일 형제의 『홍범연의』는 도학의 경세론 내지 치도론(治道論)을 체계화하는 중대한 의미를 지닌 저술이다. 다만 진덕수와 율곡의 저술이『대학』의 틀을 기반으로 삼은 것이라면, 이휘일·이현일의『홍범연의』는「홍범」편을 기반으로 삼고 있다는 점에서 독자적 성격과 특성을 지니는 것이라 할 수 있다.

무엇보다『홍범연의』는 도학의 경세론 체계를 해명하는 과제를 수행하고 있다는 사실에서 의미가 크다. 조선시대 도학이 성리설의 관념적 이론을 천착하는데 빠지거나, 수양론의 인격내면적 성찰에 치중하였거나, 예학의 번쇄하고 형식적인 의례절차를 따지는데 골몰한 반면에, 현실사회를 이끌어가는 경세론의 문제에 소홀하였다는 비판을 외면하기는 어렵다. 그러나『홍범연의』는 도학에서도 경세론에 대한 관심과 이해를 본격적으로 제시하고 있는 매우 드문 저술의 하나라는 점에서 그 중요성을 확인할 수 있다.

『홍범연의』의 체제를 해명하는 작업에서는 이에 앞서「홍범」편에 대한 이해를 확인할 필요가 있다. 중국 유학자들이「홍범」편을 이해한 내용과 쟁점을 개괄해보고, 조선시대 유학자들의「홍범」편에 대해 지녀왔던 깊은 관심과 이해를 검토해본다면,『홍범연의』가 지닌 의미와 내용의 성격이 훨씬 분명하게 드러날 수 있을 것이다. 실제로 이휘일·이현일 형제는『홍범연의』를 편찬하면서, 연관된 많은 문헌들을 폭넓게 수집하고 체계적으로 분류하여 정리하였지만, 그들 자신의 견해를 밝히는 것은 엄격하게 절제하고 있는 태도를 보여주었다. 자신의 관점과 견해를 내세우지 않는 것은 그만큼「홍범」편의 이해를 보편적 표준으로 확보하려는 신중하고 경건한 자세라 할 수 있을 것이다.

이런 점에서『홍범연의』에 내포되어 있는 편찬자의 입장과 관심은 '구주'(九疇)의 각 장에 붙인 '서설'의 간략한 언급을 제외하면, 전면에 드러나는 것이 거의 없으며 자료만 분류되어 있다는 특징을 지닌다.

그렇지만 다시 돌아보면 편찬자의 관점과 시야는 저술의 구성체제에서 가장 분명하게 드러나고 있으며, 관련문헌의 수집과 정리과정에서도 잘 드러나고 있는 사실을 확인할 수 있다. 다만 자신의 이론과 관점을 직접 밝히고 있지 않기 때문에, 『홍범연의』를 해명하기 위해서는 이 저술에 수록된 문헌의 내용과 다른 입장에서 「홍범」편을 해석한 다른 유학자들의 관심이나 견해들과 가능한 폭넓게 대조시켜 검토하는 작업이 필요할 것으로 보인다.

2. 「홍범」편의 이해와 한국유교의 「홍범」편 인식

1) 「홍범」편의 연원과 경전간의 연관성

(1) 「홍범」과 '낙서'(洛書)의 연관성에 대한 이해

「홍범」편에 대한 경학적 관심은 한대(漢代)에서 일어나기 시작하였다. 먼저 「홍범」을 '낙서'(洛書)와 연결시킨 해석이 주목된다. "황하에서 그림이 나오고 낙수에서 글이 나오니 성인이 이를 본받았다"(河出圖, 洛出書, 聖人則之.〈『주역』, 繫辭上〉)는 구절에 따라 이른바 '하도'(河圖)와 '낙서'가 제시되었는데, "낙수에서 글이 나왔다"는 것은 거북(神龜)이 등에 지고 나왔다는 것인데, 거북이 책을 지고 나왔다는 말이라기 보다, 등에 문자나 점으로 찍힌 숫자의 형상이 있는 거북이 나왔다는 것이다. 유흠(劉歆)은 "우(禹)가 홍수를 다스림에 (하늘에서) '낙서'를 내려주어 이를 본받아 서술하였으니 '홍범'이 이것이다"[1]라 하

---

1 『前漢書』, 卷27上, '五行志', "禹治洪水, 賜洛書, 法而陳之, 洪範是也."

여, '홍범'의 '도'가 낙서에 근원하는 것임을 제시하여, 복희(伏犧)가 '하도'를 받아 '괄괘'(八卦)를 그린 것과 상응시켰다.

　유흠은『서경』「홍범」편의 첫머리에 나오는 부분(惟十有三祀, 王訪于箕子,…箕子乃言曰,…禹乃嗣興, 天乃錫禹洪範九疇, 彝倫攸敍)은 무왕이 기자에게 낙서에 관하여 묻고, 기자는 우(禹)가 낙서를 얻은 뜻에 대해 대답한 것이라 한다. 그리고 그 뒤에 이어서 나오는 65글자(初一曰五行, 次二曰敬用五事, 次三曰農用八政, 次四曰協用五紀, 次五曰建用皇極, 次六曰乂用三德, 次七曰明用稽疑, 次八曰念用庶徵, 次九曰饗用五福威用六極)가 '낙서'의 본문이요, 이른바 하늘이 우(禹)에게 내려준 큰 법도로 9장의 항상한 일을 차례로 나열한 것이라 하였다.2 여기에는 두 가지 문제가 제기될 수 있다. 하나는 '낙서'와 '홍범'이 일치하는 것인지 아닌지의 문제요, 다른 하나는 '낙서'가 글자로 되어 있는지 점(點)으로 찍혀 있는 숫자인지의 문제이다.

　'낙서'와 '홍범'의 연관문제에 대해 주자는 유흠의 견해와 거의 같은 입장을 보여주고 있다. 곧 주자는 "'하도'와『역』의 '천일'(天一)에서 '지십'(地十)에 이르기까지는 합하여 천·지가 55의 수를 싣고 있으니 진실로『역』이 나온 바이다. '낙서'와 「홍범」의 초일(初一)에서 차구(次九)에 이르기까지는 합하여 구주(九疇)의 수를 갖추고 있으니, 진실로 「홍범」이 나온 바이다"3라 하여, '하도'-『역』의 연관성과 더불어 '낙서'-「홍범」의 연관성이 수의 구조가 동일한 사실에서 확인함으로

2 같은 곳, "凡此六十五字, 皆雒書本文, 所謂天迺錫禹大法, 九章常事所次者也." 馬融은 이 65글자 가운데 '初一曰·次二曰·次三曰·次四曰·次五曰·次六曰·次七曰·次八曰·次九曰'의 27자는 禹가 '洛書'의 글에 대해 순서를 붙였던 말이요, 이를 뺀 나머지 38글자가 '洛書'의 본문이라는 進一步한 견해를 제시하였지만, '洛書'가 글자로 되어 있다는 인식에서는 동일하다.

써, 『역』의 근원과 「홍범」의 근원이 바로 각각 '하도'와 '낙서'임을 제시하고 있는 것이다.

「홍범」편에서 "하늘이 우에게 홍범구주를 내려주었다"(天乃錫禹洪範九疇)는 구절을 해석하면서, 하늘이 우에게 어떻게 홍범구주를 내려주었는지를 설명하지 않을 수 없다. 주자의 뜻을 이어 주자학의 『서경』 해석에 기준을 제시해준 채침(蔡沈)의 『서집전』(書集傳)에서는 「홍범」편의 이 구절을 해석하면서, "우(禹)가 물의 성질에 순응하니 땅은 평탄하고 하늘은 질서를 이루었으므로 하늘이 낙수에서 글이 나오게 했고, 우는 분별하여 '홍범구주'로 삼았다"[4]고 하여, '홍범'이 '낙서'에서 나온 것임을 밝히고 있다.

그러나 주자의 친우였던 여조겸(東萊 呂祖謙)은 '낙서'와 「홍범」편의 연관성을 부정하는 입장을 제시하였던 사실이 주목된다. 여조겸은 「홍범」편의 이 구절을 해석하면서, 하늘이 우에게 '홍범구주'를 내려주었다고 하는데, 우(禹)는 그의 아버지 곤(鯀)이 '오행을 어지럽힌 것'(汨陳五行)과 달리 어떤 다른 노력이 있었는지 언급이 없는 사실을 지적하면서, "하늘은 본래 바깥에 있는 것이 아니요, '구주'의 이륜(彝倫: 常道)은 스스로 항상한 질서가 있으니, 그 사이에 털끝만큼도 인위(人爲)가 보태질 수 없다. 곤은 조작(作爲)하여 어지럽히니 차례가 무너졌던 것이요, 우는 일삼음이 없는 바(所無事)를 행하니 자연히 질서가 펼쳐졌다"[5]고 하였다. 하늘이 인간 바깥에 존재하여 인간에게 '하도'나 '낙서'를 내려주는 것이 아니라, 인간이 자연적 질서를 따르느냐

---

3 『주희집』38-1(1676쪽), '答袁機仲(樞)1', "至如河圖與易之天一至地十者, 合而載天地五十有五之數, 則固易之所自出也, 洛書與洪範之初一至次九者, 合而具九疇之數, 則固洪範之所自出也."
4 蔡沈, 『書集傳』(洪範), "禹順水之性, 地平天成, 故天出書于洛, 禹別之以爲洪範九疇."

자신의 의지로 조작하느냐에 따라 자연의 질서인 '홍범구주'가 실현되기도 하고 무너지기도 한다는 것이다.

여조겸의 관점에서 보면 주자가 받아들이고 있는 견해 곧 하수(河水)에서 글씨인지 점인지 무늬를 등에 지고 있는 신령한 거북이 나온 것은 바로 하늘이 '낙서'를 내려준 것이고, 우(禹)가 그 거북의 무늬를 해석하여 '구주'의 차례를 정하거나 내용을 제시하여 '홍범'의 도를 밝혔다는 이야기는 신화나 전설이 될 수밖에 없다. 바로 이 점에서 주자는 합리적 사유를 기반으로 하지만 여전히 옛 전통의 신화적 서술을 사실로 받아들이고 있는데 비해, 여조겸은 한걸음 더 철저하게 역사적 사실의 근거가 빈약한 신화적 서술을 걷어내고 합리적 인식을 관철하고 있는 경우라 할 수 있다.

유흠은 '낙서'에 65글자가 있었다 하였고, 마융(馬融)은 그 가운데 38글자만이 '낙서'에 있었다고 하여, 어떻던 거북의 등에 글자가 씌여 있었다는 견해를 보여주고 있다. 이에 대해 주자는 글자가 아니라 점(點)이 찍힌 것이라 보는 입장을 제시하고 있다. 곧 "'낙서'의 본문은 다만 45개의 점이 있는 것이다. 반고(班固)는 65글자가 모두 낙서의 본문이라 하였는데, 옛 글자는 획이 적으니 아마 혹시 모양이 있었을지 모르겠지만, 다만 지금은 상고할 바가 없다. 한유(漢儒)가 이를(글자를) 말한 것은 옳지 않다. 아마도 다만 의리로 제기한 것일 것이요, (글자의) 숫자가 이러하다는 것은 아니다"[6]라고 하여, '낙서'가 글자라는 견해에 대해 조심스럽게 의문을 제시하고 있지만, 한대 유학자들

---

5 時瀾, 『增修東萊書說』, 권17, '洪範', "天本非在外, 九疇彝倫, 自有常敍, 不可加一毫人爲於其間, 鯀作爲而汨陳之, 所以攸斁, 禹行其所無事, 自然攸敍."

6 『朱子語類』79: 78, "洛書本文只有四十五點, 班固云六十五字, 皆洛書本文, 古字畫少, 恐或有模樣, 但今無所考, 漢儒說此未是, 恐只是以義起之, 不是數如此."

이 '낙서'의 본문 글자수를 제시하고 있는 것에 대해서는 사실상 부정하는 입장을 분명하게 밝혔다.

이에 비해 명대(明代)의 마명형(馬明衡)은 '낙서'에 글자가 있는 것이 아니라는 견해를 더욱 분명하게 밝혀, "(거북의) 등 위에는 역시 단지 점이 있어서 숫자가 1에서 9에 이르를 뿐이다. 반고(班固)의 무리가 말하는 것처럼 문자가 있었던 것은 아니다. 성인의 도리는 마음에 넉넉히 갖추어 있으니, 감응함에 따라서 보았다. 그러므로 그 아홉 개의 수(九數)에 따라 아홉가지 일(九事)을 소속시켜 천하를 다스리는 큰 법도를 갖춘 것이다"[7]라고 하였다. 주자는 글자가 있었는지 상고할 수 없다고 소극적으로 부정하는 입장이라면, 마명형은 글자가 아니라 1에서 9까지 아홉가지 점이 있었을 뿐이요, 이 점에 의미가 있는 것이 아니라, 성인의 마음에 있는 천하를 다스리는 큰 법도의 아홉가지 도리를 이 점의 숫자에 연결시켜 설명한 것일 뿐이라 하여, '홍범'의 의리는 '낙서'에 있는 것이 아니라 '낙서'를 바라보는 성인(禹)의 마음에 있었던 것임을 분명하게 지적하고 있는 것이다.

그러나 청대(清代)의 호위(胡渭)는 다시 '낙서'에 글자가 있었다는 견해를 따르면서, "'낙서'의 본문은 「홍범」에 갖추어 있으니, 유흠의 말이 망녕된 것이 아닌데, 송대 유학자들이 흰점과 검은 점으로 된 방도(方圖)의 형체를 창안하였다"[8]고 하였다. 그는 '낙서'가 원래 「홍범」에 들어 있는 글자였는데, 송대 유학자들이 '낙서'를 흰점(奇數)과 검

---

7 馬明衡, 『尚書疑義』, 권4, '洪範', "背上亦只有點, 數自一至九而已, 非如班固輩所言有文字也, 聖人道理, 具足於心, 因感而見, 故因其九數, 而卽繫以九事, 以備治天下之大法也."

8 胡渭, 『洪範正論』, '序', "洛書之本文, 具在洪範, 劉歆之言非妄, 而宋儒乃創爲黑白之點, 方圖之體."

은 점(偶數)을 1에서 9까지 나열하여 사각형 도상인 방도(方圖)로 만
들어 놓고, 또 '하도'에 상응시켜 『역』에 연관시키면서, 채원정(蔡元
定)이 '하도'를 '선천역'(先天易)으로 '낙서'를 '후천역'(後天易)으로 『역』
속에 끌어들이고 있는 것을 잘못이라 비판하고 있다. 그것은 '낙서'와
「홍범」을 일치시키면서, '하도'나 『역』과는 분별을 분명하게 밝히는
입장을 보여주는 것이다.

(2) 「홍범」과 다른 경전의 연관성에 대한 이해

'낙서'를 「홍범」의 근원으로 볼 것인지 아닌지의 견해에 대한 차이
와 더불어 「홍범」이 『역』과 상응하는지 여부도 문제가 된다. '하도'와
'낙서'를 긴밀하게 연결시켜 보는 입장에서는 '하도'-『역』과 '낙서'-「
홍범」으로 상응시키는 시각을 제시하고 있다. 마명형은 "'주'(疇)와
'괘'(卦)의 작용은 비록 다르지만, 그 이치는 하나이다. 이치란 하늘이
요, 하늘에 있는 것은 하늘의 이치가 되고, 사람에 있는 것은 사람의
이치가 된다. 사람의 이치를 다 발휘하여 하늘의 이치에 합하는 것이
니, '주'와 '괘'의 작용은 모두 이와 같다"[9]고 하여, 「홍범」의 구주(九
疇)와 『역』의 팔괘(八卦)가 이치는 일치하며, 그 작용이 다르지만 동
일한 이치를 실현하고 있다는 점에서는 공통의 기반을 지닌 것임을
지적하였다. 그것은 「홍범」과 『역』이 동일한 이치를 각각 다른 방법
으로 활용하고 있는 것임을 밝히고 있는 것이다.

이에 비해 송대의 조선상(趙善湘)은 「홍범」의 '오행'(五行)을 『역』
의 '팔괘'(八卦)와 연결시켜 해석하면서, "태극이 처음 갈라져 '건'(乾)

---

[9] 馬明衡, 『尙書疑義』, 권4, '洪範', "疇與卦之用, 雖不同, 然其理則一, 理者, 天也, 在天
則爲天之理, 在人則爲人之理, 盡人之理, 以合天之理, 疇與卦之用, 皆如是也."

과 '곤'(坤)이 된다. '건'이 한 번 변하여 '감'(坎)이 되고, '곤'이 한 번 변
하여 '리'(離)가 되니, '수'(水)와 '화'(火)가 생겨난다. '건'이 두 번 변하
여 '진'(震)이 되고, '곤'이 두 번 변하여 '태'(兌)가 되니, '목'(木)과 '금'
(金)이 생겨난다.…'토'(土)는 '곤'이 '건'을 받들어 만물을 두터이 실고
있는 것이니, '건'과 '곤'의 기운을 합하여 아래에 자리를 이룬 것이다.
그러므로 '수'·'화'·'목'·'금'의 속에서 운행하여 하나로 통합하는 '도'
이다"[10]라 하여, '오행'의 '수·화·목·금·토'를 '팔괘'의 '건·곤·감·
리·진·태'의 여섯 괘(巽·艮 두 卦를 제외)로 해명함으로써,『역』이
「홍범」속에 깊이 연관되어 있음을 보여준다. 또한 조선상은 '팔괘'를
'속이 비어 있는 수'(虛中之數)요 '구주'는 '극'(極)을 세우는 수'(建極之
數)로 대비시켜 그 '도'가 하나임을 강조하면서, "'팔괘'는 자리가 정해
져 있으나 가운데에 '황극'을 포함하고, '황극'은 가운데에 머물지만
'팔괘'가 바깥에서 운행한다. 이것은 '팔괘'와 '구장'(九章: 九疇)이 서로
겉과 속이 된다"[11]고 하여,『역』의 팔괘와 「홍범」의 '구주'가 서로 포
함하고 안과 밖으로 상호 작용하는 하나의 '도'를 이루고 있는 것임을
밝히고 있다.

　나아가『서경』의「우공」(禹貢)편과「홍범」편의 관계도 중요한 주
제로 논의되고 있다. 송대의 정초(鄭樵)는 "'구주'의 강령은 '오행'에 있
고, '오행'의 강령은 수(水)에 있으니,「우공」은 '오행'의 차례로 밝혀
볼 수 있다"[12]고 하였다. 곧 우(禹)의 치수(治水)사업의 공적을 기록한

---

10 趙善湘,『洪範統一』, "太極始分, 而爲乾坤, 乾一變而爲坎, 坤一變而爲離, 是生水火,
　　乾再變而爲震, 坤再變而爲兌, 是生木金,…土者, 坤之承乎乾, 而厚載物者也, 合乾坤
　　之氣, 而成位乎下, 故行水火木金之中, 而爲統一之道也."

11 같은 곳, "八卦奠位, 而包皇極于內, 皇極居中, 而運八卦于外, 此八卦九章, 相爲表
　　裏也."

「우공」편이 오행의 순서에 따라 서술되어 있는 것으로 해석함으로써, 「우공」편과 「홍범」편이 겉과 속으로 서로 작용이 된다는 견해를 제시하고 있는 것이다. 그러나 청대의 호위(胡渭)는 「홍범」과 「우공」은 서로 미루어 밝히면 그 의리가 뚜렷이 드러나는 것이라 보면서, 「홍범」이 '천도'(天道)의 이치를 밝힌 것이라는 점에서 「홍범」이 본체가 되고 「우공」이 작용이 되는 것이라 하여, 정초의 관점과 뚜렷한 차이를 보이고 있는 사실이 주목되기도 한다.[13]

또한 「홍범」과 『주례』(周禮)의 연관성에 대한 이해로서 청대의 이광지(李光地)는 "대우(大禹)는 『역경』이 있는 줄을 반드시 알지는 못했겠지만 「홍범」 한 편을 지은 것은 『역경』에 접한 것과 흡사하고, 주공(周公)은 『주례』 한 부를 지었는데 이것은 「홍범」의 연의(衍義)에 흡사하다"[14]고 하였다. 그것은 「홍범」이 『역경』과 상응할 뿐만 아니라, 『주례』는 「홍범」의 뜻을 연역하여 서로 가까운 것이라 지적한 것이다. 「홍범」이 치도(治道)의 큰 법도인 만큼, 「우공」편은 물론이요 『역경』이나 『주례』와도 밀접히 연관된 것임을 주목하여 왔던 것이 사실이다. 그것은 「홍법」편이 갖는 유교경전 속의 위치와 비중이 얼마나 큰지를 말해주는 것이라 할 수 있다.

---

12 鄭樵, 『六經奧論』, 권2, '禹貢洪範相爲用', "九疇之綱領在於五行, 五行之綱領在於水, 請以禹貢明之, 五行之序."

13 『四庫全書總目』, 권12(經部), '洪範正論提要', "洪範爲體, 而禹貢爲用, 互相推闡, 其義乃彰, 然大旨主於發明奉若天道之理, 非鄭樵禹貢洪範相爲表裏之說."

14 李光地, 『榕村語錄』, 권18, '宋六子(1)', "大禹未必知有易經, 作一篇洪範, 恰好接易經, 周公做一部周禮, 恰好是洪範衍義."

2) 한국유교의 「홍범」편 이해

우리나라 학자로서 「홍범」에 관해 처음 언급한 것은 신라말의 최치원(孤雲 崔致遠)에서 찾아볼 수 있다. 최치원은 "치우침이 없고 기울어짐이 없다"(無偏無頗)는 「홍범」편의 구절을 인용하거나, "효(孝)로써 어버이를 높이는 법도를 들어올리는 데는 「홍범」에서 '치우침이 없음'을 체득하는 것 만함이 없다"고 말한 사실이 있다.[15] 그후 고려 때에 와서 「홍범」편에 대한 언급이 좀더 자주 보인다. 그러나 고려중기에 이규보(白雲 李奎報)는 황하의 신(神)인 하백 풍이(河伯 馮夷)가 우(禹)의 덕이 융성하자 '홍범'을 바쳤다거나, 현부(玄夫)의 증조(曾祖)가 상제의 사신으로 우(禹)에게 '홍범구주'를 가져다 주었다는 전설적 기록들을 소개하는 수준이었다.[16] 또한 고려후기의 이승휴(動安居士 李承休)는 우리 역사를 운문으로 서술한 『제왕운기』(帝王韻紀)에서 '홍범구주'를 언급하였으며,[17] 이제현(益齋 李齊賢)은 고려 숙종(肅宗)이 큰 가뭄에 청연각(淸讌閣)을 열어 「운한」(雲漢;『시경』)편과 「홍범」편을

---

15 『孤雲集』, 권1, '曦陽山鳳巖寺智證大師寂照塔碑銘', "無偏無頗(洪範註云, 偏不中也, 頗不平也).", 및 같은 책, '初月山大崇福寺碑', "孝以擧尊親之典, 莫不體無偏於夏範."

16 李奎報, 『東國李相國全集』, 권19, '晉康侯別第迎聖駕次, 敎坊呈瑞物致語, 幷序', "河伯馮夷, 宅九河之府, 爲四瀆之宗, 唐高之興也, 早貢白圖, 大姒之昌也, 亦呈洪範.", 및 같은 책, 권20, '淸江使者玄夫傳', "玄夫不知何許人也,…玄中記曰,…曾祖自言上帝使者, 不言其名, 擔洪範九疇, 授伯禹者是也." 그 밖에도 李奎報는 祭文에서 '洪範'의 五福을 언급하기도 하고(『東國李相國全集』, 권37, '祭閔平章文 代夫人行') 醮祭의 靑詞에서 '洪範'의 彝倫을 언급하기도 하였다.(『東國李相國全集』, 권40, '星變祈禳三淸醮禮文')

17 李承休, 『帝王韻紀』(下), '後朝鮮紀', 後朝鮮祖是箕子,…九百二十八年理, 遺風餘烈, 傳熙淳." 또한 李承休는 '與晉陽書記鄭玿書'(『動安居士雜著一部』)에서는 『帝王韻紀』가 간행되었을 때 착오를 지적하면서, "洪範九疇問彝倫, 洪字錯"라 언급하기도 하였다.

강의하게 하였더니 비가 내렸다는 기록을 하였다.[18] 그후 고려말 이
곡(稼亭 李穀)은「홍범」편의 '팔정'(八政)에서 '식'(食)·'화'(貨)에 관해
「책문」(策問)을 내기도 하였다.[19]

  조선왕조 개국 직전인 1390년에 저술된 권근(陽村 權近)의『입학도
설』(入學圖說)에는「홍범구주천인합일도」(洪範九疇天人合一圖: 上·下
2圖)를 수록하여「홍범」편의 구조를 천인합일의 원리에 근거하여 도
상(圖象)으로 분석함으로써,「홍범」편에 대한 본격적인 해석을 시작
하고 있다.[20]

  『한국경학자료집성』(韓國經學資料集成, 성균관대학교 대동문화연구원
간행)의 서경편(書經篇) 22책 가운데는「홍범」에 관한 조선시대 유학
자들의 저술이 27건이 수록되어 있어,「홍범」편에 대한 조선시대 유
학자들의 관심이 얼마나 깊었는지를 엿볼 수 있다. 이 저술들의 상당
수는 단편적인 저술이지만, 우여무(禹汝楙)의『홍범우익』(洪範羽翼)
과 이휘일·이현일 형제의『홍범연의』등 방대한 체계를 이룬 저술도
다수 있다.『한국경학자료집성』, '서경편'에 수록된「홍범」편에 관한
27건의 저술 가운데, 규모와 체제를 갖춘 해석으로서 주목할 만한 저
술의 목록을 만들어 보면 다음과 같다.

---

18 李齊賢,『益齋亂稿』, 卷9上, '有元贈敦信明義, 保節貞亮, 濟美翊順功臣太師, 開府儀同
   三司, 尙書右丞相, 上柱國忠憲王世家', "十六年六月, 大旱, 開淸讌閣, 命起居舍人林存
   講詩雲漢, 學士朴承沖講書洪範, 得雨."
19 李穀,『稼亭集』, 卷1, 雜著, '策問'[食貨], "問, 洪範八政, 食居其首而貨次焉, 盖食者民
   之天, 其所謂貨者何物耶."
20「洪範」편을 圖象으로 해석한 경우로는 조선후기에 와서 尹鑴의「禹則洛書作範圖」·
   「箕子序疇圖」·「禹敍彝倫之圖」를 비롯하여, 成允信의「洪範九疇皇極圖說」과 朴萬
   瓊의「洪範九疇之圖」등 여러 학자들의 저작들이 있다.

제 1책   白湖   尹鑴 (1617~1680) 『洪範經傳通義』
            *『白湖全書』(권41,「讀書記」) 수록.
제2-5책   涑川   禹汝楙(1591~1657),『洪範羽翼』(42편)
제6-7책   葛菴   李玄逸(1627~1704),『洪範衍義』(28권)
            *李徽逸이 착수 李玄逸이 완성.
제 9책   南溪   朴世采(1631~1695),『範學全編』(6권4책)
            鳳洲   南國柱(1690~1759),『洪範說』
            *『鳳洲集』(권4,「易範通錄」) 수록
            林隱   李敏坤(1695~1756),『皇極衍義』(1권)
제 10책   江漢   黃景源(1709~1787),『洪範傳』
            *『江漢集』(권11,'雜著') 수록.
            保晚齋 徐命膺(1716~1787),「洪範五傳」(6권)
            *『保晚齋剩簡』(經簡) 수록.
제 11책   明皐   徐瀅修(1749~1824),『洪範直指』(1권)
            *『明皐集』(권7) 소록.
            研經齋 成海應(1760~1839),『洪範傳』
            *『研經齋全集』(권25,「經解」) 수록.
제 21책   靜虛窩 李源坤(1776~1845),『箕範衍義』(10권)
제 18책   鳳棲   兪莘煥(1801~1859),『洪範演』
            *『鳳棲集』(권4,'雜著') 수록.
제 22책   未 詳   (一說 錦谷 宋來熙),『洪範衍義』(3책)
            *『經義哀辨』 수록.

위에 열거한 13종의 「홍범」편에 관한 경학저술을 보면 모두 17세기 이후로 조선후기에 저술된 것이며, 「홍범」편에 관한 가장 방대한 저술들이 17세기에 이루어졌다는 것이 사실이다. 그만큼 조선시대에서 경학이 본격적으로 활성화되었던 것은 17세기에서부터 시작되었다고 할 수 있을 것이다. 또한 관련 자료를 수집하고 분류하여 의리를

연역하는 '연의'(衍義)의 형식으로 저술된 것이 3종이고, 경전의 원문
에 의미를 해석하여 보완 서술하는 '전'(傳)의 형식으로 저술된 것이 4종
이 보이는 만큼, '연의'나 '전'의 형식으로 「홍범」편에 관한 저술이 활
발하였음을 엿볼 수 있다.

「홍범」편을 '연의'의 형식으로 저술한 경우는 위의 목록에서 보이는
이휘일·이현일 형제의 『홍범연의』와 이민곤(李敏坤)의 『황극연의』,
이원곤(李源坤)의 『기범연의』 이외에도 지금 남아 있지는 않지만 한
교(東潭 韓嶠, 1556~1627, 栗谷문인)가 『홍범연의』를 저술한 일이 있
고, 우여무(禹汝楙)에게도 『홍범연의』(8편)가 있었다 한다.[21] 역시 남
아 있지는 않지만 안정복(順菴 安鼎福, 1712~1791, 李瀷문인)의 저술에
도 『홍범연의』 60권이 있었다는 기록이 있고,[22] 한사철(誠菴 韓思喆,
1722~?, 沈錥문인)의 저술에 『홍범연의도설』(洪範衍義圖說)이 있었다
한다.[23] 그렇다면 조선후기의 학자들 사이에 '홍범연의'라는 표제로
저술한 경우만 하더라도 『황극연의』와 『기범연의』를 포함하면 7종이
나 되는데, 그 가운데 3종만 남아 있고 나머지 4종이 전해지지 않고
있는 사실이 눈에 띈다. 그것은 조선시대 학자들의 저술들이 얼마나
많이 소멸되고 말았는지를 엿볼 수 있게 해준다.

또한 우여무의 『홍범우익』(洪範羽翼)은 이휘일·이현일의 『홍범연
의』와 더불어 「홍범」편에 관해 남아 있는 저술 가운데 가장 방대한

21 최석기, 『韓國經學家事典』(성균관대 대동문화연구원, 1998)에는 禹汝楙에게 『洪範羽
翼』과 더불어 현재 남아 있지 않지만 『洪範衍義』라는 標題의 저술이 있었다고 한다.

22 安鼎福, 『順菴集』의 「順菴先生年譜」에는 安鼎福이 37세 때(1748) 『洪範衍義』를 저
술하였다 하고, 『下學指南』의 끝에 붙인 저술목록에는 『洪範衍義』(60책)가 기록되어
있다.

23 洪良浩, 『耳溪集』, 권35, '誠菴韓處士墓表', "所著有朱書要義·易學演義·洪範衍義
圖說若干卷."

저술의 하나인데, 박지원(燕巖 朴趾源)이 안의현감(安義縣監)으로 나
갔을 때『홍범우익』에 서문을 지었던 일이 있다. 박지원은 이 서문에
서 우여무의 저술인『홍범우익』(洪範羽翼)과『홍범연의』를 읽고서,
"크게 말하면 나라를 다스리고 경륜하는데 반드시 취해야 할 것이이
요, 작게 말하면 경전 공부하는 학생이 과거시험 답안작성에 반드시
자료로 삼아야 것이다"[24]라고 칭찬하기도 하였다.

　「홍범」편에 대한 조선후기 유학자들의 이해와 쟁점들을 몇가지 살
펴봄으로써 그 관심과 이해의 특징을 확인할 필요가 있다. 먼저 윤휴
(白湖 尹鑴)의 견해를 보면, 주자학적 해석의 전통에 얽매이지 않는 입
장을 보여준다. 곧「홍범」편에서 "하늘이 우(禹)에게 '홍범구주'를 내
려주시니, 이륜(彛倫)이 펴지게 되었다"(天乃錫禹洪範九疇, 彛倫攸敍)
는 구절에 대해, 채침(蔡沈)의『서경집전』(書經集傳)에서는 "'이륜'이
펴진다는 것은 곧 '구주'가 펴지는 것이다"(彛倫之敍, 卽九疇之所敍也)
라 하여, '이륜'과 '구주'를 동일시 하였다.

　이에 대해 윤휴는 "경전(洪範) 속에 이른바 '이륜'(彛倫)이란 곧 고요
(皐陶)가 이른바 하늘이 베푼 오전(五典)과 순(舜)임금이 이른바 오품
(五品)과 맹자(孟子)가 이른바 인륜(人倫)이 바로 그것이다. '이'(彛)라
고 한 것은『예』(禮:『禮記』, 樂記)에 이른바 오상(五常)이라는 것과『시
경』(大雅·烝民)에 이른바 병이(秉彛)라는 것과 같은 것이다. 채침의『서
경집전』에서 '이륜'은 '구주'를 가리켜 말한다고 했는데, 그 명칭과 의
미를 살펴보면 경전에서 징험할 만한 것을 볼 수 없다.…'홍범'이라는
것은 '이륜'을 펴는 큰 법도이지, 이른바 이륜 자체는 아니다"[25]라 하

---

24 朴趾源,『燕巖集』, 권1, '洪範羽翼序', "著有羽翼四十二編, 衍義八卷, 亟取而讀之,…
　語其大, 則治國經邦之所必取, 而語其小, 則經生帖括之所必資."

여, 인륜으로서 '오륜'을 가리키는 '이륜'을 '구주'와 동일시 할 수 없음
을 지적하여 채침의 해석을 비판하고 있다.

또한 윤휴는 "'홍범구주'에 대한 옛 유학자들의 학설은 상수(象數)의
근원을 탐구함으로서 성인의 은미한 뜻을 밝힘이 진실로 상세하고도
구비되었다고 할 만하다. 그러나 성인이 '구주'의 순서를 정한 본뜻은
교화를 주재하고 나라를 다스림에서 핵심을 들어올리고 요령을 헤아
리는 방법이니, '구주'의 뜻을 쓰는 것은 비록 이미 경전의 본문에 보
이지만, 예나 지금이나 이에 대해서 말하는 사람들이 도리어 여기에
지극한 뜻을 두지 않는다"[26]고 하였다. 곧 옛 유학자들이 '구주'를 '낙
서'와 연결시키면서 상수(象數)의 질서로 설명하는데 매몰되어 있는
문제점을 제기하면서, '구주'의 순서가 지닌 의미는 좋은 정치를 실현
하기 위한 강령을 제시하는데 있음을 강조하였다. 그것은 주자학자들
도 한대 유학자들의 상수론(象數論)을 받아들이고 있지만, '홍범구주'
를 상수론적 해석에 사로잡혀 있는데서 해방시켜 본래의 의미를 찾는
의리론적 해석을 확립하고자 하였던 것이라 할 수 있다.

이에 비해 이익(星湖 李瀷)은 '홍범'과 '낙서'가 일치하는 것임을 확
인하고 있지만, 특히 '홍범'이 우리나라에 전래된 양상을 설명하는데
주의를 기울이고 있다. 김부식(金富軾)이 『삼국사기』(三國史記, 권22,
'高句麗本紀·寶臧王下')에서 기자(箕子)가 조선에 봉해져서 "팔조의 금

---

25 尹鑴;『白湖全書』, 권41, '讀書記'(洪範), "經中所謂彝倫, 卽皐陶所謂天敍五典, 帝舜
　所謂五品, 孟子所謂人倫, 是也, 曰彝者, 若禮所謂五常, 詩所謂秉彝也, 傳言彝倫指
　九疇而言, 攷其名義, 未見可驗於經者,…洪範者, 敍彝倫之大法, 而非所謂彝倫也."

26 『白湖全書』, 권41, '讀書記'(洪範經傳通義), "洪範九疇, 先儒之說所以探象數之原,
　發聖人之蘊者, 固以詳且備哉, 抑聖人序疇之本旨, 其所以宰化出治, 提綱絜領, 以用
　夫九疇之義, 則雖已見於經文, 而古今說者, 顧未嘗致意焉."

법을 베풀었다"(設禁八條)고 언급한 사실에 대해, 이익은 새롭게 논증하고 있다.

> "우리나라 역사의 기록에서 다만 '팔조'만 들고, 또 그 중에 다섯 조목을 잃었는데, 뒷 사람들이 모색해도 드러나지 않으니, 억지로 '오륜'(五倫)으로 해당시킨 것은 잘못이다. '홍범'이 천하에서 단절되고 우리나라에서 행해진 것은 기자로부터 시작되는데, 기자가 어찌 그 선후의 순서에 밝지 않았겠는가? '오행'(五行)·'오사'(五事) 이외에 첫머리에 먼저 마땅히 시행할 것이 '팔정'(八政)이요, '팔정'으로 시급히 먼저 베풀어야 할 것은 '사구'(司寇)의 임무가 아니겠는가? 우리나라 풍속에 전해진 바 세 조목은 이와 같은데 불과하다. 우리나라 사람이 '팔정' 이외에 달리 '팔교'(八敎)가 있다고 여기는 것은 그릇 전해진 것인데 분별해낸 사람이 없다."[27]

곧 이익은 기자가 조선의 백성들에게 베푼 '팔조'의 금법이란 「홍범」의 '팔정'에 해당하는 것이라 하고, 3조목의 내용은 한(漢)나라 초에 장량(張良)이 제시한 '법3장'(法三章: 殺人者死, 傷人及盜抵罪)과 동일한 것이라 확인하였다. 또한 '팔조'에서 나머지 5조목이 상실된 것이 아니라, '팔정' 가운데 형률(刑律)을 담당한 '사구'(司寇)의 일을 시급하게 여겨 형률의 3조목을 들고 있는 것이라 지적하며, 나머지 다섯 조목에 억지로 '오륜'을 끌어다 붙이는 견해를 거부하였다. 여기서 이익은 기

---

27 李瀷, 『星湖全集』, 卷41, '洪範說', "東史所錄只舉八條, 而又失其五, 後人摸索不著, 強以五倫當之非也, 洪範之絶於天下, 行於東國, 自箕子始, 箕子豈不能曉其先後之序耶, 五行五事之外, 首先當施者八政也, 八政之急先當設者, 非司寇之任耶, 東俗所傳三條, 不過如此, 東人以爲八政之外, 別有八敎者, 訛傳而無人辨得出也."

자가 조선에 '홍범구주'를 시행하여 그 자취가 남아 있음을 입증하면
서, 평양에 있는 네 구역의 밭이 바로 은나라의 제도(井田)이며, 우리
나라에서 흰옷(白衣)을 통용하여 예로부터 변함없었던 사실을 들고
있다. 그것은 『예기』(檀弓上)에서 "은나라 사람은 흰색을 숭상한다"
(殷人尙白)는 언급에 근거하여 흰옷을 통용하는 것이 은나라 풍속을
계승한 것이라 보고 있는 것이다. 나아가 혼례(婚禮)가 은나라에서 시
작되었음을 지적하면서, 『주역』 비(賁)괘 육사효(六四爻)에서 "꾸밈
(賁)이 희고 백마가 나는 듯하니, 도적이 아니라 혼인하자는 것이다"
라고 언급한 구절에 근거하여 혼인할 때 백마를 타는 것은 은나라 때
부터 시작된 것이라 하고, 『고려사』(世家·忠宣王22年)에는 원(元)나
라의 상원(尙元)공주와 혼인하는 폐백으로 백마 81필을 썼던 사실과,
당시 마을에서 혼인할 때 반드시 백마를 사용하는 것도 옛 풍속이 폐
지되지 않은 것이라 하여, 기자가 풍속을 교화한 유풍이 우리나라에
남아 있는 것임을 강조하고 있다.[28]

이익의 제자들인 안정복과 권철신(鹿菴 權哲身) 사이에도 '홍범구주'
에 대한 토론이 있었는데, 권철신이 '홍범구주'가 '낙서'에서 법도를 취
했다는 것을 의심하고, '하도'와 '낙서'를 위서(緯書)에서 나온 것으로
부정하였다. 이에 대해 안정복은 '하도'와 '낙서'는 『주역』(繫辭上)에
근거가 있는데, 술수(術數)의 책인 위서(緯書)에서 이를 인용하였다고
해서 부정할 수는 없는 것이라 하여, '홍범구주'와 '낙서'의 연관성을
옹호하는 입장을 전개하였던 일이 있다.[29]

---

28 같은 곳, "自此東俗相傳, 尙有可驗, 如平壤四區之田, 的是殷制, 而通國白衣, 亘古
不變,…殷制尙白, 故賁之六四曰, 賁如皤如, 白馬翰如, 匪寇婚媾, 婚媾白馬, 自殷
始也, 按麗史忠宣王尙元公主, 幣用白馬八十一匹,…今閭里之婚, 必用白馬, 古俗
不廢."

정약용(茶山 丁若鏞)은 고증적 방법으로「홍범」편에 대한 이전의 해석들에 대해 철저히 비판적 재해석을 하고 있다. 우선 그는 전국시대 법가인 시교(尸佼)의『시자』(尸子) 위략(緯略)편에 근거하여 기자의 이름이 서여(胥餘) 혹은 집여(革+未餘)라 확인하고,[30] "'홍범'의 형태는 '황극'이 가운데 자리잡고 여덟 '주'(疇)가 바깥에 둘러 싼 것으로, 한결같이 '정전'(井田)의 형태와 흡사하다. '주'란 밭두둑이다. 이미 '구주'를 내려주심을 받았다면 땅을 구획하여 밭으로 삼은 것이요, '구주'의 법도를 사용하지 않았다면 반드시 이런 이치는 없을 것이다"[31]라 하여, '구주'를 '낙서'와 연결시켜 상수적 원리로 이해하는 것이 아니라, 토지제도인 '정전법'의 구체적 형태로 파악하는 입장의 획기적 전환을 보여주고 있다.

또한 정약용은『주역』(繫辭上)에서 말하는 '하도'와 '낙서'는『역』(易)의 도리가 근본하는 것이지「홍범」과는 상관이 없다는 입장을 분명히 밝히면서, '하도'·'낙서'에 대한 이해로는 첫 번째로 용마(龍馬)와 신구(神龜)의 설이 있었고「禮運」, 두 번째로 괘를 그리고 '홍범구주'를 펼치는 근본이 되었다 하고『漢書』, 세 번째로 하늘이 감싸고 땅이 상서로움을 드러낸 글이 되었고『春秋緯』, 네 번째로 검고 흰 55점과 45점의 그림이 되었고[陳搏], 다섯 번째로 55점은 대연(大衍)의 그림이

---

29 『順菴先生年譜』, '英宗48년 壬辰(1772, 61세)' "〈正月, 答權哲身書〉…河洛爲數之宗, 而讖緯之書, 專主術數, 故引而用之, 亦不異矣, 以緯書之所引而指以爲不信, 舍易傳分明之語者何也."

30 『與猶堂全書』[2], 권16, 1, '論語古今注'(微子), "箕子名胥餘, 一作革未餘, 見尸子緯略, 邢昺未見尸子耳." 정약용에 앞서 율곡은「箕子實紀」(李源坤의『箕範衍義』, 卷首에 수록)에서 箕子의 이름이 '胥餘'라고도 함을 밝혔던 일이 있다.

31 『與猶堂全書』[2], 권5, 38, '孟子要義', "洪範之形, 皇極居中, 八疇環外, 一似井田之形, 疇者田疇也, 既受九疇之錫, 而其畫地爲田, 不用九疇之法, 必無是理."

되고 45점은 '홍범'의 그림이 되는[『周易傳義大全』] 다섯 번의 변화과
정이 있었음을 열거하였다. 여기서 그는 이 다섯 가지에 견해에 대해,
"그 설이 어지럽고 뒤섞여 추궁하여 밝혀낼 수 없는데, 오늘날 사람들
은 천지의 바른 이치가 이 것(河圖·洛書) 바깥에서는 나오지 않으며,
도학(道學)의 근본 취지가 모두 그 속에 있는 것으로 알고 있으니 진실
로 한탄스럽다"[32]고 하였다. 따라서 그는 '하도'·'낙서'를 괘상(卦象)
과 '홍범'에 분배하는 생각은 한대의 유흠(劉歆)에서 비롯된 것일 뿐이
요, 경전적 근거가 없는 것임을 분명히 지적하면서, '낙서'와 '홍범'을
연결시키는 온갖 신화적 설명이나 견강부회하는 해석들을 전면으로
거부하고 있는 것이다.

정약용은 「홍범구주」를 하늘이 내려주었다는 견해에 대해, 천명을
받는 방법이 글을 주고 받는 것이 아님을 강조하면서, "상제가 어찌
일찍이 천상의 옥경(玉京)에 이 기이한 글을 간직하고 있다가 노여우
면 내려주지 않고 기쁘면 내려주겠는가.…'홍범구주'는 본래 천서(天
書)가 아닌데, 어찌 하늘이 내려줄 수 있겠는가"[33]라 하여, '홍범구주'
는 하늘이 내려준 글이 아니라, 우(禹)가 자신의 지혜로 깨달은 우의
작품이며, 다만 우는 이를 깨달은 사실을 하늘이 내려준 것이라 하여
천명에 대한 신앙적 의식을 표현한 것이라 밝히고 있다. 여기서 정약
용은 「홍범」의 해석에서 한대이후 송대까지 신화적 해석에 빠져 있는
사실을 비판하면서 합리적 고증과 더불어 경전이 지닌 신앙적 근원성
을 새로운 관점으로 재해석하고 있음을 보여준다.

---

32 『與猶堂全書』[2], 권25, 27, '尙書古訓'(洪範), "其說紛綸錯綜, 不可究詰, 而今人知之
　　天地正理, 無出此外, 道學宗旨, 都在此中, 誠可歎也."
33 『與猶堂全書』[2], 권25, 26-27, '尙書古訓'(洪範), "帝何嘗於天上玉京, 貯此奇書, 怒
　　則不畀, 嘉則錫之乎.…洪範九疇, 本非天書, 安得天錫."

3. 『홍범연의』의 편찬과정과 구성체계

1)『홍범연의』의 저술동기와 편찬과정

『홍범연의』는 17세기 후반에 활동하던 퇴계학파의 대표적 학자들인 이휘일과 이현일 형제에 의해 편찬된 저술로서, 원래 이휘일이 저술에 착수하였으나 완성을 못 보았고, 아우 이현일이 완성한 것이다. 이휘일이『홍범연의』를 편찬하게 된 동기에 대해 아우 이현일의 기록이 있다. 곧 이휘일은 "홍범에 대해서는 더욱 느낀 바가 있어, 성왕(聖王)이 자신을 닦고 세상을 경륜하는 법도가 모두 여기에 있다고 여겼다"[34]고 하여, 「홍범」편을 옛 성왕이 수신(修身)하고 경세(經世)하는 법도를 제시한 중요성을 깊이 각성하고 있었음을 보여준다. 따라서 이휘일이 「홍범」편의 뜻을 발휘하고 부연할 생각을 밝히면서, 일찍이

---

34 李玄逸,『葛菴集』, 卷26, '先兄將仕郎慶基殿參奉存齋先生行狀', "尤有感於洪範之書, 以爲聖王修身經世之法, 盡在於是."

다음과 같이 말하였다고 한다.

> "『역경』은 네 성인(伏犧·文王·周公·孔子)이 지었고, 또 정자의『역전』
> (易傳)과 주자의『주역본의』(周易本義)가 있어서 (『역경』을) 발휘하고 보
> 완하여 더 이상 밝혀지지 않은 것이 없다. 그러나 홍범구주는 채침(蔡沈)
> 의『서집전』(書集傳)에서는 단지 의리만 해석하였고, (邵康節의)『황극
> 경세서』(皇極經世書)「내편」(內篇)에서는 다만 수(數)를 부연하고 점치
> 는 법(筮)을 밝혔을 뿐이다. 이것이 어찌 부사(父師: 太師, 箕子를 가리킴)
> 가 당시에 남긴 뜻이겠는가? 하물며 부사(箕子)가 팔조(八條)의 가르침
> 을 조선에서 행하여 우리나라 만세의 표준을 세웠으니, 우리가 능히 발
> 휘하고 부연하여 크게 전승한다면, 어찌 세상에 드문 훌륭한 일이 아니
> 겠는가."[35]

　여기서 이휘일은『역경』과「홍범」편을 같은 위상으로 대비시키면
서,『역경』의 해석이 완비된 반면에「홍범」에 대한 해석은 채침이 의
리만 해석하였고 소강절이 상수를 부연하여 점치는 법만 밝혔을 뿐이
지 기자의 뜻을 온전하게 서술하지 못하였음을 지적하고, 이와 더불
어「홍범」편이 기자에 의해 우리나라에 펼쳐진 법도의 기준으로서,
우리에게 특히 중요한 것임을 강조하여,「홍범」편의 뜻을 발휘하고
부연할 필요성을 역설하였던 것이다.
　이에 따라 이휘일이「홍범」편을 발휘하고 부연하기 위해 관련된 논

---

35 같은 곳, "嘗曰, 易經四聖而又有程朱傳義, 發揮羽翼, 無復餘蘊, 至於範疇, 蔡氏集傳,
　只釋義理, 皇極內篇, 但衍數明筮而已, 是豈父師當日之遺意乎, 況父師八條之教, 行於
　朝鮮, 立我東方萬世之極, 若使吾人有能發揮敷衍, 以大其傳, 則豈非曠世之奇事耶."

설과 저술들을 수집하고, 그 차례를 정하였으며, 이휘일이 정해놓은 편차와 항목은 모두 남아 있지만 불행히 도중에 병이 들어 완성하지 못하였음을 지적하였다.[36] 그렇다면 『홍범연의』가 이휘일의 손으로 완성되지는 못하였지만 그 기본체제와 편찬방법은 이휘일에 의해 확립되었음을 말해주고 있는 것이다.

그러나 다른 한편 이현일의 「연보」에는 이현일이 26세 때(1652) 이휘일(당시 34세)과 함께 석보(石保: 慶北 英陽郡)의 석계초당(石溪草堂)에서 공부하고 있을 때 독서의 여가에 『홍범연의』를 편찬할 일을 의논하면서 그 조목을 대략 정하였는데, 이휘일은 이현일의 총명함이 탁월함을 칭찬하였다고 한다.[37] 이 기록에 따르면 『홍범연의』를 편찬하기 위한 구상과 조목을 정하는 일은 1652년에 시작되었으며, 이휘일과 이현일이 함께 의논하여 조목을 정하였던 사실을 알 수 있다.

또한 이현일은 『홍범연의』의 서문에서 이휘일이 『홍범연의』를 편찬하게 된 과정을 좀더 자세하게 언급하고 있다. 곧 이휘일이 경세(經世)의 임무에 뜻을 가지고 있어서 토지제도와 조세제도의 법도를 강구하고 예법과 음악으로 나라를 다스리는 이론을 연구하여 저술을 함으로써 일가(一家)의 학설을 이루고자 하였다 한다. 그러나 공자가 '서술할 뿐 새로 짓지 않는다'(述而不作)는 말씀과 주자도 자신의 저술을 남기는 것을 꺼려했던 사실을 생각하며 그만두었다는 것이다.[38] 그럼

---

36 같은 곳, "於是乃欲蒐集論著, 定其次第, 篇目俱存, 不幸中罹疾故, 未及成說."

37 『葛菴集』, 附錄 권1, '年譜'(壬辰, 1652), "議纂集洪範衍義, 略定其條目, 存齋每稱其聰睿絶倫."

38 『葛菴集』, 권20, '洪範衍義序', "先兄存齋先生,…慨然有意於經世之務, 嘗欲講究丘井出賦之法, 禮樂爲邦之說, 定著論撰, 成一家言, 旣而歎曰, 先聖猶有述而不作之語, 朱夫子尙以自己著書爲嫌, 況我庸衆人乎, 遂輟不爲."

에도 불구하고 다른 한편으로 이휘일은 「홍범」편을 연역할 필요성을
밝혀 다음과 같이 말했다고 소개하고 있다.

"'홍범'이라는 글은 천지 사이에 가득 찬 사물을 모두 포괄하는 것이니,
실로 자신을 닦고 천성을 실현하며, 신(神)을 섬기고 사람을 다스려 천하
를 조화롭게 다스리고 제도를 이루는 불변의 도리요 기본법칙이 있는 곳
이다. 그런데 그 글이 이치는 깊고 말은 간결하여 쉽게 이해할 수가 없
다.…이제 비록 감히 저술을 하는데 스스로 뜻을 두지는 않지만, 그러나
만약 '구주'의 조목에 따라 경전을 발췌하고 분류하여 모아놓으며, 조목
별로 나열하고 세밀하게 분석하여 그 뜻을 미루어 연역함으로써, 보좌하
고 호위한다면, 애초에 저서한다는 혐의가 없을 것이고 의거하는 자리를
얻을 것이니, 도리어 옳은 일이 아니겠는가. 하물며 기자(箕子)의 팔조목
가르침이 우리나라에 만세의 표준을 수립하였지만, 시대가 멀어서 징험
할 수 없으니, 만약 우리들이 '홍범구주'에 나아가 옛 법도를 상고하고
미루어 밝혀서 시행할 수 있도록 한다면 혹시라도 소멸되어 찾을 수 없
는데 이르지는 않을 것이다."[39]

이처럼 이휘일은 「홍범」편이 신을 섬기고 인간을 다스리는 근본도
리로서 중요성을 철저히 인식하고 있음을 보여준다. 따라서 그는 채

---

[39] 『葛菴集』, 卷20, '洪範衍義序', "洪範之書, 包括盡盈天地間物事, 實修身踐形, 事神治
人, 燮理財成, 大經大法之所在, 顧其爲書, 淵深簡奧, 未易理會,…今雖不敢自附於論
著撰述之意, 然若因九疇之目, 採摭經傳, 類纂彙集, 條陳釐析, 推演其義, 以羽翼輿
衛之, 則初無著書之嫌, 而得有據依之地, 顧不韙歟, 況父師八條之敎, 立我東方萬世
之極, 而世遠莫得而徵也, 若使吾人卽夫範疇, 稽古推明, 可底於行, 則儻亦不至泯泯
無所尋逐耶."

침의『서집전』이「홍범」편의 문장에 따라 뜻을 풀이한 경전주석으로
그 조목을 베풀고 도수를 규정해 놓는데 이르지 못한 한계를 확인하
면서, '구주'의 조목에 따라 경전과 문헌들에서 관련된 내용을 채취하
여 분류하고 편찬하겠다는 의지를 보여준다. 이렇게 편집을 한다면
자신이 저술했다는 혐의를 받지 않으면서「홍범」편의 깊고 간결한 뜻
을 연역하여 현실에서 실천할 수 있도록 하는데 도움이 될 수 있을 것
임을 지적하고, 아울러 기자가 우리나라에 법도의 표준을 밝혀준 '8조
목의 가르침'(八條敎)이 소멸되지 않고 시행할 수 있도록 할 수 있을
것임을 밝히고 있다. 여기서 이휘일은 자신의 견해를 내세우는 저술
의 혐의를 피하려는 뜻을 극진하게 강조하고 있는 것은 당시 유교지
식인들의 정통주의적 의식에서는 성현의 정통적 가르침을 조술(祖述)
하는 것은 옳다고 여기지만 자신의 독창적인 새로운 학설을 제시하는
것을 심하게 경계하고 비판하는데 대한 해명이라고 보인다.

이현일은 자신이 여러 서적을 수집하여 형 이휘일이 마치지 못한
『홍범연의』를 완성해 놓았을 때, 당시에 논의하는 자들이 어지럽게
일어나 "「홍범」은 신명(神明)이 내린 글이요, 그 문장은 간결하고 그
뜻은 은미하니, 억지로 끌어다 합쳐놓아 그 크고 깊으며 오묘하고 우
아한 체제를 손상시켜서는 안된다"고 비판하였다고 한다. 이에 대해
이현일은 "애석하게도 성현의 뜻에서 하나만 얻고 둘은 잃은 것이다"
라고 반박하였다.[40]

따라서 이현일은「홍범」편을 연역하는 저술을 경계하는 비판적 견

40『葛菴集』, 권19, '愁州管窺錄', "余嘗蒐輯群書, 足成先兄存齋先生所述洪範衍義, 未
及纂錄者, 論者紛然以爲洪範是神明之書, 其文簡, 其義微, 不可牽合傅會, 以傷其宏
深奧雅之體, 是誠有理, 然惜其於聖賢之旨, 得其一而遺其二也."

해에 대해 적극적으로 해명하는데 세심한 주의를 기울이고 있음을 보여준다. "만약 '옛 성인의 문자는 본래 간결하고 오묘하니 다시 부연하여 찢어놓을 수 없다'고 말하면, 요(堯)의 한 마디 말(允執厥中)이 지극한데, 순(舜)이 하필 세 마디 말(人心惟危, 道心惟微, 惟精惟一)을 덧붙일 것이며,「우서」(虞書; 大禹謨편)의 '유정유일'(惟精惟一)이나『논어』(子罕편)의 '박문약례'(博文約禮)라는 가르침은 말과 뜻이 모두 주도한데, 증자는『대학』을 서술하고, 자사는『중용』을 지어서, 하필이면 '격치'(格致)·'성정'(誠正)과 '명선'(明善)·'성신'(誠身)의 의리를 다시 발명하였겠는가"[41]라 하였다. 곧 성인의 가르침이 지극한 이치를 지니고 있지만, 다시 뒷날의 성인이나 현인들이 부연하여 설명하거나 조목을 설정하여 의리를 발명하였던 사실을 들어서, 성인의 말씀을 부연하여 해석할 수 있는 근거를 확인하고 있는 것이다. 이현일은 이러한 사례로서 순(舜)이 설(契)에게 "공경하여 오교를 펴라"(敬敷五敎)고 명령하면서 조목을 드러내지 않았는데, 맹자는 오륜(五倫)의 조목을 열거하였고, 주자는『소학』을 편찬하여 조목에 따라 자료를 수집하여 명륜(明倫)편·계고(稽古)편 등으로 그 뜻을 상세하게 밝혔던 사실이나, 진덕수(西山 眞德秀)가『대학연의』를 저술하고, 구준(瓊山 丘濬)이『대학연의보』(大學衍義補)를 저술하여『대학』의 8조목을 부연한 사실 등을 들기도 하였다.

나아가 이현일은 "하물며 우리 기자의 8조목 가르침은 시대가 멀고 징험할 것이 없어 오늘에는 소멸되는데 이르렀으니, 비록 잘 다스리

---

41 같은 곳, "如曰, 古聖人文字自是簡奧, 不必更加敷衍, 以致漏洩云爾, 則堯之一言至矣, 舜何必益之以三言, 虞書精一之訓, 魯論博約之誨, 語意俱到, 曾子之述大學, 子思之作中庸, 何必更發格致誠正明善誠身之義乎."

기를 원하는 임금이나 옛 도리를 좋아하는 선비가 있다 하더라도 고
증할 수가 없다. 혹시 나라 일을 도모하는 자가 있어서 다행히 이 책
으로 우리 임금의 곁에서 한가로운 겨를에 들려드려 임금의 마음에
감동함이 있어서, 표준을 세우고 백성을 이끌어가는 근본이 되게 하
며, 모든 신하들과 만백성들이 사사로운 당파가 없고 아첨함이 없게
하여, 어디로도 치우침이 없는 풍속을 이루게 하며, 임금은 백성들에
게 복을 내리고 백성들은 임금의 표준을 보호하는 아름다움이 있게
한다면 어찌 세상에 드문 훌륭한 일이 아니겠는가"[42]라 하였다. 이처
럼 이현일은 특히 「홍범」이 기자가 우리나라에 베푼 가르침이라는 사
실을 강조하며, 「홍범」의 도리를 밝힘으로써 우리나라에 이상정치를
실현하고 아름다운 풍속을 이룰 수 있게 되기를 간곡하게 바라는 뜻
을 밝혔다. 바로 여기에 『홍범연의』를 편찬하게 된 동기요 정당성이
있음을 보여주고 있는 것이다.

　이휘일이 『홍범연의』를 편찬하면서 편차와 항목을 정할 때에 아우
이현일도 같이 참여하여 의논하였지만, 이 저술의 편차는 이휘일에
의해 확정되었고, 자료를 널리 채집하여 버리고 취할 것을 참작하며
편집하는 작업이 수행되었다. 그러나 1672년 이휘일이 죽기 전에 이
루어진 작업의 진행을 살펴보면 "대개 '오행'·'오사'·'팔정'의 3개 '주'
(疇)는 이휘일이 손수 편찬하여 기록한 것이고, 나머지 6개 '주'도 모두
대강의 취지와 조목과 순서는 밝혀두었으나, 미처 모아서 책을 이루
지는 못하였다"[43]고 하였다. '구주'의 편차에서 이휘일이 직접 편찬했

---

42 같은 곳, "況我父師八條之教, 世遠無徵, 至于今泯泯, 雖有願治之君好古之士, 莫得以
攷焉, 儻有謀國者, 幸以是書, 謦咳于吾君之側, 得備淸閒之燕, 而有槩於聖心, 使爲
建極導民之本, 俾群臣萬姓無有淫朋, 無有比德, 以致平平蕩蕩之風, 與有錫福保極之
美, 則豈不爲曠世奇事耶."

다는 처음 3개 '주'는 현재의『홍범연의』 28권 체제에서 보면 21권까
지에 해당하니 4분지3의 분량을 이루고 있다. 이휘일이 완성을 못하
였지만 대부분의 작업은 그의 손에서 이루어졌음을 보여주는 것이다.

이휘일의 양자(養子) 이의(李檥: 生父는 李玄逸)는『홍범연의』를 편
찬하는 과정에서 양부(養父) 이휘일을 도와 자료를 초록하고 베껴쓰
는 일을 한 일이 있었다. 이휘일이 죽고 난 다음 이의는 이 책의 편찬
에 관여했던 일이 있는 이현일에게 이 책을 완성시켜 주기를 거듭 청
했지만, 이현일은 정중히 사양하고 감히 하지를 못했다고 한다. 그런
데 이의도 일찍 죽고나자, 이현일은 이 책의 편찬사업이 끝내 무산되
고 말아 영원히 한이 될까 걱정하고 있었는데, 이휘일의 제자들이 다
시 간곡하게 청하여 마침내 이현일도 "여러 말씀을 절충하여 성경을
보좌하게 하는 것은 나같은 사람으로서는 감당할 수 없다. 그러나 돌
아가신 형님이 이미 편차를 정해놓고 조목을 열거하였으니, 이제 편
술하지 않는다면 죄가 실로 나에게 있다. 여러분들이 나에게 책임지
우는 것이 옳다"라 말하고서, 그 조목의 차례에 따라 보태고 빼며 손
질하여『홍범연의』의 편찬을 완성하였다고 밝혔다.[44]

이현일의 「연보」에 따르면『홍범연의』를 마친 것은 60세 때(1686)
여름이었고 그 때에는 20권이었으며, 책머리에 서문을 붙이고 나서
장차 임금께 올려 읽으시게 하고자 하였으나, 중간에 환난을 당해 결

43『葛菴集』, 卷20, '洪範衍義序', "若五行・五事・八政等疇, 蓋經手自纂錄, 其餘六疇,
亦皆有指擬條序, 而未及裒稡成書."

44 같은 곳, "先生旣沒, 其嗣子檥蓋嘗得供抄寫之役, 以吾與聞纂述之旨, 屢請續成之,
余鄭重而不敢爲也, 檥也今又短命死矣, 此事恐遂荒墜, 成千古之恨也, 乃者游先生
之門者三數人, 造余請甚勤, 余惟折衷群言, 羽翼聖經, 非區區所敢當, 然先兄旣編次
而條列之矣, 今而無述焉, 則罪實在余, 諸君見責是也, 輒敢因其條貫, 增損檃括, 以
就此篇."

국 올리지 못하고 말았다 한다.[45] 실제로 이현일이 서문을 쓴 것은 10
년이 지난 70세 때(1696)였고, 이 서문에서 이현일은 "책이 완성되자
상자에 보관해 두고 그저 자신이 읽어보기 편하도록 하여, 잊어버림
에 대비하고자 할 뿐, 감히 공공연히 세상에 전파하여 분수에 넘치는
참람한 짓을 했다는 죄를 자초하지는 않았다.…이에 취지의 대강을
기술하여 이 책의 첫머리에 적어두고, 후세의 군자를 기다린다"[46]고
했다. 이현일은 68세 때(1694) 갑술옥사(甲戌獄事)로 함경도 종성(鍾
城)에 위리안치(圍籬安置)되는 환난을 당했으니 애초에『홍범연의』를
임금에게 올리려던 생각을 접을 수밖에 없었던 것으로 보인다. 또한
이현일이 60세 때『홍범연의』의 편찬을 마쳤는데 70세 때 서문을 썼
던 사실로 보면 일단 완성한 뒤에도 수정과 보완을 거듭하고 있었음
을 짐작할 수 있다.

　이현일이『홍범연의』의 편찬을 마쳤을 때 아우 이숭일(恒齋 李嵩逸)
이 시 2수를 지어 보냈는데, 뒤에 이현일이 4수의 시를 지어 화답하였
다. 화답한 시 가운데 한 수를 보면 다음과 같다.

　　　우리나라 백성은 실로 기자로부터 세워졌고　　　立我東民實自箕,
　　　팔조 규범 오묘한 이치에 응하여 정해졌네.　　　八條規範定應奇,
　　　지금은 매몰되었으니 그 누가 밝혀주랴　　　祗今埋沒知誰闡,
　　　저곡에 인걸 떠나고 없어 너무도 슬프구나.　　　楮谷無人極愴悲.

45『葛菴集』, 附錄 권1, '年譜'(丙寅), "先生六十歲, 夏, 洪範衍義成,…至是書成, 凡二十
　　卷, 旣又序其卷端, 將欲上備乙覽, 中遭禍亂, 遂不果上."
46『葛菴集』, 卷20, '洪範衍義序', "書旣成, 藏之巾笥, 聊以私便檢閱, 自備遺忘而已, 不
　　敢公傳道之, 以取僭踰之罪,…因述其旨意梗槩, 列於篇端, 以俟後之君子云."

그는 이 시에서 우리나라 백성은 기자의 교화를 받아 비로소 문명한 백성으로 수립되었으며, 기자가 조선에 펼쳤던 '팔조'의 규범이 근원의 오묘한 이치에 상응하는 것임을 제시하였다. 이와 더불어 기자의 가르침을 밝힐 사람은 저곡(楮谷)에 살던 형 이휘일이었는데, 돌아가시고 없음을 슬퍼하며 그리워하는 마음을 간절하게 읊고 있다. 연도는 확인할 수 없으나 권환(權瑍)이 이현일을 찾아와 『홍범연의』를 한두 책 보고서 경상도 관찰사를 통해 인쇄하게 하려고 추진했던 일이 있었다.[47] 그러나 이때 인쇄가 이루어지지는 않았던 것으로 보인다.

『홍범연의』의 편찬이 끝난 뒤로도 이현일이 살아있는 동안에 교정이 계속되었다. 그 뿐 아니라 이현일은 마지막에 병이 들었을 때에도 아들 이재(密菴 李栽)에게 "이 책은 맥락이 거칠게 이루어 졌지만, 오직 주석의 문장이 번거로운데 다 바로잡지 못했으니 너는 유념하라"고 교정을 당부하였다. 그래서 이재는 67세 때(1723) 『홍범연의』를 교정하면서 깎아내고 바로잡아 간략함을 따랐다고 한다.[48] 이현일의 사후에도 교정이 지속되었는데, 이휘일의 증손자인 이유원(冷泉 李猷遠)이 교정을 할 때에도 1743년 이현일의 문인 김성탁(霽山]金聖鐸)은 이유원에게 『홍범연의』를 교정하면서 간혹 문장이 번거롭고 산만하거나 중복된 곳은 상의하여 깎아내어야 할 것을 제안하였다.[49]

---

47 『葛菴集』, 卷17, '寄諸子', "洪範衍義, 嚮者權瑍令公來見, 間行中帶來否, 答以一兩冊, 見在, 固要一見, 卽持去白大相公前, 欲使嶺伯資給寫出."

48 李栽, 『密菴集』, 卷23, '密菴自序', "語不肯孤日, 此書粗成頭緒, 惟是註疏繁文, 未盡釐正, 汝其念哉, 栽頹首流涕日, 不敢忘, 至是稍芟正, 以從簡約." 및 『密菴集』, 권24, '年譜'(癸卯), "校洪範衍義,⋯註疏繁文, 猶有未盡是正者, 至是先生以葛菴遺命, 稍加釐正焉."

49 金聖鐸, 『霽山集』, 卷10, '答李欽夫書'(癸亥), "間或有繁蔓重複合商量處,⋯今承就權丈處, 相議刪節去取之間."

이현일의 외증손인 이상정(大山 李象靖)이 이어서『홍범연의』를 교정하는데 노력을 기울였다. 그는 일찍부터『홍범연의』의 교정에 관심을 기울였으며, 1766년 이유원에게 보낸 답장에서, "오늘에 교감(校勘)함이 용의가 정밀하지 않은 것은 아니지만, 그러나 전적으로 간략하기만을 힘쓰면 너무 깎아내어 본래 형체의 면목과 전혀 다르게 된다"[50]고 하여 교정과정에서 간략하게 하는 데만 주력해서는 않된다는 점을 강조하였다. 이상정은 1772년 석천서당(石川書堂)에 모여 13일 동안『홍범연의』의 교정을 마치고나서 당시 세 차례의 교정본이 있었음을 지적하고 있으며,[51] 120년전 바로 이 석천초당에서 이휘일과 이현일이『홍범연의』의 편차를 의논했던 사실을 회상하며 감동하여 눈물을 흘리기도 하였다.[52] 1652년 편찬이 시작되고서 34년이 걸려 1686년에 이현일에 의해 편찬이 마무리 되고, 다시 86년이 걸려 세 번째 교정이 마쳐진 사실을 말하고 있다. 그리고나서도 다시 91년이 지나 1863년 이진상(寒洲 李震相)이『홍범연의』의 교정을 위해 선비들이 모이는 문제를 논의한 사실이 보이기도 한다.[53] 이렇게 오랜 기간 동안 여러 학자들에 의해 교정이 지속되고 있는 것은 퇴계학파 안에서『홍범연의』의 중요성이 깊이 인식되었기 때문에, 이 저술의 완정

---

50 李象靖,『大山集』, 권8, '答李欽夫'(丙戌), "今日勘校, 用意非不精詳, 然全務簡約, 太加刪節, 與本體面目, 全然不同."

51 『大山集』, 권45, '石川文會錄小識', "洪範衍義, …篇帙浩穰, 不能無待於勘正, 前後蓋三易本矣."

52 李時明,『石溪集』, 附錄 권2, '石川書堂記'[李象靖], "昔存葛二先生議編衍義于草堂, 實壬辰正月, 而今校讎之役, 適丁周甲之歲月, 事有不偶然者, 而天胡忽已成古人矣, 俯仰感歎, 爲之流涕."

53 李震相,『寒洲集』, 권10, '答李孟實'(癸亥), "留書言冬間會校洪範衍義, …坪上遺稿, 吾輩之責, 謄成完本, 始有據勘之役, 乃可以少效菲誠."

된 판본을 확보하기 위한 관심과 노력이 있었던 것이라 하겠다.

2) '구주'의 구조인식과 『홍범연의』의 구성체계

『홍범연의』에서는 경전과 문헌들을 광범하게 채취하여 수록하고 있지만 편찬자의 견해가 거의 보이지 않을 만큼 자신의 주장이 엄격하게 절제되고 있다. 이 때문에 가장 중요한 문제는 편찬체계의 기준이 되는 '홍범구주'의 구조를 어떻게 인식하고 있는지, 그리고 『홍범연의』의 구성체계는 어떠한지를 이해하는 것이 바로 편찬자의 관점과 인식내용을 읽어낼 수 있는 가장 중요한 과제라 하겠다.

이현일은 『홍범연의』에 붙인 서문에서 먼저 이 저술의 편찬방법을 네 가지 원칙으로 제시하고 있다. 곧 "경전의 문장에 근본하여 그 강령을 세우고, 전승의 기록을 참작하여 그 단서를 펼치며, 사무의 증거를 드러내어 그 실효를 징험하고, 논의의 이론을 덧붙여 그 의리를 밝혔다"[54]고 하였다. 『홍범연의』를 편찬하는 네 가지 기준은 '경전'(經)과 '전승'(傳)이 문헌적 근거로서 강령(綱)의 정립과 단서(紀)의 전개를 열어주는 것이라면, '사무'(事務)와 '논의'(議)는 현실의 문제로서 '실효'(實)의 확인과 '의리'(義)의 인식을 확보해주는 것이라 할 수 있다. 그만큼 경전에 근거한 이론적 기반과 현실에 참여한 효용적 과제를 포괄하여 통합과 균형을 추구하였던 것으로 보인다.

이현일은 이 서문에서 '구주'의 기본성격을 규정하며 실현방법을 제

---

54 『葛菴集』, 권20, '洪範衍義序', "蓋本之經文以立其綱, 參之傳記以張其紀, 著之事證以徵其實, 附之議論以明其義."

시하고 있다. '구주'의 기본성격으로는, ① 성질(性-五行), ② 준칙(則-五事), ③ 정치(政-八政), ④ 질서(紀-五紀), ⑤ 도리(道-皇極), ⑥ 절도(節-三德), ⑦ 방법(法-稽疑), ⑧ 징험(徵-庶徵), ⑨ 의리(義-福極)로 제시하였다. 이와 더불어 그는 '구주'의 실현과제를 제시하면서, 경계(規)와 법도(橅)에 의거하고 요령(要)과 귀결(歸)을 살핀다는 원칙에서 '구주'의 각 '주'에 따라 실천사항을 제시하며 이에 따른 실천성과를 제시하고 있다.

① 축적하여 번성하게 하고 막힌 것을 터주며, 조화롭게 이끌어갈 것.
  -〈五行〉순조로움(順)
② 방어하고 유지하며, 바깥 모습을 단속하여 속 마음을 길러줄 것.
  -〈五事〉바로잡힘(正)
③ 민생을 넉넉히 하고 근본에 보답하며, 나라를 안정시키고 바르게 하며, 간사함을 벌하고 포악함을 막으며, 빈객과 군사의 일을 잊지 말 것.
  -〈八政〉거행됨(擧)
④ 천문을 헤아려 인간의 일을 점치며, 계절을 정하고 한 해를 이룰 것.
  -〈五紀〉조화로움(協)
⑤ 경건하고 밝게 살펴 자기를 절제하며, 지극히 정대하여 자기 뜻대로 함이 없게 할 것.
  -〈皇極〉수립됨(建)
⑥ 높이거나 억누르며, 위엄과 축복으로 장려하거나 징벌할 것.
  -〈三德〉권위가 섬(權)
⑦ 괘(卦)를 나누어 귀추를 점치고, 변화를 상고하여 점괘를 음미할 것.
  -〈稽疑〉밝아짐(明)

⑧ 유추하고 징험을 고찰하여 감응이 어긋나지 않게 할 것.

　-〈庶徵〉 드러남(著)

⑨ 표준을 세우고 의례를 밝혀, 권유와 경계로 백성이 선을 행하고 허물
　을 멀리하게 할 것.

　-〈福極〉 나뉘어짐(分)

　이러한 '구주'의 실천과제를 제시하면서, 이현일은 "자신을 닦고 백
성을 다스리는 학문을 하고자 하는 자는 역시 감개하여 여기에 느낌
이 있을 것이요, (기자가) '팔조'의 가르침을 베푼 뜻이 혹시 수천백년
뒤에도 방불하게 상상될 것이다"[55]라 하였다. 또한 그는 자신이 서문
을 지었던 해(1688)가 바로 기자께서 조선에 온지 2810년이라 밝히고
있다. 이처럼 그는 '홍범구주'의 기본성격과 실천과제를 규정하면서도
여기에 바로 기자가 조선에 와서 베풀었던 '팔조'의 가르침이 드러나
는 사실을 확인하였던 것이다.

　나아가 이현일은 '구주'의 질서와 구조에 대한 자신의 견해를 밝히
면서, '구주'를 전반부의 네 가지 '주'(五行·五事·八政·五紀)와 중심으
로서 '황극', 및 후반부의 네 가지 '주'(三德·稽疑·庶徵·福極)의 3단계
로 나누고 있다.

　"그 대략에 나아가 말하면, '오행'에 순응하고 '오사'를 공경함으로써 그
　자신을 닦으며, '팔정'을 두터이 하고 '오기'를 조화롭게 함으로써 그 정
　치를 바르게 한다. 그런 다음에 우뚝하게 지극한 표준을 세워, 사방에서

---

55 같은 곳, "欲爲修己治人之學者, 亦將慨然有感於斯, 而八條設敎之意, 或庶乎其想像
　彷彿於數千百載之下矣."

안쪽을 향해 둘러싸고 바라보는 자들이 여기서 법칙을 취하지 않음이 없게 한다. 그 인애(仁)를 말하면 천하의 인애를 다하고, 그 효성(孝)을 말하면 천하의 효성을 다한 것이다. 이로 말미암아 미루어가면, '삼덕'으로써 저울질하고, '복서'로써 살펴 하늘에서 그 길·흉을 징험하고 사람에서 그 화·복을 고찰한다. 무릇 자기를 닦고(修己) 일을 바로잡으며(正事) 신을 섬기고(事神) 사람을 다스리는(治人) 도리가 여기에 갖추어져 있다."⁵⁶

곧 '구주'의 전반부에서 '오행'과 '오사'는 수신(修身: 修己)이요, '팔정'과 '오기'는 제정(齊政: 治人)으로 '수기-치인'의 체계를 이루고 있는 것이라 파악하고, 이 '수기-치인'의 극치로서 '황극'을 제시하며, 후반부의 '삼덕'과 '계의'·'서징'·'복극'은 '황극'에서 정립된 '수기-치인'의 극치를 미루어 나간 것으로 제시하고 있다. '홍범구주'를 전체로서 '수기'·'정사'(正事)·'사신'(事神)·'치인'(治人)의 도리를 갖추고 있는 것이라 규정하고 있는 사실은 '수기-치인'의 체계로 이루어진 것이며, 그 실천에서 일을 바로잡고(正事) 신을 섬기는(事神) 과제가 따르는 것임을 말한다. 이현일이 여기서 제시한 '구주'의 구조를 도표로 만들어 보면 다음과 같다.

56 『葛菴集』, 권19, 雜著, '愁州管窺錄', "就其大略言之, 順五行·敬五事, 以修其身, 厚八政·協五紀, 以齊其政, 然後卓然有以立至極之標準, 使四方之面內而環視者, 莫不於是焉取則, 語其仁, 則極天下之仁, 語其孝, 則極天下之孝, 由是而推之, 權之以三德, 審之以卜筮, 驗其休咎於天, 考其禍福於人, 凡所以修己正事, 事神治人之道, 於斯備矣."

① 五行[順]·② 五事[敬]┤修身　　　　　　　⑥ 三德[權]
③ 八政[厚]·④ 五紀[協]┤齊政　　⑤ [立極]皇極　⑦ 稽疑[審-卜 筮]
　　　　　　　　　　　　　　　　　　　　⑧ 庶徵[驗-休咎於天]
　　　　　　　　　　　　　　　　　　　　⑨ 福極[考-禍福於人]

　　이현일은 '구주'의 구조를 이렇게 '황극'을 중심으로 전반부와 후반부를 분별하면서, 전반부의 네 가지 '주'는 기본성격을 중심으로 ①도리(道-五行), ②경계(戒-五事), ③의리(義-八政), ④공효(功-五紀)로 제시하고, 후반부의 네 가지 '주'는 실천성과를 중심으로 ⑥권형(權-三德), ⑦심문(審-稽疑), ⑧징험(驗-庶徵), ⑨상고(考-福極)로 제시하기도 하였다.[57] 그렇다면 '구주'의 구조는 '황극'을 중심으로 전반부가 기본원리를 제시한 것이라면 후반부가 그 실현방법을 제시한 것으로 이해하고 있는 것임을 확인할 수 있다. 그는 '황극'을 중심으로 전반부에서 기본원리를 밝히고 후반부에서 그 실천과제를 제시한 것임을 밝히면서, "'황극'이란 임금의 마음으로 하여금 비우고 고요하게 하여 자기 뜻대로 함이 없으며 중정(中正)함을 지키게 함으로써, 광대하고 고루 잘 다스리게 하는 도리이다. '삼덕'·'계의'·'서징'·'복극'에 이르면 또한 이로 말미암아 더욱 신중함을 이루는 것이다"[58]라고 하였다. 전반

---

57 같은 곳. 여기서 李玄逸이 제시한 '九疇'의 성격은 도표화해 보면 다음과 같다.

前半 4疇(성격)	後半 4疇(실현)
五行-宣滯導和, 制器致用之道	三德-操縱低昂以權之
五事-防範操持, 敬守無失之戒	稽疑-擬議占度以審之
八政-農力通貨, 祗修愼用之義	庶徵-察天時之休咎以驗之
五紀-占候協齊, 定時成歲之功	福極-觀人事之禍福以考之

58 같은 곳, "夫皇極, 則使人主之心, 虛靜無爲守其中正, 以致蕩蕩平平之道焉, 至於三德·稽疑·庶徵·福極, 則又由是而更致謹焉."

부 네 가지 '주'에서 제시된 도리가 '황극'에서 그 극치의 표준을 확인
하고, 나아가 후반부 네 가지 '주'에서 그 실천을 삼가서 이룸을 보여
주는 것이다.

　이현일보다 한 세대 앞서 살았던 허목(眉叟 許穆)은 이현일과 거의
동일한 '홍범구주'의 구조에 대한 인식을 보여준다. 곧 허목은 "'황극'
이란 임금된 자의 법칙이요, 지극함의 명칭이다. '오행'에 근본하고,
'오사'를 공경하며, '팔정'을 두터이 하고, '오기'를 화합하게 하는 것은
'황극'이 수립되는 것이요, '삼덕'으로써 사람을 다스리고, '고의'(考疑:
稽疑)로써 밝히며, '서징'으로써 징험하고, '오복'으로써 권장하고, '육
극'으로써 위엄을 보이는 것은 '황극'을 행하는 것이다"59라 하였다.
곧 '황극'을 중심으로 '구주'의 전반부를 '황극'의 수립이라 하고, 후반
부를 '황극'의 실행이라 파악하고 있는 것이다. 허목은 또한 '구주'에서
전반부를 '극(皇極)을 세우는 본체'요, 후반부를 '극을 세우는 작용'이
라 하여,60 황극의 체용구조로 해명하는 관점을 보여주기도 한다.

　『홍범연의』의 첫머리에 붙인 「홍범총론」(洪範總論)에서, "앞의 네
가지는 바야흐로 '극'을 세울 수 있고,…뒤의 네 가지는 도리어 '황극'
에서 나왔다.…이것은 증공(曾鞏)이 말한 것인데 여러 유학자들이 말
한 것 중 오직 이 말이 좋다"61고 하는 주자의 말을 인용하였다. 여기
서 '구주'의 전반부가 '황극'을 세우는 것이요, 후반부가 '황극'에서 나

---

59 許穆,『記言』, 卷31, '洪範說', "皇極者, 王者之則, 至極之名也, 本之以五行, 敬之以
　五事, 厚之以八政, 協之以五紀, 皇極之所以建也, 人之以三德, 明之以考疑, 驗之以
　庶徵, 勸之以五福, 威之以六極, 皇極之所以行也."
60 같은 곳, "初一五行, 次二五事, 次三八政, 次四五紀, 所以立極之體也, 次六三德, 次
　七稽疑, 次八庶徵, 次九福極, 所以行極之用也."
61『洪範衍義』(卷首), '洪範總論', "前四者(五行·五事·八政·五紀), 則方可以建極,…後
　四者(三德·稽疑·庶徵·福極), 却自皇極中出,…此曾南豊所說, 諸儒所說, 唯此說好."

온 것이라 보는 견해는 송대의 증공(南豐 曾鞏)이 주장한 것으로 주자가 동의했던 사실을 보여준다. 여기서 '구주'의 구조는 '황극'을 중심으로 전반부가 '황극'을 세우는 과정이요 후반부는 '황극'에서 전개된 과정이라 보는 것으로, '황극'을 중심으로 전반부와 후반부를 대비시키고 있다는 점에서 구조적 유사성을 보여주는 것이다. 이러한 '홍범구주'의 구조에 대한 인식을 근거로 '구주'의 전반 4'주'가 중심의 '황극'을 세우는 과정이요. 후반의 4'주'가 '황극'의 실현과정이라는 시각에서 『홍범연의』의 체계를 인식할 수 있을 것으로 보인다.

『홍범연의』의 편찬체제는 크게 보면 '경'(經)과 '전'(傳)의 체제로 구성되어 있고, '전'은 한 글자 낮추어 써서 '경'과 구별하고 있으며, '구주'의 각 편 첫머리에 편찬자의 짧은 서설을 붙인 것이나 간혹 각 편의 끝에 편찬자의 후설을 붙이면서 두 글자 낮추어 써서 자신의 견해를 제시하였을 뿐이다. 본문의 '경'과 '전'은 전부 경전이나 여러 문헌들을 수집하고 분류하여 제시하였을 뿐이지 자신의 주장을 본문에서 언급하지는 않고 있다. 다만 각 편을 서술하면서 주제에 따라 몇 개의 항목으로 분류하여 '경-전'체제로 서술하였으며, 항목에 편찬자의 서설을 붙인 경우에는 세 글자를 낮추어 썼다.

4. 『홍범연의』에서 황극의 건립과 실현

1) '황극' 건립의 4범주(五行·五事·八政·五紀)

(1) 오행(五行: 水·火·木·金·土)

『홍범연의』(권1)의 '오행'편은 '오행의 형질(質)이 일정한 실체가 있어서 그 작용을 드러냄을 논함'(論五行之質有定體而效其功用)과 '오행의 기운(氣)이 사시(四時)에 펼쳐져 운행이 됨을 논함'(論五行之氣播於四時而爲流行)의 두 항목으로 서술하여, '오행'을 형질(質)과 기운(氣)이라는 두 측면으로 분류하고 있다. 여기서『홍범연의』에서는 "'오행'의 형질은 땅에 갖추어 있어서 일정한 실체가 있고, 기운은 하늘에서 운행하여 무궁한 변화가 있다"[62]고 하여, '형질'이 지상에 존재하는 것으로 실체의 근거가 되며 '기운'이 하늘에 속하는 것으로 변화의 근거가 되는 것임을 지적하고 있다.

---

62 『洪範衍義』, 권1, '五行', "五行質具於地, 而有一定之體, 氣行於天, 而有無窮之變."

곧 물(水)이 '윤택하게 하고 아래로 흘러내려간다'(潤下)는 것이나 불(火)이 '뜨거우며 위로 타올라간다'(炎上)는 것 등은 '오행'의 형질을 말하는 것이고, '오행'이 네 계절에 펼쳐진다는 것은 '오행'의 기운을 말한 것이라 보았다. 따라서 편찬자는 "형질에 나아가면, 개천을 치고 제방을 쌓으며, 불씨 만드는 나무를 바꾸고 물자를 내보내거나 받아들이며, 계절에 따라 나무를 베고 쇠를 불려 만들어내어 쓰임을 다하는 도리가 여기에 있고, 기운에 나아가면, 사시(四時)에 순응하여 명령을 따르며 절기를 살펴서 사시를 정하는 법도가 여기에 있다. 모두 그 성품에 순응하여 그 기운을 펼쳐서 섭리를 이루고 조화와 양육을 돕는 것이다"[63] 라 하였다. '오행'의 이해에서 가장 핵심적인 관점은 형질의 실체와 기운의 작용이라는 체·용(體用)의 양면을 파악함으로써, 자연의 섭리를 실현하고 조화와 양육의 활동을 돕는 것이라 확인하고 있다. 『홍범연의』의 편찬자인 이휘일과 이현일은 '오행'의 실체와 작용의 양면을 드러내는데 관심의 초점을 맞추고 있는 사실은 정약용이 "'오행'에서 '용'(用)을 말하지 않은 것은 '오행'이 형질이 있는 것으로 하늘이 만들어낸 물건이요, 여덟가지 '용'(用)은 일의 공효를 일으키는 것이니 사람이 행하는 법도이다. 또 '오행'의 작용은 실지로 '팔정'이 되니, 아래에 '팔정'이 있어서 '용'을 말할 필요가 없다"[64]고 하여, '오행'은 작용이 아니라 형질만 있는 것으로 보는 관점과 매우 뚜렷한 차이를 보여주는 것이 사실이다.

이에 따라 『홍범연의』에서는 '오행'편을 편찬하는 과제와 이를 통해

---

63 같은 곳, "就其質, 有疏瀹隄防, 鑽改出納, 斬伐以時, 冶鑄致用之道焉, 就其氣, 有撫辰順令, 審候定時之法焉, 皆所以順其性, 宣其氣, 致變理而贊化育者也."

64 『與猶堂全書』[2], 권25, 31, '尙書古訓'(洪範), "五行不言用者, 五行是有形質, 天作之物也, 八用皆作事功, 人爲之法也, 又五行之用, 實爲八政, 下有八政, 則不必言用也."

이루고자 하는 목적을 밝히고 있다. "이제 경전에 실려 있는 생성과 배합이나 형상의 종류와 사물의 명칭이나 순서와 이용의 이론을 취하고, 여러 학자들이 논의한 바, 이끌어 맞아들이고 절제하여 펼치며 중식하고 축적하는 의리를 취하여, 옛 성왕(聖王)이 재단하여 이루고 도와서 바로잡는 도리를 드러내고자 한다"⁶⁵고 하였다. 그만큼 '오행'의 작용을 통해 활용의 도리가 근원적이고 무한히 큼을 보여주고 있는 것이다.

(2) 오사(五事: 貌·言·視·聽·思)

『홍범연의』(권2)의 '오사'편은 '오사의 작용을 서술함'(敍五事之用), '오사의 통론'(五事通論), '공경이 오사의 주체가 됨을 논함'(論敬爲五事之主)의 세 항목으로 나누어져 있다. 편찬자는 '오사'에서 '모·언·기·청·사'(貌·言·視·聽·思)는 형이하의 사물이라 하고, 그 덕으로 '공·종·명·총·예'(恭·從·明·聽·睿)는 형이상의 법칙이라 하여, 사물(形而下)과 법칙(形而上)의 구조로 인식하였다.

따라서 편찬자는 "사물이 그 법칙을 따름에 공경하여 잃음이 없다면, '모'(貌)의 공손(恭)함은 넉넉히 엄숙(肅)을 이루고, '언'(言)의 순종(從)함은 넉넉히 다스림(乂)을 이루고, '시'(視)의 밝음(明)은 넉넉히 지혜(哲)을 이루고, '청'(聽)의 귀밝음(聰)은 넉넉히 지모(謀)를 이루고, '사'(思)의 예지(睿)는 넉넉히 성스러움(聖)을 이룰 것이다"⁶⁶라 하여, '오사'의 실천과제를 제시하고 있다. 이와 더불어 "붙잡는 데는 요령이

65『洪範衍義』, 권1, '五行', "今取經傳所載, 生成配合, 象類名物, 順序利用之說, 及諸家所論, 導迎節宣, 蕃阜蓄聚之義, 以著古先聖王, 財成輔相之道焉."

66『洪範衍義』, 권2, '五事', "物循其則, 敬而無失, 則貌之恭, 足以作肅, 言之從, 足以作乂, 視之明, 足以作哲, 聽之聰, 足以作謀, 思之睿, 足以作聖."

있고 지키는 데는 법칙이 있다. 만약 사물에 나아가서 그 방어를 엄중히 하지 않는다면 장차 어떻게 그 덕을 모으고 그 법칙을 간직할 수 있겠는가. 옛 사람의 말을 상고하고 이루어진 법도를 고찰함으로써 옛 철왕(哲王)이 자신을 닦고 정치를 하는 근본을 밝히고자 한다"[67]라 하여, '오사'를 실현하는 요령과 방법을 통해 철왕(哲王: 聖王)의 '수신'(修身: 修己)―'위정'(爲政: 治人)의 근본을 확인하였다. 곧 '오사'는 '수신-위정'(수기-치인)을 위한 근본의 과제임을 밝히고 있는 것이다.

(3) 팔정(八政: 食·貨·祀·司空·司徒·司寇·賓·師)

『홍범연의』의 '팔정'편은 분량에서 전체 28권 가운데 19권(권3-21)에 걸쳐 있어서 4분의3에 가까운 압도적 비중을 차지하고 있다. 그만큼 편찬자는 '팔정'편에 가장 많은 분량을 배정하여 상세하게 서술함으로써, 자신의 관심이 나라를 다스리는 경세론의 구체적 실무에 집중되고 있음을 분명하게 보여주었던 것이다.[68] '팔정'편의 전체에 대한 판찬자의 서설은 없지만 8가지 항목에 각각 간략한 서설을 붙이고

---

67 같은 곳, "操之有要, 守之有法, 若不卽物, 而謹其防, 則將何以聚其德而存其則哉, 稽前言考成法, 以明古先哲王修身爲政之本."

68 『洪範衍義』'八政'편의 구성항목들을 보면 다음과 같다.

食 [권 3]-論勱農作貢之法/ 論時使節用之道/ 論廣儲蓄/ 論備災捄荒之要/ 論興水利.

貨 [권 4]-論造幣/ 論通有無權輕重/ 論斂貨/ 論節儉/ 論拘末利/ 論不與民爭利.

祀 [권 5]-祭法總要 / [권 6]-天神之祀 / [권 7]-地示之祀/
 [권 8]-百神之祀 / [권 9]-宗廟之祀 / [권10]-天神之祀/
 [권11]-士大夫饋食儐尸之禮/ [권12]-總論祭祀之義.

司空[권13]-論均田定居之法/ 明戶口民數之法/ 總論制國居民之法/ 明分土封建之制.
 [권14]-宮室之制/ 器服度量之制.

司徒[권15]-學制/ 學義/ 明倫 [권16]-敎學通法

司寇[권17]-典刑/ 設禁/ 飭憲/ 聽訟/ 議辟/ 司民/ 和難/ 有司/ 愼刑/ 明辟.

賓 [권18]-士相見禮/ 諸侯相朝禮/ 朝見總紀/ 觀禮 [권19]-聘禮

師 [권20]-軍制/ 敎閱/ 戰陳 [권21]-軍禮/ 軍令/ 將道/ 征伐/ 城池/ 御夷狄/ 車戰.

있다.

먼저 '식'(食) 항목(권3)에 대해,「식화지」(『漢書』食貨志),「무성」 (『書經』武成)편, 및 공자의 말씀(『論語』顏淵)에서 '식'의 문제에 대한 언급을 근거로 "'식'(식량)이란 진실로 왕도(王道)정치에서 앞세우는 것이며, '식'을 넉넉하게 하는 도리는 또한 근본에 힘쓰며 비용을 절약 하며 백성을 부림은 계절에 맞게 하는 것일 뿐이다"라 밝히고 있다. 이에 따라 "『주례』와「왕제」(『禮記』王制)편에서 전리(田里)의 구획, 택리(宅里)의 분배, 식량의 절약(食節), 계절에 맞게 백성을 부림(事時) 등에 관한 언급을 가져다 합쳐서 한 편을 삼았고, 후세 유학자들이 논 의한 축적을 중대함(廣儲蓄)과 수리를 일으킴(興水利)의 법도로 발을 달았다"[69]고 하였다. 여기서 특히 농업생산을 위한 기술적 문제인 '수 리'(水利)에 대해 관심을 기울인 사실이『홍범연의』가 경세론적 저술 로서 현실문제에 얼마나 구체적 관심을 보여주고 있는지를 드러내주 는 대목이라 할 수 있다.

'화'(貨) 항목(권4)에서는 '화'(화폐)에 대해, "백성의 쓰임을 넉넉히 하며, 무겁고 가벼움을 저울질 하는 것으로 재물을 통용함에 베(布)가 이롭다는 것이다"라 하고, 이에 따라 "옛 사람들이 화폐를 주조하고 화물을 매매하는 법도를 취하여 이 편을 삼고, 재물의 쓰임을 절약하 고, 사치를 억제하며 백성들과 이익을 다투지 않는다는 의리를 덧붙 였다"[70]고 하였다. 화폐를 이용한 재물의 통용이라는 현실문제를 논

69『洪範衍義』, 권3, '八政·食', "食固爲王政所先, 而足食之道, 又不過務本·節用·使 民以時而已, 金取周禮·王制, 制田里·分宅里·食節·事時等語, 合爲一篇, 足之以後 儒所論, 廣儲蓄·興水利之法."

70『洪範衍義』, 권4, '八政·貨', "蓋所以裕民用, 權輕重, 布利通財者也, 今取古人造幣 行貨之法以爲此篇, 附之以節財用·抑奢侈·不與民爭利之義."

의하면서도 절약과 사치의 금지 등 윤리적 인식을 잊지 않고 있음을
보여준다.

'사'(祀) 항목(권5-12)은 8권의 분량으로 엄청난 비중을 실어주고 있
어서, 편찬자의 의도가 무엇인지, 혹은 체제의 균형을 잃은 것은 아닌
지 다시 생각하게 하기도 한다. 『춘추좌전』(成公13년)에서 "나라의 큰
일은 제사에 있다"(國之大事在祀)고 하거나 공자(『예기』, 仲尼燕居)가
"교·사(郊社)의 의례와 체·상(禘嘗)의 의리에 밝으면 나라를 다스리
는 것이 손바닥에 보여주는 것과 같다"고 하여, 제사가 나라를 다스리
는데 중대한 일이라는 언급이 『서경』(舜典)에서 순임금이 백이(伯夷)
에게 '삼례'(三禮)를 맡도록 한 사실에 해당하는 것이라 보았다. 또한
송대에 황간(勉齋 黃幹)이 주자가 저술한 『의례경전통해』를 이어서
『의례경전통해속』(儀禮經傳通解續)을 저술하였는데, 편찬자는 "(『의
례경전통해속』이) 남김없이 발휘하여, 이제 감히 다시 자료를 모아 편
집하지 못하고 간략히 수정을 가하여 이 편을 삼았다"[71]고 하였다. 유
교문화의 '예교'(禮敎)적 전통에서나 도학의 이념에서는 제사가 정치
에 중요한 조건으로 인식되고 있는 것은 사실이다. 그렇다면 이렇게
많은 분량을 제사에 할애한 것은 『의례경전통해속』에 주로 의존하면
서 자료를 간추리는데 제약을 받은 편찬과정의 불균형이라 볼 수도
있지만, 오히려 '제사'를 정치의 중심주제로 확인하는 『홍범연의』의
중요한 특징으로 볼 수도 있을 것이다.

'사공'(司空) 항목(권13-14)에서도 "『주례』와 「왕제」편에서 토지를
분봉하고, 도성을 구획하며, 전답을 고르게 나누어주고, 거처를 안정

---

[71] 『洪範衍義』, 권5, '八政·祀', "勉齋黃氏採撫經傳, 定著爲通解續, 殆無餘蘊, 今不敢
更有纂輯, 略加櫽括, 以爲此篇."

시키는 법도를 취하여 합쳐서 이 편을 삼고 후세 유학자들이 논의한
궁실과 기물·의복의 제도를 덧붙였다"[72]고 밝혔다.

　여기서 한백겸(韓百謙)의 「기전유제설」(箕田遺制說)을 인용하여 우
리나라 문헌에서 기자의 유풍이 남은 자취에 대한 논의에 관심을 보
이고 있다.

　'사도'(司徒) 항목(권15-16)에서는 "옛 성왕이 학교를 세운 규모와 가
르침을 베푼 법도를 취하고, 이어서『소학』·『대학』, 및 뒷날의 여러
현인들의 설을 취하여 이 편을 삼아서, 백성을 교화하고 풍속을 이루
는 뜻을 드러내었다"[73]고 하였다.　여기서 교육기관인 학교제도로서
'학제'(學制)는 다시 3조목(法制名號之略/ 敎民之法/ 敎子弟之法)으로
구별하여 제시하고, 학교의 교육내용으로서 '학의'(學義)도 3조목(明人
倫之義/ 明禮樂之義/ 明敎學之序)으로 구분하였으며, '명륜'(明倫)은 오
륜의 다섯조목으로 나누어 서술하였다.

　'사구'(司寇) 항목(권17)에서는 다시 "『주례』와 「왕제」편을 근본으
로 삼고, 여러 학자들의 설로서 형벌을 신중히 하고 법을 밝히는 뜻에
미친 것은 그 아래에 붙였다"[74]고 하였다.『홍범연의』가 경세론의 체
계를 제시하는 것이라면 '사'(祀: 祭祀)가 8권인데 비해 '사구'(司寇: 法
律)는 1권이라는 사실에서도 도학적 경세론으로 편찬자의 비중이 어
디에 쏠려 있는지를 엿볼 수 있게 한다.

---

72 『洪範衍義』, 권13, '八政·司空', "今取周禮王制, 分土·制國·均田·定居等法, 合爲
　　此篇, 附之以後儒議論宮室器服之制."

73 『洪範衍義』, 권15, '八政·司徒', "今取古昔聖王建學之規, 設敎之法, 繼之以小學大
　　學, 及後來諸賢之說, 述爲此篇, 以著化民成俗之意."

74 『洪範衍義』, 권17, '八政·司寇', "今以周禮王制爲本, 參以諸家之說, 有及恤刑明辟
　　之意者, 以附其下."

'빈'(賓) 항목(권18-19)에서는 "『의례』에 집지(執贄)·상견(相見)의
의례가 있고, 『춘추』에 조빙(朝聘)·회동(會同)의 규정이 있으며, 『주
례』에 빈례(賓禮)로 나라 사이에 친교한다는 글이 있는 것은 모두 빈객
(賓)과 주인(主)이 서로 접촉하는 체통이다. 이제 '오례'(五禮)에서 '빈
례'(賓禮)에 속한 것을 취하여 이 편을 서술한다"[75]고 하였다. '빈례'도
'제사'와 더불어 사실상 '의례'에 속하는 것이니, 『홍범연의』 28권 가운
데 '의례'에 속하는 것이 10권의 분량을 차지하고 있음을 보여준다.

'사'(師) 항목(권20-21)에서는 "토지·조세·군사동원의 제도와 더불
어, 법규에 순응하여 움직이고 바른 도리를 지키면 길(吉)하다는 의리
를 근본으로 삼으며, 군사의 출동은 규율로서 하고, 영채를 세우고, 군
진을 펼치고, 성을 쌓고, 전차를 만들고, 변방을 굳게 지키고, 외적을
방어하는 방법으로 이어갔다"[76]고 하였다. 여기서 편찬자는 '팔진도'
(八陳圖)의 도해를 제시하여 진법(陳法)에 상당한 주의를 기울였으며,
전차(戰車)의 병기에 대한 관심도 보여주고 있다.

(4) 오기(五紀: 歲·月·日·星辰·厤數)

『홍범연의』(권22)의 '오기'편에서는 먼저 '오기'를 정의하여, "'오기'
는 네 계절(四時)을 바로잡고, 그믐과 초하루(晦朔)를 결정하며, 낮과
밤(晝夜)을 나누고, 날과 씨(經緯)를 분변하며, 한 해의 첫날을 정하고,
정월을 정하고, 윤달을 정함으로써, 백성들에게 농사의 절후를 내려주
고, 흉조와 길조를 관찰하고, 차례가 어긋나지 않게 하여 백성이 미혹

---

75 『洪範衍義』, 권18, '八政·賓', "儀禮有執贄相見之儀, 春秋有朝聘會同之規, 周禮有
以賓禮親邦國之文, 皆賓主相接之體也, 今取五禮之屬于賓者, 以述此篇."
76 『洪範衍義』, 권20, '八政·師', "今本之田賦出兵之制, 順動貞吉之義, 繼之以師出以律·
安營·布陳·城池·戰車·固邊·禦敵之方."

됨이 없게 하는 것이다"[77]라 하였다. 곧 책력(册曆)이 바로잡혀야 백성들이 농사의 생업을 잃지 않는 것임을 강조한 것이다. 이처럼 책력의 중요성에 대한 인식을 전제로 하여 이 편은 "주자가 편찬한『의례경전통해』의 차례에 따라『서경』(虞書)와『주례』를 근본으로 하고, 여러 학자들의 전의(傳義)와 후세 유학자들이 발명한 이론을 참작하여 이 편을 서술한다"[78]고 하였다. 여기서 천문의 관찰과 역법(曆法)의 제정이 정치에 얼마나 중요한 의미가 있는지에 대한 편찬자의 명확한 인식을 보여주고 있다.

2) 황극(皇極)의 인식

「홍범」편에서는 ⑤ '황극'을 서술하면서, "임금이 그 표준을 세워서이 '오복'을 거두어 그 백성들에게 펴서 내려준다"(皇建其有極, 斂時五福, 用敷錫厥庶民)고 언급하고 있다.『홍범연의』에서는 이 구절을 해석하여, "임금이 인륜의 극치를 수립하여 천하의 표준이 되고 천하 사람들로 하여금 선(善)으로 향하고 허물을 멀리하며 어진 덕으로 장수하는 경지에 오르게 할 수 있음을 말한다"[79]고 하였다. 곧 임금이 표준을 세운다 함은 인륜의 극치를 수립함으로써 천하에 표준이 될 수

77『洪範衍義』, 권22, '五紀', "五紀者, 正四時, 定晦朔, 分晝夜, 辨經緯, 履端擧正而歸餘, 以授民時, 觀妖祥, 使序不忒, 而民不惑者也."

78 같은 곳, "今因朱子所編儀禮通解之次, 本之以虞書·周禮, 參之以諸家傳義, 及後儒發明之說, 以述此篇."

79『洪範衍義』, 권23, '皇極', "言人君能立人倫之極, 爲天下之標準, 而能使天下之人, 遷善遠辜, 躋之仁壽之域也."

있는 것임을 지적한다. 또한 이렇게 임금이 표준을 세운 효과는 천하
의 모든 인간이 허물에서 벗어나 선으로 나아가서 어진 덕을 이루고
장수하게 되는 복된 삶을 실현하는 것이라 강조하고 있다. 그것은 '황
극'의 의미와 성과가 바로 임금이 인륜의 표준을 세움으로써 백성이
선하고 행복하게 되는 이상 사회를 이룰 수 있음을 제시하는 것이다.

또한 『홍범연의』에서는 "표준을 세우는 도리란 진실로 '오행'에 순
응하고, '오사'를 공경하게 하고, '팔정'을 두터이 하고, '오기'를 화합하
게 하는 것의 바깥으로 벗어나지 않는다"[80]고 하여, '홍범구주'의 전반
부 네 가지 '주'(五行·五事·八政·五紀)가 '황극'을 세우는 방법임을 확
인하고 있다. 주자도 '황극'을 해명하면서, "'오행'을 미루어가고 '오사'
를 바로잡으며, '팔정'을 쓰고, '오기'를 닦으면 이에 '극'(황극)을 세울
수 있다"[81]고 언급하여 '구주'의 전반부 네 가지 '주'가 '황극'을 수립하
는 조건이요 방법임을 보여준다.

『홍범연의』의 「홍범총론」편에서는 '황극'개념에 대해 "'황극'은 다
만 임금의 몸이 위에서 근본을 바르게 하고 거동을 보여줌으로써 천
하 사람들로 하여금 법도로 삼아 본받게 하는 것을 말한다"[82]라고 한
주자의 말을 인용하는 데서도, '황극'이 임금을 가리키는 것이라는 주
자의 견해를 따르고 있음을 보여준다. 주자는 "'황극'은 '대중'(大中)이
아니다. '황'(皇)은 천자요, '극'(極)은 극진함(極至)이니, '황'이 이 '극'
을 세우는 것을 말한다"[83]라 하여, 한대 유학자들이 '황극'을 '대중'(大

---

80 같은 곳, "夫建極之道, 固不出順五行·敬五事·厚八政·協五紀之外."
81 『朱子語類』79:78, "蓋能推五行, 正五事, 用八政, 修五紀, 乃可以建極也."
82 『洪範衍義』(卷首), '洪範總論', "五皇極, 只是說人君之身, 端本示儀於上, 使天下之
人, 則而效之."
83 『朱子語類』79:78, "皇極非大中, 皇乃天子, 極乃極至, 言皇建此極也."

中)으로 해석하는 견해를 비판하면서, 임금이 표준을 세우는 것임을
주장하였다. 이에 비해 정약용은 "'황이 그 극을 세운다'에서 '극'은
'중'(中)이다"[84]라 하고, 또 "'황극'이 '구주'의 중심에 있는 것은 마치
공전(公田)이 구부(九畎)의 중심에 있는 것과 같다"[85]고 하여, '극'을
'표준'의 의미가 아니라 '중심'의 의미로 확인하고 있다. 여기서 '황극'
을 임금이 세우는 표준으로 해석하는 것은 도학적 경세론에서 치도(治
道)의 기준을 임금으로 확인하는 입장을 보여주는 것이다. 그러나 정
약용은 '황극'의 '황'이 임금을 가리킨다는 해석을 부정하지는 않지만,
다만 '극'을 중화(中和) 내지 중용(中庸)의 원리를 내포하는 '중'으로 해
석하는 것은 치도의 기준을 임금이 세우는 것이 아니라 마땅히 따라
야 할 균형과 통합의 제도나 질서로서 '중'을 '치도'의 보편적 기준으로
확보하려는 입장을 밝히는 것이다. 여기서 실학적 경세론이 도학적
경세론과 입장의 차이를 드러내는 것으로 보인다.

『홍범연의』에서는 주자의 견해를 따라 '황극'을 임금이 세우는 표준
으로 받아들이면서, "옛 성왕이 '극'을 세우는 도리와 '극'을 준수하는
도구에서 모두 밝은 법도가 있으며, 또한 '관청을 설치하고'(設官), '제
후를 봉하는 것'(建侯)이 백성의 준칙이 된다는 설이 있으니, 모두 강
론하지 않을 수 없다. 옛 사람들의 말을 삼가 수집하여 이 편을 서술
한다"[86]고 하였다. 따라서 '황극'편에서 편찬자는 '황극'을 군도(君道)
의 실현과제를 제시하는데 철저하게 초점을 맞추고 있음을 보여주는
것이다.

---

84 『與猶堂全書』[2], 권23, 34, '尙書古訓'(堯典), "皇建其有極, 極者中也."

85 『與猶堂全書』[2], 권25, 35, '尙書古訓'(洪範), "皇極居九疇之中, 如公田在九畎之中."

86 『洪範衍義』, 권23, '皇極', "古先聖王, 其於立極之道, 保極之具, 皆有明法, 而又有設
官·建侯, 以爲民極之說, 皆不可不之講也, 敬輯前言, 以述此篇."

'황극'편은 권23에서 ㉠'이제(二帝: 堯‧舜)‧삼왕(三王: 禹‧湯‧武王)이 하늘을 계승하여 표준을 세우는 도리를 서술함'(敍二帝三王繼天立極之道), ㉡'임금된 자가 표준을 세우고 정치를 행하는 도리를 밝힘'(明王者建極出治之道), ㉢'천자의 의례'(天子之禮), ㉣'임금된 자가 집안을 다스리는 법도'(王者內治之法), ㉤'태자를 세우고 보좌하여 가르치는 법도'(建儲輔養之法), ㉥'천자가 스승을 높이고 도를 중시하는 의리를 밝힘'(明天子尊師重道之義), ㉦'천자가 학교를 시찰하고 노인을 봉양하는 의리를 밝힘'(明天子視學養老之義)의 7조목으로 분류하여 '군덕'(君德)을 닦는 과제를 제시하고 있다. 여기서 '황극'은 임금으로서도 '천자'를 가리키는 것으로서 제시되고 있음을 보여준다. 이어서 '황극'편은 권24에서 ㉠'관직의 설치를 논함'(論設官), ㉡'제후를 봉함을 논함'(論建侯), ㉢'사방을 순수하고 제도를 상고하는 의리'(省方考制之義), ㉤'작호(爵號)‧거복(車服)‧명기(名器)'의 5조목으로 분류하여 '왕정'(王政)의 기본과제들을 제시하였다.

이처럼 '황극'은 제왕으로서 표준을 세우기 위하여, 안으로 닦아야 할 '덕'의 과제를 제시하고, 밖으로 수립해야할 기본제도를 제시함으로써, 제왕의 권위를 확보하기 위한 기틀을 확인하고 있음을 보여준다. 그것은 도학의 경세론이 임금을 중심으로 '왕도'(王道)의 정치를 펼치는 것이라는 인식을 전재로 하고 있음을 의미하는 것이라 하겠다.

3) 황극 실현의 4범주(三德·稽疑·庶徵·福極)

(1) 삼덕(三德: 正直·剛克·柔克)

『홍범연의』에서는 '삼덕'을 정의하여, "'황극'의 임금이 정직·강극·유극의 덕으로써 징벌로 위엄을 보이거나 상으로 복을 내리며 허락해 주거나 빼앗아버리는 권리를 행하는 것이다"[87]라 하였다. 곧 임금이 상주고 벌주며 내려주거나 뺏는 절대적 권력을 행하기 위해 갖추어야 하는 조건으로서 세 가지 '덕'을 제시한 것이다.

또한『홍범연의』에서는 사람의 자질에 따라 임금이 그 권력을 행사하는 방법에 차이를 두어야 함을 주목하고 있다. 곧 "무릇 사람의 천성이 공정하고 화평한 자는 고쳐주고 바로잡을 일이 없으면 다만 마땅히 정직함으로 시행해야 할 뿐이다. 천성이 강경하고 사나운 자는 마땅히 엄중한 법전으로 다스려야 하고, 유순하고 순종하는 자는 마땅히 가벼운 법전으로 다스려야 한다. 천성이 가라앉아 물러서며 못 미치는 자는 마땅히 격려하고 감독하여 떨쳐일어나게 해야 하며, 굳세고 강경하여 중도를 넘는 자는 마땅히 너그럽고 온화하게 하여 부드럽게 조절해야 한다. 모두가 억누르거나 추켜올리고 가볍게 하거나 무겁게 함으로써 합당하게 하는 것이다"[88]라 하였다. 이처럼 임금된 자가 권력을 행사함은 다스리는 사람의 천성에 맞추어 지나치거나 못

87『洪範衍義』, 권25, '三德', "三德云者, 皇極之君, 以正直·剛柔之德, 行威福·與奪之權者也."

88 같은 곳, "凡人資性, 平正康和者, 無所事乎矯揉董治, 但當施之以正直而已, 其彊梁猛鷙者, 當治之以重典, 其柔良委順者, 當待之以輕典, 其沈潛退巽, 而不及者, 當激勵程督, 而振起之, 其亢爽强毅, 而過中者, 當從容和易, 而調柔之, 皆所以抑揚輕重, 使之合宜也."

미침이 없이 '중용'을 이루도록 하는 것임을 강조하고 있다.

따라서 '삼덕'은 '황극'의 실현을 위한 방법으로 임금이 상을 내리거나 벌을 주어 세상을 다스리는 권력임을 확인하고 있는 것이다. 나아가 "위엄을 보이거나 복을 내려주는 권력은 임금된 자가 천하를 다스리고 만물을 주재하는 것이니, 더욱 마땅히 삼가서 조금이라도 어긋나 쇠퇴하거나 참람하게 되는 근심을 이루게 해서는 안된다"[89]고 하여, 임금으로서 세상을 다스리는 권력을 씀에 신중하여 함부로 해서는 안될 것임을 경계하고 있다. 곧 '삼덕'은 임금으로서 닦아야 할 품성의 덕을 말하는 것이 아니라, 임금으로서 권력을 합당하게 발휘하는 것으로, 권력을 실현하는 방법을 보여주는 것임을 확인한다.

(2) 계의(稽疑: 雨·霽·蒙·驛·克·貞·悔)

'계의'는 임금이 천하를 다스림에서 크게 의심스러운 일에 부딪치면 거북점(卜)이나 시초점(筮)을 쳐서 신명(神明)의 뜻을 묻는 방법이다. 『홍범연의』에서는 주자의 『의례경전통해』에서 '왕조례'(王朝禮)편 가운데 '복서'(卜筮)편이 있지만 그 본문의 글이 없는 사실을 천고에 한스러운 일이라 탄식하면서, "거북점 치는 법은 이제 상고할 곳이 없으나 『주례』의 대종백(大宗伯: 春官)에 '태복'(太卜)과 '복인'(卜人) 등의 직책이 있어서 그 설이 대략 실려 있다. 이제 이를 취하여 편의 첫머리에 싣고, 다음으로 주자가 편집한 「서의」(筮儀)·「명시」(明蓍)·「고변」(考變) 등의 글을 취하여 이 편을 삼았다"[90]고 하였다. 여기서 '계

---

89 같은 곳, "若夫威福之柄, 王者御世宰物, 尤宜愼之, 不可少有差失, 以致陵夷僭逼之患也."
90 『洪範衍義』, 권26, '稽疑', "朱子儀禮經傳, 王朝禮中, 有卜筮篇, 而闕其文, 誠爲千古之恨, 卜法今無所考, 而周禮大宗伯, 太卜·卜人等職, 略載其說, 今取之以冠篇首, 次取朱子所輯筮儀·明蓍考變等書, 以爲此篇云."

의'편을 '복서총론'(卜筮總論)·'명시책'(明蓍策)·'고변점'(考變占)의 3 조목으로 분류하면서, 주자가 제시한 방법에 따라 역점(易占)을 위한 설시법(揲蓍法)의 자세한 도해(圖解)와 역괘(易卦)의 변화과정을 읽기 위한 도해를 상세하게 소개하고 있다. 이러한 사실은 '황극'의 실현방법으로서 '복서'를 중시하는 의식을 그대로 받아들이고 있을 뿐, '복서'에 대한 비판의식이 보이지 않고 있다는 점에서 조선시대 도학의 '복서'에 대한 수용태도와 신앙적 자세를 엿볼 수 있게 한다.

(3) 서징(庶徵: 雨·暘·燠·寒·風·時)

『홍범연의』에서는 '서징'(庶徵)을 정의하여, "'서징'이라는 것은 모(貌)·언(言)·시(視)·청(聽)·사(思)의 '오사'가 공경할 수 있는지 공경할 수 없는지에 따라, 곧 비오고(雨), 볕나고(暘), 덥고(燠), 춥고(寒), 바람부는(風) 것이 길상의 징조(休徵)나 재앙의 징조(咎徵)로 응하는 것이다"[91]라고 하였다. 그것은 비오고, 볕나고, 덥고, 춥고, 바람부는 자연현상에서 길조와 흉조를 읽어내는 것은 '구주'의 두 번째 '주'인 '오사'에서 인간의 행위(貌·言·視·聽·思)가 공경한지 아닌지에 상응하는 것임을 지적함으로써, 하늘과 인간이 상응하는 것임을 강조하고 있다. 따라서 『홍범연의』에서는 "한대 유학자들이 어떤 일에는 어떤 응험이 있다고 하는 이론은 이미 하늘에 합하지 않고 인간에 징험되지 않는 것이다. 형(荊)나라와 서(舒)나라에 홍수가 나고 가뭄이 든 것이 모두 하늘의 도수(天數)라는 설은 또한 하늘과 인간이 감응하는 이치에 어두운 것이니, 더구나 기자가 그 날에 무왕에게 고한 뜻이 아니

91『洪範衍義』, 권27, '庶徵', "庶徵云者, 以貌言視聽思, 五事之能敬不能敬, 而便有雨暘燠寒風, 休徵咎徵之應也."

다"92라고 하였다. 그것은 인간의 행위를 배제하고 하늘의 도수에 따라 길흉의 징조가 드러난다는 한대 유학자들의 참위설(讖緯說)에 근거한 운명론적 해석을 분명하게 거부하는 것이다.

(4) 복극(福極: [五福]壽·富·康寧·攸好德·考終命/[六極]凶短折·疾·憂·貧·惡·弱)

『홍범연의』에서는 '복극'(福極: 五福六極)을 정의하여, "'오복·육극'이라는 것은 임금이 '오행'에 순응하고 '오사'를 바로잡아, 위에서 법도(表儀)를 세우는 것이다"93라 하였다. '구주'의 후반부에서 '황극'을 실현하는 것은 전반부에서 '황극'을 수립하는 일과 상응하는 것임을 보여준다.

'황극'의 실현은 바로 임금이 '왕도'를 베푸는 것이다. 따라서 임금이 권유하고 징계하는 법칙으로 정치와 교화를 행하면 그 실현의 성과를 제시하여, "백성이 순박하고 풍속은 여유로워 어질고 장수하는 경지에 오를 수 있으며, 농사에 노력하고 근본에 힘써서 재물이 풍부하게 될 것이다. 또한 편안하고 안정되어 화평한 복을 누릴 수 있을 것이며, 덕을 좋아하고 의로움을 간직하여 인륜을 지키는 떳떳함을 잃지 않을 것이요, 선으로 나가고 죄를 멀리하여 끝내 장수하며 평안함을 얻을 것이다"94라 하였다. 곧 정치와 교화를 실현한 성과가 바로 '오복'으로

---

92 같은 곳, "漢儒某事有某應之論, 旣不合乎天, 而徵乎人, 荊舒水旱, 皆天數之說, 又昧天人感應之理, 尤非父師當日告武王之意也."

93 『洪範衍義』, 권28, '五福六極', "五福六極云者, 人君順五行·正五事·立表儀於上."

94 같은 곳, "有政教以勸懲之則, 民淳俗厚, 而可躋仁壽之域矣, 農力務本, 而可致阜財之厚矣, 逸休康寧, 而可享和平之福矣, 好德服義, 而不失秉執之常矣, 遷善遠罪, 而終致獲考之寧矣."

나타나는 것임을 밝히고 있다.

그러나 이와 반대로 정치와 교화의 도리를 실현하지 못하는데 따른 결과를 점검하였다. 곧 "위에 교만하고 방종하며 황폐하고 나태한 군주가 있으면 아래에 형벌로 죽임을 당하며 탐욕스럽고 비루한 백성이 있게 될 것이요, 위에 미혹하고 혼란한 제후가 있으면 아래에 요망함에 빠져드는 병통이 있게 될 것이다. 위에 촉박하고 번쇄한 법도가 있으면 아래에 원망하고 탄식하는 노래가 있게 될 것이요, 위에 무절제하고 사치스러운 습관이 있으면 아래에 먹고 마시며 소비하여 없애버리는 환난이 있게 될 것이다. 위에 탐욕스럽고 잔인하며 사납고 모진 정치가 있으면 아래에 난폭하고 쟁탈하는 풍속이 있게 될 것이요, 위에 어둡고 용렬하여 결단을 못내리는 폐단이 있으면 아래에 쇠퇴하고 비루하며 허약한 풍조가 있게 될 것이다"[95]라 하였다. 위에서 임금이 올바르게 정치를 하지 않으면 그 폐단이 백성들에게 그대로 나타나 재앙이 되는 것이 바로 '육극'임을 말하고 있다.

---

95 같은 곳, "上有驕肆荒寧之君, 則下有刑戮鄙夭之民矣, 上有惑蠱昏亂之侯, 則下有浸淫妖孼之疾矣, 上有促迫煩苛之度, 則下有尤怨戚嗟之謠矣, 上有佚欲侈汰之習, 則下有嬪靡耗匱之患矣, 上有貪殘戾虐之政, 則下有强暴爭奪之俗矣, 上有昏庸無斷之弊, 則下有衰陋萎弱之風矣."

5. 『홍범연의』체제의 특성과 경세론적 의미

『홍범연의』(28권)는 기자(箕子)가 제시했다는 「홍범」편을 도학적 경세론으로 체계화하여 편찬한 저술이다. 편찬자는 기자가 무왕에 의해 조선의 제후로 봉해졌으며, 조선에 '팔조'(八條)의 가르침을 폈다는 사실을 깊이 의식하고 있는 만큼, 조선의 문화적 정신적 전통에 연결되고 있다는 점에서 특히 의미가 깊다.

『홍범연의』의 편찬체제가 지닌 몇가지 특징을 보면, 먼저 '홍범구주'의 구조에 대한 독자적 인식을 드러내고 있다는 사실이다. 『홍범연의』에서 ① '오행'·② '오사'·③ '팔정'의 세 범주는 이휘일이 직접 편찬한 것이라 하고, 나머지 다섯 범주는 아우 이현일이 완성한 것이라 하는데, ④ '오기'와 ⑥ '삼덕'은 조목의 분별이 없으며, ⑦ '계의', ⑧ '서징', ⑨ '복극'은 상대적으로 매우 소략한 점이 보인다. 이현일은 '황극'의 중요성을 주의깊게 강조하였고, '황극'을 중심으로 전반부의 4범주가 '황극'의 건립과정이요, 후반부의 4범주가 '황극'의 실현과제이라 보는 입장을 분명하게 지니고 있는데, 실제에는 '황극'의 건립과정으로서 전반부 4범주에 대해서는 매우 세밀하고 풍부한 자료를 수집하고 있으나, '황극'의 실현과제로서 후반부 4범주는 상대적으로 매우 소략하게 다루어지고 있는 사실을 주목할 필요가 있다.

『홍범연의』가 경세론의 저술이라는 점에서 '황극'의 건립과정과 실현방법이라는 구조로 보면, 앞부분의 건립과정에 너무 큰 비중을 두었지만, 뒷부분의 실현과제는 너무 소략하여 균형을 잃은 것으로 보일 수 있다. 물론 도학의 경세론이라는 성격을 생각하면 원리를 근본으로 강조하고 구체적 실현의 과제는 소홀히 하는 경향을 보일 수도 있다. 그러나『홍범연의』의 전체 체계로 본다면 '황극'을 중심으로 삼는 구조와 더불어 또하나의 다른 구조를 드러내고 있는 것이 사실이다. 그것은 경세론의 기본과제라 할 수 있는 ③ '팔정'을 중심에 두고 '팔정'의 전제조건으로 ① '오행'과 ② '오사'가 있고, '팔정'의 확장과제로서 ④ '오기'에서 ⑨ '복극'이 있는 것으로 파악하는 것이다. 이념적 구조로서는 '황극'이 분명히 중심이지만, 실천적 구조에서 보면 '팔정'이 사실상『홍범연의』의 전체에 중심을 차지한다는 것이다.

다음으로『홍범연의』의 구성체제가 지닌 또 하나의 중요한 특징은 '경(經)-전(傳)'체제로 이루어져 있다는 점이다. '경'은 주로 경전에서 인용하고 있지만『자치통감』(自治通鑑)이나『통감강목』(通鑑綱目) 등 역사서도 '경'에 인용되기도 하고, '전'에는 선유(先儒)의 저술에서 다양하게 인용하고 있지만, 경전도 '전'으로 인용되는 경우가 있어서,『홍범연의』의 '경-전'체제에 따른 독자적 편집원칙이 적용되고 있는 사실을 확인할 수 있다. 이런 의미에서『홍범연의』는 「홍범」편을 부연한 저술이면서 동시에 도학적 경세론을 체계화한 하나의 '경'으로서 지위를 추구하고 있는 것이라 하겠다.

세 번째로 경세론의 체계에서 의례의 문제에 큰 비중을 두고 있다는 사실이다. '팔정'의 한 항목에 불과한 '제사'(祀)는 8권에 걸친 엄청난 비중으로 서술되고 있으며, '빈례'(賓)의 2권도 의례의 문제인 만큼, 의례문제가 분량으로보면 『홍범연의』 전체의 3분지1이 넘는 것이 사실이다. 그렇다면 국가통치에서 제사(祀)와 외교(賓)의 비중을 얼마나 중시하고 있는지를 엿볼 수 있다. 유교의 통치원리를 '예교'(禮敎)로 인식하는 관점이 있으니, 도학의 경세론에서 '의례'가 차지하는 역할과 비중을 드러내주고 있는 것이다. 그러나 유교사회에서 실제의 정치현실로서 '제사'의 비중이 이렇게 크게 드러날 수 있는 것인지, 편찬자의 경세론적 사유체계에서 제사가 지닌 비중이 균형있게 드러난 것인지 의문이 남는다.

네 번째로 '홍범구주'의 ⑦ '계의'는 복서(卜筮)와 연관된 것인데, 분량으로 보면 ⑥ '삼덕'·⑧ '서징'·⑨ '복극'을 합친 것의 두배가 된다. 그만큼 후반부 4범주에서는 '계의'가 압도적 분량을 차지하고 있는데, '황극'의 실현방법으로서 '계의'의 점치는 일이 그렇게 중시되어야 할 것인지 다시 생각해보게 된다. 고대의 제도에서 '복서'는 중요한 일이었지만, 후세에 타락하여 사술(邪術)로 떨어지고 만 '복서'에 이렇게 큰 관심을 보여주고 있는 이유가 어디에 있는지 의문이 남는다. '치도'의 문제를 해명하면서 백성에 초점을 맞추고 구체적 행정이나 제도의 효율적 개혁에 관심을 기울이는 실학적 경세론의 관점과 달리, 군왕에 중심을 두고 '군덕'의 실현에 관심을 기울이면서 '복서'도 '군덕'을 실현하는 과제의 하나로 중시했던 것이 아닐까 하는 생각이 든다.

이휘일·이현일 형제의 『홍범연의』는 조선시대 도학의 경세론으로서 매우 드물게 방대한 업적을 이루고 있는 것이며, 율곡의『성학집요』
에 비교한다면『대학』의 틀이 아니라「홍범」의 틀을 이용하였다는
차이가 있을 뿐만 아니라, 양쪽 모두 도학의 경세론 체계이지만,『성
학집요』가 경장(更張)의 제도개혁을 요구하는 현실적 행정에 훨씬 더
관심이 기울어져 있다는 점에 비해『홍범연의』는 군덕의 실현으로서
현실문제를 인식한다는 의미에서 한층더 도학의 보수적 경세론 체제
로서 면모를 지닌 것으로 보이기도 한다.

중암 김평묵(重菴 金平黙)의

경학과 경세론적 인식

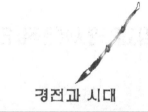

경전과 시대

한국유학의 경전활용

1. 김평묵에서 경학과 경세론의 문제

김평묵(重菴 金平黙, 1819~1891)은 19세기 후반 조선왕조 말기의 급변하는 시대를 살았던 도학자이다. 이 시대에는 서양문물의 침투가 확산되고 서양의 무력침략을 당하였으며, 뒤이어 일본의 무력위협 아래 조선정부가 개항하면서 개화(開化)정국이 전개되었던 시기이다. 이에 따라 도학이념이 500년 동안 이끌어왔던 조선사회의 전통은 뿌리부터 뒤흔들리는 변혁이 일어나고, 마침내 붕괴의 위기를 맞는 상황이었다. 또한 그는 이항로(華西 李恒老, 1792~1868) 문하의 쟁쟁한 학자들 사이에 맏형으로서, 서양종교와 서양 및 일본의 침략세력을 배척하고 유교전통의 수호를 주창하는 위정척사(衛正斥邪)의 의리를 표방하는 일에서나, 화서학파 안에서 '심'(心)개념 인식으로 주리설(主理說)과 주기설(主氣說)이 갈라져 논쟁을 전개하는 과정에서 화서문하의 후배요 자신의 제자이기도한 유중교(省齋 柳重敎, 1832~1893)와 더불어 화서학파를 이끌어갔던 두 중심축으로서 역할을 하였다.

　김평묵의 학문적 중심주제는 두 가지라 볼 수 있다. 하나는 '심'개념
을 주리설로 인식하는 스승 이항로의 입장을 계승하는 심성론(心性論)
의 성리학이요, 다른 하나는 조선후기 도학의 시대이념을 이루었던
중화를 높이고 오랑캐를 물리친다는 '화이론'(華夷論: 尊華攘夷・尊中華
攘夷狄)을 계승하여 당시의 문제에 적용시킨 '위정척사'(衛正斥邪)의
의리론이라 할 수 있다. 사실상 그는 경학연구에 집중적인 관심을 기
울이거나 중요한 저술을 하였던 것도 아니고, 경세론에 중요한 업적
을 남겼던 것도 아니다. 그럼에도 불구하고 그의 사상적 특성을 이해
하는데, 그의 경학과 경세론의 문제가 의미있는 주제가 될 수 있다는
사실을 주목할 필요가 있다. 그 이유로는 조선말기 도학자로서 그의
사상체계가 비록 심성론과 의리론에 초점을 맞추고 있는 것이지만,
여전히 그의 사상적 기반은 경학과 경세론에 두고 있다는 사실을 간
과할 수 없기 때문이다. 그는 성리설과 의리론을 기반으로 하는 도학
자이면서, 동시에 '도학'이 바로 경세론으로 연결되고 있음을 강조하
고 있다. 곧 "군자가 세상을 살아가면서 '도학'을 강론하지 않으면, 나
아가서는 '건너감이 지나쳐 이마까지 빠지지만',〈『주역』, 大過〉임금을
보좌하고 백성에 혜택을 끼치는 실지가 없게 되며, 물러나서는 한가
로와 구애됨이 없지만 인심을 맑게 하고 후세에 '도'를 전하는 실지가
없게된다"[1]고 하여, '도학'을 통해서라야 세상을 바르게 이끌어가는
'치도'(治道)와 '전도'(傳道)를 이룰 수 있다는 신념을 밝히고 있다.

　유교의 기본적 가르침은 언제나 자신의 내면적 인격을 연마하는 '수
기'(修己)의 과제와 사회의 질서를 실현하는 '치인'(治人)의 과제가 본

---

[1]『重菴集』, 권25, 33, '答柳伯賢', "盖君子生世, 不講道學, 進而過涉滅頂, 無致君澤民之
　實, 退而夷曠蕭散, 無淑人傳後之實."

체와 작용으로서 두 축을 이루고 있으며,[2] 유교적 도리의 기준은 안으로 옛 성인의 지극한 덕을 갖추고자 하는 '내성'(內聖)과 밖으로 옛 제왕의 정치를 실현하고자 하는 '외왕'(外王)의 실현을 지향하고 있는 것이다. 곧 심성의 수양을 실천하거나 정치의 원리를 실현하는 일은 모두 옛 성인의 말씀을 기록한 경전에 근거를 두고 있기 때문에, 경전을 떠나서는 심성론과 수양론이나 의리론과 경세론이 성립할 수 없다는 것을 유교의 기본전제로 인식하고 있는 것이다.

바로 이 점에서 김평묵의 심성론·수양론·의리론·경세론 등에 관한 모든 언급에서 언제나 경전이 토대가 되고 있음을 엿볼 수 있으며, 동시에 그가 해명하는 심성론이나 수양론의 내면적 인격성의 문제는 항상 의리론이나 경세론의 사회적 실현과제와 연결되고 있음을 확인할 수 있다. 이런 의미에서 그는 경학과 경세론에 관한 집중적 토론이나 저술이 별로 없지만 그의 모든 언급에서는 어디에서나 경학이 그 늘을 드리워주고 있으며, 경세론으로 열린 통로를 찾아볼 수 있다. 그는 "하후승(夏侯勝, 前漢)과 황패(黃覇, 前漢)는 옥에 갇혀 죽을 날을 기다리면서도 오히려 『서경』을 강론하였고, 육수부(陸秀夫, 南宋)는 벼랑아래 바다에 떠 있는 배 안의 생사가 걸린 위급한 자리에서도 오히려 『대학』을 강론하였다"[3]고 옛 사람의 행적을 인용하면서, 국가존망의 위기에 처한 시대를 살아가는 제자들에게 꺾이지 말고 경전공부에 힘쓸 것을 권하였다. 이러한 사실은 그의 학문기반이 언제나 경전을

---

2 김평묵도 "凡民子弟之俊秀者, 皆入於大學, 敎之以窮理正心修己治人之道, 盖才入大學, 敎以此道, 則是皆將有天下國家之責"(『重菴集』, 권12, 16, '答柳羲元')이라 하여, 『대학』의 가르침을 '修己·治人之道'라 확인하고 있다.

3 『重菴集』, 권27, 38, '與李聲集, 兼示紫社諸人', "夏侯勝黃覇, 繫獄將死之日, 猶講尙書, 陸秀夫崖海舟中危急存亡之地, 猶講大學."

중시하고 있는 것임을 보여준다.

　김평묵의 저술로서 경학을 표제로 내걸고 있는 것은 「시설」(詩說) 2편과 「중용만록」(中庸漫錄)의 비교적 간결한 저술을 찾아볼 수 있으며, 경세론에 관한 것은 비교적 체계를 갖춘 「치도사의」(治道私議)와 아주 짧은 「경장문답」(更張問答)이 눈에 띤다. 그나마 그의 「시설」은 『시경』 몇 편의 시에 대해 자세하게 설명하고 있지만, 특별히 경세론과 연결시켜 해석된 것은 보이지 않는다. 또한 그의 경학적 이해는 경학사의 전통에서 보면 한대(漢代)의 훈고학(訓詁學)이나 청대(淸代)의 고증학(考證學)의 경전주석에는 무관심하거나 거부감만 드러내고 있을 뿐이다. 그렇다면 그는 송대(宋代) 도학의 의리론적 경전해석을 따르는 기본입장을 취하고 있을 뿐이다. 『사서집주』(四書集注)를 비롯한 주자의 경전주석에 전적으로 의지하면서 자신이 경전주석이나 경전해석에 대한 체계적 분석을 시도할 의사가 별로 없었던 것으로 보인다. 따라서 그의 경학은 체계적 주석을 도모하는 '주석의 경학'이 아니라, 심성론이나 의리론이나 경세론 등의 문제를 논의하면서 무슨 문제에서든지 경전이나 도학전통의 경전주석을 자유롭게 끌어들이는 '활용의 경학'이라 할 수 있을 것이다.

　'활용의 경학'으로서 김평묵의 경학이 심성론·의리론의 문제와 더불어 경세론의 문제로 어떻게 연결되는지, 또 그의 경세론이 경학적 기반을 어떻게 활용하고 있는지 확인하고자 하는 것이 이 글을 통해 밝혀보고 싶은 과제이다.

2. 경전이해의 도학적 관점

1) 도통론적 경전인식과 '정본'(定本)의 확인

김평묵은 "옛 사람이 '도'(道)를 배움은 명덕을 밝히고, 백성을 새롭게 하고, 지극한 선에 이르러 머무르는 데 있다"[4]고 밝혀, '도'를 배우는 기준을 『대학』의 이른바 '삼강령'(三綱領)으로 확인하고 있다. 그것은 유교의 '도'란 '명덕'을 밝히는 심성의 수양과 백성을 새롭게 하며 백성을 다스리는 경세(經世)를 극진하게 끌어올리는데 있음을 지적한 것이다. 따라서 그는 세상을 경륜하고 가르침을 베푸는 '경세'(經世)와 '수교'(垂敎)를 성인이나 현인이 담당하는 일이요 사람마다 책임져야 하는 것은 아님을 확인하였다. 그만큼 '경세'와 '수교'를 위해서는 큰 뜻을 품어야 하며 굳센 의지와 각고의 노력을 요구하는 것임을 강조하고 있다.

---

4 『重菴集』, 권11, 15, '與徐汝心(應淳), "古人學道,在明明德·新民·止於至善."

"세상을 경륜하고 가르침을 베푸는 것은 헛되이 일삼을 것이 아니요, 모름지기 종사함이 매우 커야한다. 마치 '순임금은 어떤 사람이고 나는 어떤 사람인가'라거나, '학문으로 나를 넓히고 예법으로 나를 단속한다'라거나, '이미 나의 재주를 다했다'라고 말한 것처럼, 쌓아가고 노력하는 공부가 있어야 이에 미칠 수 있다. 그렇지 않으면 단지 붓을 잡고 문장을 지을 수 있을 뿐이다. 경전의 말씀의 모양과 비슷하더라도 단지 껍질 위에서 희롱하는 것일 뿐이니, 어찌 세상을 경륜하고 가르침을 베푸는 실지가 있겠는가?"[5]

'경세'는 누구나 해야하는 책임이 있는 것이 아니고, 아무나 하겠다고 나설 수 있는 것도 아니다. 『논어』에서 안회(顔回)는 비록 누추한 마을에서 곤궁하게 살면서 '경세'에 나서지는 않았지만, 그가 보여준 학문의 자세와 의지처럼 큰 뜻과 큰 노력이 있어야 함을 강조하였다. 이처럼 큰 뜻과 노력이 없다면 아무리 교묘하게 경전의 말씀과 비슷한 글을 지어도 '경세'의 실지는 없고 껍데기일 뿐임을 지적하고 있다. 그만큼 '경세'는 경전정신의 확고한 실현의지와 노력을 요구하는 것임을 강조하고 있는 것이다.

김평묵은 경전이 바로 성인의 마음을 드러내고 있는 것이라는 인식에서, "하늘과 땅이 모두 만물을 낳고 기르는 마음이요, 사람에 있어서는 머리꼭대기에서 발꿈치까지 모두 측은히 여기는 마음이니, 이 마음을 확장하고 충족시키면 곧 하늘과 땅이다. 『주례』한 책은 구절

---

5 『重菴集』, 권11, 14, '與徐汝心', "經世垂敎, 不可以徒爲, 須是煞有事在, 如舜何人予何人, 博文約禮, 旣竭吾才, 積費工夫, 乃可及此, 不然, 而但能把筆做文章, 依俙若經語樣子, 只是皮殼上弄去弄來, 有何經世垂敎之實耶."

마다 글자마다 모두 주공(周公)의 측은히 여기는 마음이요, 오경·사
서는 구절마다 글자마다 모두 공자·증자·자사·맹자의 측은히 여기
는 마음이다"[6]라고 하여, 하늘과 땅의 바탕인 만물을 낳고 기르는 마
음(生物之心)과 인간의 바탕인 측은히 여기는 마음(惻隱之心)이 일치
함을 확인하고, 경전의 모든 글자와 모든 구절이 성인의 측은히 여기
는 마음을 표출한 것임을 강조한다. 여기서 나아가 그는 주자가 편찬
한 경전에 대한『집전』(集傳)과 집주(集註)나『소학』(小學)과『근사록』
(近思錄)이 송대 도학의 주렴계(周濂溪)·정자(程子)·장횡거(張橫渠)·
주자의 측은히 여기는 마음을 표출한 것이고,『성학집요』(聖學輯要)·
『주서차의』(朱書箚疑)는 우리나라 율곡과 송시열(尤庵 宋時烈)의 측은
히 여기는 마음을 표출한 것이라 지적하였다. 곧 성인의 경전이 송대
도학자나 조선 도학자와 같은 마음이라 하여, 경전과 도학이 측은히
여기는 마음에서 일치하는 것임을 확인하고 있는 것이다.

그는 경전을 읽는 자세로서, "배우는 자가 근본을 수립하지 못함을
염려하면『논어』한 책을 읽어야 하며, 예학에 넓지 못함을 염려하면
『예기』「단궁」(檀弓)편 등을 읽어야 한다"[7]고 하여, 경전에 따른 배움
의 영역에 차이가 있음을 제시하였다. 또한 자신이 경전을 읽는 자세
로서, "『주역』을 왼쪽에 두고『춘추』를 오른쪽에 두어, 음(陰)과 양
(陽)의 어느 쪽이 주인이 되고 객이 되어야 하는지 까닭을 궁구하며,
오랑캐(夷)와 중화(夏)의 어느 쪽을 지향해야하고 등져야 하는지 실정

---

6 『重菴集』, 권37, 3, '三江問答', "盖天盖地, 都是生物之心, 在人則自頂至踵, 都是惻隱
之心, 擴而充之, 則亦兪盖天盖地, 周禮一部, 句句字字, 皆周公惻隱之心也, 五經·四書,
句句字字, 皆孔·曾·思·孟惻隱之心也."
7 『重菴集』, 권11, 15, '答徐汝心', "學者, 患根本不立, 則讀論語一部, 患禮學不博, 則讀
檀弓諸書."

을 밝힌다"⁸고 하여, 『주역』을 통해 자연의 변화와 역사의 변동 속에
주인으로 섬겨야 할 가치와 대상으로 이용해야할 가치를 확인하며,
『춘추』를 통해 세계질서 속에서 지향하여야할 문화적 정통과 거부해
야할 야만성이나 이단을 분별하는 판단기준을 찾고 있는 것이다. 이
러한 역사적 변동과 사회적 가치질서의 주체와 지향해야할 방향을 확
인하는 것은 '경세'의 기반이요 목표를 밝히는 과제로 연결되는 것이
라 할 수 있다.

  김평묵이 경전을 이해하는 입장은 그의 도통론(道統論)에서 가장 선
명하게 드러나고 있다. 그는 "공자의 '도'를 보고자 하는 자는 마땅히
맹자로부터 비롯해야 하고, 주자의 '도'를 보고자 하는 자는 마땅히 송
자(宋子: 宋時烈)로부터 비롯해야 한다.…뒷날의 학자가 송자로 대일
통(大一統)을 삼지 않으면 이것은 남쪽 월(越)나라로 가면서 수레를 북
으로 향하는 것과 같다"⁹고 하여, 공자→ 맹자→ 주자→ 우암으로
이어지는 도통을 확인하고, 학문의 방법적 순서는 우암→ 주자→ 맹
자→ 공자로 찾아서 올라가는 길을 제시하였다. 그는 경전이해의 출
발점을 송시열(尤庵 宋時烈)로 제시함으로써, 경전이해에 기반하는 성
리설과 의리론에 대한 해석에서 이와 다른 견해를 정통에서 벗어난
것으로 배제하고 있는 자신의 경학적 내지 성리학적 입장을 밝히고
있는 것이다. 따라서 그는 송시열의 학문을 규정하여, "이 어른(우암)
의 천품은 맹자와 흡사하며, 학문은 주자를 주장으로 삼고, 의리는 『춘
추』를 붙들었다. 그러므로 공자·맹자·주자의 글이 아니면 읽지를 않

8 『重菴集』, 권9, 16, '答舜九(盆成)', "左周易右春秋, 究陰陽主客之故, 唎夷夏向背之情."
9 『重菴集』, 권8, 22, '答李伯五(建曘)', "求觀孔子之道者, 當自孟子始, 求觀朱子之道者,
當自宋子始,…後之學者, 不以宋子爲大一統, 則是猶適越而北轅也."

았고, 공자·맹자·주자의 말씀이 아니면 말하지 않았고, 공자·맹자· 주자의 행실이 아니면 행하지 않았다"[10]라고 하여, 공자-맹자-주자-우암을 일치시킴으로써, 송시열의 견해를 통해 경전과 주자를 이해하는 자신의 입장을 보여주고 있다. 그만큼 그의 경학적 입장은 송시열을 도통의 기준으로 확립하는 것이면서 동시에 송시열의 시야를 벗어나지 않겠다는 한계를 스스로 설정하고 있음을 의미한다.

이러한 그의 도통론에서는 주자와 송시열의 경학적 견해를 경전의 권위에 준하는 것으로 받아들이고 있으며, 이에 따라 기준으로 삼아야할 확정된 판본으로서 '정본'(定本)을 중시하였다. 곧 "요·순·문왕·공자는 큰 성인이니, 응당 초년과 만년의 득실이 있다고 말할 수가 없다.…자사·맹자·주렴계의 글이 한 마디도 어긋남이 없는 것은 그 전해진 것이 '정본'에 그치기 때문이다. 정자·장횡거·주자의 글이 잡박함이 없을 수 없는 것은 평생의 문자를 모두 전하여 버린 것이 없기 때문이다"[11]라 하여, 큰 성인인 요·순·문왕·공자의 오경은 당연히 '정본'이요, 『논어』를 비롯하여 자사·맹자의 『사서』와 주렴계의 저술은 검토를 거쳐 '정본'만 남겨진 것인데 비해, 정자·장횡거·주자의 저술은 '정본'과 아닌 것이 모두 남겨져 있어서 '정본'이 될 수 있는지 검토가 될 수 있다고 보았다.

또한 공자의 말씀이 '정본'이 되는 과정을 제시하여, "『논어』도 당시의 말씀을 기록한 것이지만 낙양(洛陽: 程子의 鄕)·건양(建陽: 朱子의

---

10 『重菴集』, 권8, 21, '答李伯五 建疇', "此爺資禀似孟子, 學問主朱子, 義理秉春秋, 故非孔孟朱之書, 不讀也, 非孔孟朱之說, 不說也, 非孔孟朱之行, 不行也."

11 『重菴集』, 권36, 23, '大谷問答', "堯舜文王孔子, 大聖人也, 不應有初晚得失之可言,…子思孟子周子之書, 無一語差者, 以所傳者止於定本也, 程張朱子之書, 不能無粹駁者, 以平生文字, 悉傳而不遺也."

鄕)의 여러 학자들과는 이미 달랐으며, 증자(曾子)·유자(有子) 문하의
문리가 정밀한 군자들이 뒤섞인 것을 깎아내고 정수만 남겼으므로 그
선함이 이와 같다. 『가어』(家語: 孔子家語)는 공자 문하의 여러 후학들
이 전해 들은 것을 잡다하게 기록하여 순수한 것과 잡박한 것이 서로
가리워 다 믿을 수 없으니, 「애공문정」(哀公問政) 등 몇 편을 제외하
면 그 밖의 것은 공자문하에서 버려진 글이 됨을 면할 수 없었던 것 같
다"12고 하였다. 공자의 말씀을 기록한 것에서도 『논어』가 '정본'이 되
고, 『가어』가 '정본'이 되지 못하는 차이가 어디에 있는지를 밝히고 있
는 것이다.

　나아가 그는 주자의 저술에서도 "경전주석(『四書集注』·『周易本義』·
『詩集傳』 등)과 『근사록』(近思錄)과 주렴계·장횡거의 서해(書解: 『太
極圖說解』·『通書解』·『西銘解』 등)은 바뀔 수 없는 '정본'이니, 육경·
사서와 달리 보아서는 안된다. 직접 쓴 『대전』(大全: 『朱子大全』)은 또
한 초년과 만년의 득실이 없지 않다. 그러므로 찾아가는데는 모름직
이 선후가 있다. 『용학혹문』(庸學或問)은 '정본'이고, 『어맹혹문』(語孟
或問)은 '정본'이 아니다"13라 하여, '정본'과 '정본' 아닌 것을 엄격히
분별하며, 주자의 저술에서 '정본'은 경전과 동일한 수준으로 볼 것을
요구하고 있다. 곧 주자의 경전해석은 경전 자체의 의미를 바르게 드
러내는 것이라는 점에서 경전의 일부분으로 수용될 수 있다는 경전에

---

12 같은 곳, "論語, 亦當時語錄也, 孔門記聖人言行, 已非洛建諸子之所及, 且經曾子有子
　之門, 文理密察之君子, 刪其猥釀而存其精粹, 故其善如是, 家語則多孔門後人, 雜記
　傳聞, 粹駁相蒙, 不可盡信, 盖除哀公問政等數策, 其外恐不免爲孔門之棄書也."

13 『重菴集』, 권36, 21-22, '大谷問答', "經書註,近思錄,周張書解, 是不易之定本, 與六經·
　四書, 更不可差殊看, 手筆大全, 又不無初晩得失, 故求之, 須有先後.…庸學或問, 是
　定本, 語孟或問, 非定本."

대한 견해를 보여주고 있는 것이다.

2)『근사록』의 존숭과 고증적 경전분석의 거부

이러한 그의 경전에 대한 견해는 주자와 여조겸(呂祖謙)이 함께 편집한『근사록』을 중시하는 입장에서도 잘 나타나고 있다. 그는 "『근사록』은 주렴계·정명도·정이천·장횡거 4부자(夫子)의 은미한 말씀 속에 담긴 큰 의리(微言大義)요, 공자·맹자의 도통을 전해받은 것이다. 또한 주자의 직접 편찬함을 거쳐 털끝만큼의 유감도 없으니, 후세의 한 경전이다"[14]라 하여,『근사록』을 후세에 이루어진 경전의 하나로 높이고 있다. 그는 도학의 도통의식에 따라 정통의 정신을 순수하게 드러낸 저술이라면 '옛 경전'은 아니더라도 '후세의 경전'으로 높일 수 있다는 경전에 대한 관점을 보여주고 있는 것이다.

또한 그는『근사록』을『대학』과 상응시켜, "『근사록』한 책은 단초를 찾아 힘쓰며, 자신을 간직하고 남을 다스리는 것이니 실로『대학』의 본체와 작용 전체이다.…망녕되게도 일찍이 가만히 '『근사록』은『대학』의 연의(演義)다'라고 말했다"[15] 하여,『대학』의 본체와 작용을 다 드러내고,『대학』의 의리를 펼쳐낸 것(演義)으로서『근사록』의 의미를 제시하였다. 이미 그에게는 경전과『근사록』을 비롯한 주자학의 기본저술 사이에 도통의 연속성이 강조되면서 경계가 희미해지고 있

14『重菴集』, 권36, 24, '大谷問答', "近思錄, 是周程張四夫子之微言大義也, 所以繼孔孟 道統之傳者也, 且經朱夫子手編, 無一毫餘憾, 乃後世之一經也."

15『重菴集』, 권8, 9, '答章叔', "近思錄一部, 求端用力, 處己治人, 實大學體用之全也,… 故妄嘗竊謂近思錄者, 大學之演義也."

음을 엿볼 수 있다. 나아가 그는 "주자의 저술에서 『근사록』을 대신할
수 있는 것은 『사서』의 장구(『大學章句』・『中庸章句)와 집주(『論語集
注』・『孟子集注』), 『용학혹문』(庸學或問), 『시집전』(詩集傳), 『역학계
몽』(易學啓蒙)과 『주역본의』(周易本義), 및 『태극도설해』(太極圖說解)・
『통서해』(通書解)・『서명해』(西銘解)이니, 풍부하다할 수 있다"[16]고
하여, 『근사록』과 더불어 '후세의 경전'으로 높여질 수 있는 주자의 저
술을 열거하면서, 당시 학자들 사이에 『근사록』을 보완하는 작업으로
『근사속록』(近思續錄)・『오자근사록』(五子近思錄) 등을 편찬한 데 대
해 극력 반대하는 입장을 밝히기도 하였다. 다만 그 자신은 38세 때
(1856) 『근사록』에 주석을 붙인 『근사록부주』(近思錄附註)를 저술하
였던 일이 있다.

김평묵은 『맹자』(梁惠王上)에서 말한 '만승'(萬乘)과 '천승'(千乘)이
라는 지역의 크기에 대해 주자의 『맹자집주』에서 '천승'은 사방이 백
리 땅으로 병거(兵車) 천승이 나온다고 설명한데 대해, 사리를 따져보
면 사방 백 리 땅에서 천승의 병거가 나올 수 없음을 인정하여 삼백 리
의 땅이라 보는 견해를 받아들이고 있다. 그러나 그는 천자가 '만승'이
요, 제후와 천자의 공경(公卿)은 '천승'이요, 대부는 '백승'이라 하여,
십분의 일을 취하는 것을 보여주었을 따름이라 봄으로써, "하필 힘을
소비하고 정신을 기울여서 병거가 나오는 많고 적음을 헤아려서 맹자
와 맞서려 할 것인가? 이것은 이른바 미세한 곳에 자질구레하게 삐걱
거리는 것이요, 그 큰 것은 소략하게 함이니, 경전을 해설함에서 크게
꺼리는 것이다.…배우는 자는 성현의 확정된 훈계에 대해 스스로 자

---

16 『重菴集』, 권36, 25, '大谷問答', "朱子之書, 可代近思錄者, 四書章句集註,庸學或問,
詩集傳,易啓蒙本義,太極・通書・西銘解, 可謂富矣."

기의 견해를 세워 감히 배치하려 하면, 이것은 유가의 양기(梁冀)이
다"¹⁷라 하였다. 경전의 미세한 사실을 검토하는 고증학적 입장을 거
부하고, 경전의 원문은 성현의 확정된 훈계(定訓)로 받아들였으며, 경
전에 의문을 갖는 태도를 한(漢)나라때 질제(質帝)는 권신(權臣) 양기
가 신하노릇할 마음이 없음을 보고 '발호장군'이라 지목하였던 일이
있는데, 결국 질제를 독살하기도 하였던 반적(叛敵)인 양기에 비유하
여 엄중하게 경계하였다.

　그는 번쇄한 분석이나 고증적 검정을 거부하는 입장을 밝혀, "명대
와 청대의 여러 유학자의 글은 때때로 너무 갈라지고 너무 번쇄하여
사람의 머리를 아프게 한다.…무릇『사서』는 주자가『장구』와『집주』
로 정리하였고,『중용』과『대학』에는『혹문』이 있으니, 단지 여기서
구하여 푹젖어 무르녹게 하면 그 사람의 분수에 따라 성인이나 현인
이 되거나 명망있는 유학자가 되는 일이 안될 것도 없다. 그런데 어찌
괴롭게 가지 위에 가지를 낳고 잎사귀 위에다 잎사귀를 낳아 이렇게
번쇄한데 이르는가. 이러한 견해는 뒷 시대의 인물들에게 원기가 없
어지고 진한 술의 깊고 두터운 맛이 없게 한다"¹⁸고 하였다. 원대(元
代)의 이도순(李道純)처럼 주자학에 순수하여도『사서이동조변』(四書
異同條辨)의 경우 분석에 빠지는 문제점을 지적하면서, 번쇄한 분석에
빠지면 후세 학자들은 원기(元氣)를 잃고 깊은 내면의 통찰이 없이 표

17『重菴集』, 권10, 12-13, '答李秀直', "何必費力注神, 計乘數所出之多寡, 以與孟子牴
　　牾乎, 此所謂區區轇轕於細處, 而潤畧其大者也, 此說書之大忌也,…學者於聖賢之定
　　訓, 自立己見, 敢於背馳, 則是儒家之梁冀也."

18『重菴集』, 권36, 23-24, '大谷問答', "明淸間諸儒之書, 往往太支蔓太繁碎, 使人欲頭
　　痛,…夫四書, 朱夫子整理章句集註, 庸學又有或問, 只此求之, 泥醬爛熟, 則隨其人分
　　數, 爲聖賢爲名儒, 無不可者, 何苦枝上生枝, 葉上生葉, 至此之碎哉, 此見下代人物,
　　元氣索然, 無醇釀深厚之味也."

면적 개념의 비교나 분석에 표류하게 될 수 있다는 폐단을 경계하고 있다.

청대 학자들의 학풍에 대해, 청대초기 유학자로서『역학절중』(易學折中)을 지은 이광지(李光地)가 근세에 '역'(易)을 설한 인물로서 가장 뛰어나다는 평가에 대해, "'역'은 '음양'을 말하며, 붙들어주고 억누름이나 오랑캐와 중화의 변론을 엄격히 하니, '양'을 붙들어주고 '음'을 억누르는 큰 의리(大義)인데, 이광지는 중국의 선비로 오랑캐의 조정에 무릎을 꿇었으니, '역'을 알지 못하는 자로 누가 이광지보다 심하겠는가"라 하고,『독례통고』(讀禮通考)를 저술한 서건학(徐乾學)이 근세에 '예'(禮)를 설한 인물로서 가장 뛰어나다는 평가에 대해, "'예'는 존·비(尊卑)와 귀·천(貴賤)을 분별하여, 중국을 높이고 오랑캐를 낮추는 것이 '예'의 큰 기준(大經)인데, 서건학은 중화 의복의 고귀함을 버리고 오랑캐 복식의 비천한 자에게 신하노릇을 하였으니 '예'를 알지 못하는 자로 누가 서건학보다 심하겠는가"[19]라고 하였다. 비판의 근거는 '역'이나 '예'의 경전에 대한 해석에 문제를 제기하는 것이 아니라, 그 인물의 처신이 오랑캐인 청나라에 신하가 되었다는 의리론적 비판이다. 따라서 그는 경전정신의 근본이 의리에 있다고 인식하는 입장에서 의리에 어긋나면 이미 경전정신을 통체로 상실한 것이라 보고 있으며, 이 경전정신에 초점을 두지 않고 미세한 개념이나 문자의 분석을 하는 고증적 주석도 경전정신에 어긋남을 드러내고 있는 것이라 보았다.

---

19 『重菴集』, 권36, 24, '大谷問答', "易道陰陽, 而謹扶抑夷夏之辨, 扶陽抑陰之大義也, 李光地, 以中國之士, 屈膝龍庭, 不知易者, 孰甚於光地, …禮別尊卑貴賤, 尊中國而卑夷狄, 禮之大經也, 徐乾學, 以華夏衣裳之貴, 臣僕於左袵之賤, 不知禮者, 孰甚於乾學."

3. '사서'(四書) 해석과 경세론적 이해

1) 『대학』·『중용』 해석의 경세론적 성격

주자는 『사서』를 편찬하고서 독서 순서를 제시하여, "먼저 『대학』
을 읽어 그 규모를 결정하고, 다음에 『논어』를 읽어서 그 근본을 수립
하고, 다음에 『맹자』를 읽어 그 펼쳐나옴을 관찰하며, 다음에 『중용』
을 읽어 옛 사람의 미묘한 자리를 추구한다"[20]고 하였다. 김평묵은 주
자가 말한 『사서』의 독서 순서를 매우 중시하였다. 따라서 그는 주자
의 독서 순서를 따라 학문의 틀을 잡아가지 않는데서 오는 폐단을 지
적하여, "차례를 뛰어넘고 절차를 무시하면서 경전과 역사를 앞세우
지만, 경전의 뜻은 간결하고 오묘하며, 역사책은 혼잡하고 소란하니,
겉껍질만 일삼아서 소홀하고 거칠어져,…지식이 많아질수록 마음은

---

20 『朱子語類』, 14:3, "先讀大學, 以定其規模, 次讀論語, 以立其根本, 次讀孟子, 以觀
其發越, 次讀中庸, 以求古人之微妙處."

더욱 막히게 된다"[21]고 하여, 『사서』의 독서 순서에 따라 학문과 인격 형성의 기반을 확보할 것을 강조하고 있다. 그러나 그의 경학이해를 하기 위해 서술의 편의에 따라 『대학』과 『중용』을 먼저 음미하고, 『논어』와 『맹자』를 다음에 검토해보고자 한다.

『대학』에 관한 이해에서 우선 그는 정자(程子)가 『대학』을 드러내기 전에는 『예기』 속에 「대학」 편이 있었지만 아무도 「대학」이 '덕에 들어가는 문'이 된다는 것을 몰랐음을 주목하고, "정자는 그 대강을 드러내었으며, 주자는 그 '장구'를 저술하였는데, 학문에 우열이 있는 것은 아니요 그 만남이 같지 않았기 때문이나, 그 공로는 주자가 도리어 현명함이 있다"[22]고 하여, 『대학』이 정자를 통해 빛을 보게 되고, 주자를 통해 그 뜻이 드러나게 되는 것임을 제시하여 정자와 주자를 통한 『대학』이해의 길을 확인하고 있는 것이다.

그는 『소학』과 『대학』의 관계를 통해 『대학』의 위치를 해명하기도 하였다. 곧 주자가 "수신의 큰 법도는 『소학』책에 갖추어져 있다"(『주자어류』, 105:22)고 언급한 말을 근거로, "사람의 도리를 다하고자 하면 모름지기 장차 『소학』한 책으로 수신하는 큰 법도를 다해야 하며, 이어서 『대학』한 책으로 학문하는 순서를 이해하고 오늘에 따라서 공부해나가 앎을 이루고 힘써 행하여 '충·신'(忠信) 두 글자로 관철해야 한다"[23]고 하여, 『소학』에 기초하여 『대학』으로 나아가는 경전공

---

21 『重菴集』, 권30, 35-38, '答慶希伯(賢秀)', "躐等凌節, 先之以經史, 則經旨簡奧, 史書熱鬧, 從事皮膜, 鹵莽鹿率, ⋯識愈多而心愈窒."

22 『重菴別集』, 권4, 23, '答朴子善問目', "程子表章其大槩, 而朱子猶著其章句, 學非有優劣而然, 以所值之不同, 而其功則朱子反有賢矣."

23 『重菴集』, 권18, 31, '答崔大集(中晟)', "要盡人之道, 須將小學一部, 理會修身大法, 繼將大學一部, 理會爲學次第, 從今日卽下工夫, 致知力行而貫之以忠信二字."

부의 순서와 현실인식의 중요성을 지적하고, '충·신'을 근본정신으로
확인하고 있다.

　나아가 그는 『대학』 '경1장'의 구조를 분석하여, "첫마디의 '삼강령'
(三綱領)은 공부의 절차를 설명한 것이고, '지지…능득'(知止…能得)은
공부의 효과를 말한 것이며, '물유본말'(物有本末)의 한 마디는 맺는 말
이다. '팔조목'(八條目)은 공부로서 '삼강령'의 자세한 긱주이며, '물격'
(物格)에서 '천하평'(天下平)까지는 공부의 효과로 '지지·능득'의 자세
한 각주이다. '자천자'(自天子) 이하의 두 마디는 맺는 말이다. 강령과
조목이 가지런하고 정밀하여 한 글자도 가지치고 넝쿨진 것이 없다"²⁴
고 제시하였다. 여기서 그는 『대학』 '경1장'의 6마디에서 처음 3마디
를 '본문'으로 뒤의 3마디를 '각주'로 상응시키고, '본문'과 '각주'의 3마
디는 각각 '공부'·'공효'·'결어'로 이루어진 구조를 보여준다. 이러한
김평묵의 『대학』 '경1장'분석은 매우 독특한 해석으로서, 퇴계가 『성
학십도』(聖學十圖)의 제4도(圖)로 수용한 권근(陽村 權近)의 「대학지
도」(大學之圖: 『入學圖說』 수록)와는 매우 대조적이다.²⁵

　『시경』의 "문채나는 군자여 끝내 잊을 수 없도다"(有斐君子, 終不可

---

24 『重菴集』, 권19, 20, '與柳穉程(重教)', "大學經一章首節三綱領, 是說工夫節次, 知止
　能得, 是說功效, 而物有本末一節, 是結語, 八條目, 是工夫而三綱領之細註脚, 物格
　至天下平, 是功效而知止能得之細註脚, 自天子以下兩節, 是結語, 綱目齊整, 無一字
　支蔓."
25 『大學』 '經1章'에 대한 重菴과 陽村의 해석구조를 도표로 그려보면 다음과 같다.
　重菴-〈本文〉 ①三綱領 [工夫] | ②知止…能得 [功效] | ③物有本末 [結語]
　　　〈註脚〉 ④八條目 [工夫] | ⑤物格…天下平[功效] | ⑥自天子以下[結語]

　陽村-三綱領: 明明德　　[本/體] | 新民　　　[末/用] | 止於至善 [極]
　　　八條目: 格物…修身 [工夫] | 齊家…平天下 [工夫] | 知止…能得 [始終]
　　　　　　物格…身修 [功效] | 家齊…天下平 [功效]

誼兮.〈「衛風, 淇澳」〉)라는 구절에 대해, 『대학』(傳3章)에서는 "융성한 덕과 지극히 선함을 백성이 잊지 못하는 것을 말한다"고 설명하였는데, 김평묵은 이것을 "'명명덕'(明明德)의 효과다"라 해석하였다. 이어서 『시경』의 "아아, 앞서가신 임금님을 잊지 못하도다"(於戲前王不忘.〈『周頌, 烈文』〉)라는 구절에 대해, 『대학』(傳3章)에서는 "군자는 그 현명함을 현명하게 여기고, 그 친애함을 친애하며, 소인은 그 즐거워함을 즐거워하고 그 이롭게 함을 이롭게 여겼으니, 이 때문에 이미 세상을 떠났으나 잊지 못한다"고 설명하였는데, 김평묵은 이것을 "'신민'(新民)의 상응이다"라 해석하여, 옛 성왕(聖王)인 문왕(文王)과 무왕(武王)의 덕을 노래한 『시경』의 구절이 바로 『대학』 '삼강령'의 '명명덕'과 '신민'에 각각 해당하는 뜻임을 지적하였다. 여기서 김평묵은 "'명명덕'이 비록 '지선'(至善)에 이르렀더라도 어찌 '신민'의 극치를 기다리지 않고서 갑자기 '친애하고, 현명하게 여기고, 즐거워하고 이롭게 여기는' 일이 있겠는가?"[26]라 하여, '명명덕'의 지극한 선으로 완성되는 것은 '신민'의 극치를 이룸이 없이는 불가능한 것임을 지적하여, '명덕'을 밝히는 인격실현이 백성을 새롭게 하는 '경세'의 사회적 교화와 분리될 수 없음을 강조하였다.

　『대학』(傳4章)에서 말한 "송사가 없게 하고자 한다"(使無訟)는 말과 『대학』(傳10章)에서 말한 "법도로 헤아린다"(絜矩)는 말의 관계를 해석하면서, "나에게 있는 '덕'으로 하루동안 백성을 대하여 법도로 헤아림이 넉넉한 다음에라야 백성이 스스로 두려워하고 복종하여 송사가 없게 될 수 있다. 만약 법도로 헤아리지 않아서 백성에 신임을 얻지

---

26 『重菴集』, 권30, 21, '答蔡君弼(相說)', "盛德至善之不忘, 明明德之效也, 前王沒世之不忘, 新民之應也, 明明德雖到至善, 豈有不待新民之極致, 而遽有親賢樂利之事耶."

못함이 있으면, 이른바 '명덕'(明德)이라는 것은 내가 말하는 '명덕'이
아니다. 백성이 어찌 두려워 복종할 이치가 있겠으며, 송사가 어찌 번
성하게 일어나지 않겠는가?"27라 하였다. '법도로 헤아려' 백성들이 복
종하여 송사를 일으키지 않게 하는 '덕'이 이른바 '밝은 덕'(明德)이라
는 것이요, 백성들이 복종할 수 없다면 그 '덕'을 '밝은 덕'이라 할 수
없음을 지적함으로써, 내면의 인격으로서 '덕'이 백성을 다스리는 '치
도'(治道)와 연결되어 있음을 강조하고 있는 것이다. 그렇다면 '명명덕'
은 '신민'과 두 가지 일이 아니라, 표리관계를 이루는 하나의 일임을
보여준다.

또한 『대학』(傳2章)에서 인용한 『서경』(康誥)의 "새로워지는 백성
을 진작하라"(作新民)는 구절을 해석하면서, "(백성들이) '효(孝)를 일으
키고, 우애(弟)를 일으키며, 저버리지 않는다'〈『대학』(傳10章)〉는 것은
백성들이 스스로 새로워지는 것이요, 좋아하고 싫어함(好惡)이 그 정
당함을 얻고, 재물의 쓰임(財用)이 공평함을 얻는 것은 법도로 헤아리
는 일이니 윗 사람이 진작하는 것이다"28라 하여, 위에서 다스리는 사
람이 행하는 '치도'의 기준과 이에 상응하여 백성이 스스로 새로워지
는 '치도'의 효과를 제시하고 있다.

김평묵은 "재물의 쓰임은 백성의 생명이 걸려 있는 것이다. 그러므
로 법도로 헤아리는 정치는 재물의 쓰임보다 더 큰 것이 없고, 재물의
쓰임보다 더 급한 것이 없다. 임금이 어진 인재를 씀에 급급한 것도

---

27 『重菴集』, 권28, 13, '答蔡聖初(洪翼)', "在我之德, 一日臨民, 足以絜矩, 然後民自畏
服, 而可以無訟, 若不絜矩而民有不獲, 則所謂明德者, 非吾所謂明德也, 民豈有畏服
之理, 而獄訟豈不繁興乎."
28 같은 곳, "傳二章, 言作新民, 興孝興弟不倍, 民之自新也, 好惡得其正, 財用得其平,
絜矩之事, 上之作之也."

이로 말미암는다"[29]고 하여, 『대학』(傳10章)에서 '재물의 쓰임'(財用)을 먼저 말하고 '어진 인재를 씀'(用賢)을 다음에 말한 것은 문장의 형세를 따른 것이지 '재물의 쓰임'이 '어진 인재를 씀' 보다 더 중요하다는 것이 아님을 제시하고 있다. 따라서 그는 '치도'에서 '재물의 쓰임'이라는 경제적 조건이 중대하고 시급한 것임을 인정하면서도 '어진 인재를 쓴다'는 인사(人事)의 조건이 근본으로 전제되어야 하는 것임을 강조하였다. 어진 인재를 쓰지않고 '재물의 쓰임'에 힘쓰면 욕망을 분출하게 하여 '인간의 성품을 어기고'(拂人之性) '백성들을 다투게 하고 약탈하는 가르침을 베푸는'(爭民施奪) 결과를 초래할 것임을 경계하는 것이 『대학』의 가르침임을 확인하고 있다. 그만큼 '재물의 쓰임'이 '어진 인재'라는 올바른 행정기반 위에서 실현되어야 하는 본말(本末)구조의 확보가 '치도'의 기본전제임을 역설하고 있는 것이다.

김평묵은 『중용』의 체제로서 주자의 6대절(大節)로 나누어 보는 견해를 받아들이면서 각 장절의 핵심내용을 규정하고 있다.[30] 그는 『중용』의 이해에서 주로 '심·성·정'(心性情)의 개념적 해석이나 '미발·이발'(未發·已發)의 문제 등 성리학적 이론의 인식에 관심을 집중하고 경세론으로 연결시킨 해석은 매우 빈약한 것이 사실이다. 그래도 몇 가지 단편적 언급을 찾아볼 수는 있다.

『중용』(20장)에서 천하와 국가를 다스리는 아홉가지 법도로 '구경'(九經: 修身, 尊賢, 親親, 敬大臣, 體群臣, 子庶民, 來百工, 柔遠人, 懷諸侯)

---

29 『重菴集』, 권30, 22, '答蔡君弼(相說)', "財用是民命之所繫, 故絜矩之政, 莫大於財用, 莫急於財用, 而人主之所以汲汲於用賢, 亦由是也."

30 『中庸』의 分節에 대한 重菴의 견해는 『重菴集』, 권27, 26-27, '答洪聞叔(樨綱)', 『重菴別集』, 권4, 39-40, '答朴子善問目', 및 『重菴別集』, 卷6, 25-26, '中庸漫錄'에서 찾아볼 수 있다.

을 제시하였는데, 그는 여기서 첫머리 두 법도인 '수신'(修身)과 '존현'
(尊賢)의 의미를 중시하였다. 곧 "'수신'은 여덟가지 법도(經)의 근본이
고, '존현'은 '수신'의 근본이 된다. 그 아래 일곱가지 법도는 모두 이것
(修身·尊賢)으로 말미암아 베풀어놓은 것이다"³¹라고 하여, '치도'의
근본이 '수신'과 '존현'에 있음을 제시하면서, 동시에 어진이를 스승으
로 높이는 '존현'이 자신의 덕을 닦는 '수신'의 근본이 됨을 지적하고
있다. 따라서 그는 근본의 자리에 있는 '존현'을 '경대신'(敬大臣)이나
'체군신'(體群臣)과 상대시켜 볼 수 없음을 강조하였다. 그것은 '치도'
나 '수양'의 문제에서 언제나 선현의 가르침이 기준이 되는 것임을 확
인하고 있는 것이다.

또한『중용』(22장)에서 '천하의 지극히 성실한 분'(天下至誠)을 말하
고,『중용』(31장)에서 '천하의 지극한 성인'(天下至聖)을 말한 것에 대
해, 유중교는 공자를 가리킨 말이라 보고, 공자를 가리킨 말로 볼 수
있는 이유를 몇가지 들면서 '나라를 다스릴 경륜을 가지고 근본을 수
립하였지만 제도를 만들어 시행한 자취가 없다'고 지적하였다. 이에
대해 김평묵은 공자를 가리켜 '제도를 만들어 시행한 자취'(制作施行之
迹)가 없는 인물로 규정하는 것에는 문제가 있음을 주목하여, "시대에
따라 나오면 경륜과 큰 법도는 제도를 만들어 시행함이 그 가운데 포
함되어 있다"³²고 밝혔다. 여기서 유중교가 공자에 대해 경륜을 가슴
에 품고 근본을 갖추고 있으면서 제도의 개혁과 시행으로 '치도'를 시
행하지 못하였다는 사실의 시각에서 보고 있다면, 김평묵은 공자가

31『重菴集』, 권20, 10, '答柳穉程', "盖修身, 是八經之本, 而尊賢又爲修身之本, 以下七
經, 皆由此而措之."

32『重菴集』, 권20, 12, '答柳穉程', "何得謂未見制作施行之迹, 而爲專指夫子之證也, 愚
意以時出之, 經綸大經, 亦包制作施爲, 在其中矣."

품고 있는 경륜과 갖추어진 근본은 때를 만나면 언제던지 제도의 개혁과 시행으로 전개될 수 있다는 근원의 시각에서 보는 차이를 드러내고 있다. '치도'는 밖으로 현실에서 시행된 결과가 중요한 것이 아니라, 안으로 내면에서 그 원리가 갖추어져 있는 본질이 중요하다는 것이다.

2) 『논어』·『맹자』의 경세론적 이해

『논어』(子路)에서 공자는 정치를 하면서 가장 먼저 해야 할 일로서 명분을 바로잡아야 한다는 '정명'(正名)을 제시하였다. 이에 대해 김평묵은 "임금이 몸을 공손히 하여 남쪽을 바라보며 위에서 다스림을 주장하고, 대신이 모든 관료를 거느리고 아래서 다스림을 보좌하며, 대간(臺諫)이 몸을 바르게 하고 마음을 합하여 좌우에서 보완하고 살피니, 이 때문에 명분은 바르게 되고 말은 순조로워 정치의 공적이 이루어진다"[33]고 하였다. '정명'의 명분이란 임금과 대신과 대간이 제자리를 지키며 제 역할을 하는 질서로 이해하고 있음을 보여준다. 바로 "임금은 임금다워야 하고, 신하는 신하다워야 하고, 부모는 부모다워야 하고, 자식은 자식다워야 한다"(君君, 臣臣, 父父, 子子.〈『논어』, 顔淵〉)는 말의 의미와 같은 것이다. 임금과 대신과 대간이 자기 역할을 못하거나 그 역할을 벗어난다면 그것은 명분을 침범하여 어지럽히는 '범분'(犯分)이 되고 이에 따라 온갖 혼란이 일어나게 된다는 것이다.

---

[33] 『重菴集』, 권36, 2, '大谷問答', "君子之爲邦也, 人主恭己南面而主治於上, 大臣統率百官而輔治於下, 臺諫正己協心而補察於左右, 是以, 名正言順而治功成."

그는 환관(宦寺)이나 부인(婦人)이나 외척(外戚)이나 훈신(勳臣)이 정치에 간여하여 명분을 어지럽힘으로써 나라가 멸망한 일이 역사의 기록에 분명하게 드러나는 사실을 지적하면서, 명분의 정립이 '치도'의 실현을 위한 근본과제임을 확인하고 있다.

또 하나 김평묵이 『논어』에서 주목하고 있는 '치도'의 중요한 원리는 '경'(經: 常)과 '권'(權: 變)의 문제이다. 그는 "사람이 살아가는 일상 속에서는 '경'과 '권'이 언제나 절반씩 차지하고 있다. '권'이란 무겁고 가벼움의 무게를 달아 '의'(義)에 합치하게 하는 것이다. 무겁고 가벼움의 무게를 달아 '의'에 합치된 다음에 이른바 '경'이 얻어지고 파괴되지 않는다"[34]고 '권'개념을 정의하였다. 곧 '권'은 그 무게에 맞는 적절함과 그 의리에 맞는 정당성을 확보함으로써, '경'의 항구한 기준을 확보하는 조건으로 인식하고 있다. 여기서 그는 이러한 '권'을 잃은 경우로서 맹자의 말을 따라 자막(子莫)이 붙잡은 '중'(中)을 들어, "'중'을 붙잡았지만 '권'이 없으니,…하나를 들고 백가지를 폐지한 것이다"(執中無權,…擧一而廢百.〈『맹자』, 盡心上〉)라 지적하였다. 또한 그는 스승 이항로(華西 李恒老)가 '권'의 양상으로, 성인만이 홀로 행하는 '권'(聖人獨行之權)과 대중이 통상 쓰고 있는 '권'(衆人通行之權)이 있다는 구별을 들면서, 공자가 "더불어 설 수는 있어도 더불어 '권'을 할 수는 없다"(可與立, 未可與權.〈『논어』, 子罕〉)는 말은 성인만이 행할 수 있는 '권'이요, 겨울에 갖옷입고 여름에 갈옷입으며, 배고프면 먹고 목마르면 마시는 것 등은 대중이 통상 쓰는 '권'이라 설명하였다.

따라서 그는 "한 쪽만 붙잡고 다른 쪽을 금지한다면, '권'을 기뻐하

---

34 『重菴集』, 권27, 35, '與李聲集', "人生日用之間, 經與權常占其半, 權者權輕重, 使合於義者也, 權輕重, 使合於義, 然後所謂經者, 得以不壞."

여 한 자를 굽혀서 열 자를 곧게 하는데 흘러서 진실로 거리낌이 없는 데로 귀결될 것이며, '경'을 붙들고 한결같이 안족(雁足)을 아교로 붙여서 비파를 조율하는 것은 또한 어찌 거리끼는 바가 있다고 하늘과 땅이 뒤집히는 자리에 이르지 않도록 보존할 수 있겠는가"[35]라 하여, '경'이나 '권'의 한 쪽만 고집하는 것은 잘못이요, 언제나 양면을 함께 이해하고 동시에 활용해야하는 것임을 강조하였다. 이러한 의미에서 그는 공자가 "군자가 천하의 일을 하는 데는 꼭 해야 하는 것도 없고 꼭 해서는 안되는 것도 없으며, 의로움을 따를 뿐이다"(君子之於天下也, 無適也無莫也, 義之與比.〈『논어』, 里仁〉)라고 말한 '의'에 맞게 적절히 적응하는 유연성을 판단하고 결정하는 기준으로 확인하고 있다. 그러나 그 자신의 주장은 대체로 유연한 적응성을 보여주는 것이 아니라, 의리를 엄격하게 내세운 집착성이 매우 강했던 것이 사실이다.

1876년 일본의 무력위협 아래 조선정부가 일본과 수호조약(修好條約)을 맺으려 할 때에 벼슬이 없는 선비의 처지로서 상소를 올려 국가의 정책결정에 반대하는 발언을 할 수 있는가의 문제에 부딪쳤다. 이러한 상황에서 그는 주자가 두 가지 의리를 제시한 사실을 끌어들이고 있는데, 그것은 "주자의 두 가지 의리에 나아가 말하면, '몸이 벼슬에 나가지 않았으면 말을 내지 않는다'고 말한 것은 자신을 지키는 항상한 법도(常法)요, '때에 따라 말할 수 있는 의리가 있다'고 말한 것은 세상을 구제하는 '권'의 마땅함(權宜)이다"[36]라 하였다. 곧 공자가 "그 지위에 있지 않으면 그 정치를 도모하지 않는다"(不在其位, 不謀其政.

35 『重菴集』, 권27, 35-36, '與李聲集', "若執一而禁一, 則喜權而流於枉尺直尋者, 固爲無所忌憚之歸,…執經而一於膠柱調瑟者, 又豈能有所忌憚, 而保不至天壤易處乎."
36 『重菴集』, 권7, 49, '答任明老(憲晦)', "盖就朱子兩義而言之, 其曰, 身不出則言不出者, 守身之常法也, 其曰, 隨時而有可言之義者, 救世之權宜也."

〈『논어』, 泰伯〉)는 말에서 처럼 벼슬에 나가지 않은 선비가 국가의 정
책에 발언하지 않는 것은 항상한 법도인 '경'이지만 국가존망에 관계
된 상황에서는 벼슬이 없는 선비로서도 발언할 수 있는 '권'의 의리가
있다는 것이다. 이처럼 국가존망에 관계되었다고 판단되면 벼슬없는
선비로서도 국가정책을 비판하거나 건의하는 적극적인 발언을 할 수
있는 의리의 근거를 경전과 주자의 이론에서 찾아가고 있는 사실을
보여준다.

나아가 그는 인심을 결속시키는 방법으로서 '인정'(仁政)을 중시하
여, "인심은 공연히 결속될 수가 없으니, 자기의 욕심을 극복하고 '인'
(仁)을 베풀며, 부유하게 하고나서 가르치는데 있다.(『논어』, 子路) 늙
은이와 어린아이는 구렁텅이에 굴러떨어지고, 장성한 자들이 사방으
로 흩어지면 백성이 모두 원수가 된다.…군자가 임금을 섬김에 그 임
금을 마땅한 도리로 이끌도록 힘씀은 '인'에 뜻을 둘 따름이다. 진실로
이렇게 하면 인심은 결속하기를 기다리지 않아도 저절로 결속한다"[37]
고 하였다. '인정'을 정치의 근본원리로 삼아, 먼저 백성을 부유하게
해주고 그리고서 가르쳐야만 인심이 결속되어 백성노릇을 하고, 나라
를 지킬 수 있음을 강조하는 것이다.

공자는 정치의 기본과제로서 "식량을 넉넉히 하고, 군사를 넉넉히
하고, 백성의 믿음이 있어야 한다"(足食, 足兵, 民信之矣.〈『논어』, 顏
淵〉)고 하면서, '백성의 믿음'을 가장 중시하였다. 이에 대해 김평묵은
우리나라가 땅이 천리나 되고 만승(萬乘)의 부유함이 있는데도, 군사

---

37 『重菴集』, 권36, 3-4, '大谷問答', "人心不可徒結, 在克己施仁, 富而敎之, 老弱轉乎溝
壑, 壯者散之四方, 則赤子皆仇戎矣,…君子事君, 務引其君以當道, 志於仁而已, 誠如
是也, 則人心不待結而自結."

와 식량이 외적을 막아내기에 부족한 까닭이 무엇인지를 성찰하면서, "다만 유학자들이 실정에 어두워 통속의 이론으로 당면의 사무를 아는 것이라 여기다가, '그 마음에서 생겨나서 그 정치의 사무를 해치니'(『맹자』, 公孫丑上), 군사는 우둔하고 식량이 고갈되는데 길들어 어떻게 해볼 수 없는 지경이 되었다"[38]고 진단하였다. 곧 식량과 군사로 외적을 막아낼 수 있다는 통속의 이론에 빠진 유학자들이 '백성의 믿음'이 근본이 되는 사실을 망각하면서 정치를 그르치고 말았다는 것이다.

『맹자』(離婁上)에서 "인물을 허물할 수 없고 정치를 비난할 수 없지만, 오직 대인(大人)은 임금의 마음이 잘못됨을 바로잡을 수 있다. 임금이 어질면 어질지 않음이 없고, 임금이 의로우면 의롭지 않음이 없으며, 임금이 바르면 바르지 않음이 없다"[39]라고 하였는데, 김평묵은 이 구절을 인용하면서, "겉모습이 세워지면 그림자가 따르며, 바람이 불면 풀은 따라 눕는다. 이것을 버려두고는 다시 다른 술법이 없다. 자질구레한 일을 소략하게 열거하면서 임금 마음에 근본하지 않는 것은 비루하다. 비록 잘 하더라도 성취시킬 수 있게 하기에는 부족하다"[40]고 하였다. 맹자가 제시한 '임금 마음을 바로잡음'(格君心: 格君心之非)은 도학의 경세론에서 '치도'의 근본과제로 받아들여져 왔으며, 김평묵도 이러한 도학전통을 따라 먼저 근본을 인식하고 근본을 정립하는 것을 '치도'의 기본과제로 확인하고 있는 것이다.

---

38 『重菴集』, 권26, 28, '答沈夏綱(能昱)', "徒以儒者, 爲迂闊, 俗說爲識務, 生於其心, 害於政事, 馴致乎兵鈍食盡, 無可奈何之域也."

39 『孟子』, 離婁上, "人不足與適也, 政不足閒也, 唯大人爲能格君心之非. 君仁, 莫不仁, 君義, 莫不義, 君正, 莫不正."

40 『重菴集』, 권36, 4, '大谷問答', "表立則影隨, 風行則草偃, 舍此無復他術也, 彼欲毛擧細故, 而不本於君心者, 陋矣, 雖善, 不足以能濟."

또한 그는 맹자에서 '치도'가 '인정'(仁政)에 있는 것으로 제시됨을 주목하면서, "맹자는 전국시대의 말기에 살았으니 입만 열면 바로 천하에 '인정'을 행할 것을 말하였으며, 송자(宋子: 宋時烈)는 중국이 오랑캐에 점령되는 세상에 살았으니 입만 열면 바로 천하에 대의(大義)를 펼쳐야 한다고 말하였다"[41]고 하여, 맹자와 송시열을 대조시켜 제시하였다. 곧 전국시대의 침략과 살륙이 횡행하는 상황에서는 '인정'을 회복하는 것이 정치의 당면과제라면, 오랑캐가 지배하는 시대에서는 '대의'를 밝혀 중화(中華)의 문화를 회복하는 것이 정치의 당면과제라는 것이다. 그것은 '인정'이 '치도'의 근본방법이라는 인식과는 달리, 시대에 따라 '치도'의 당면과제가 변할 수 있다는 인식을 보여준다.

김평묵은 맹자가 말한 "나는 중화의 법도로 오랑캐를 변화시킨다는 말은 들었지만, 오랑캐에게 변화된다는 말은 듣지 못했다"(吾聞用夏變夷者, 未聞變於夷者也.〈『맹자』, 滕文公上〉)는 구절을 인용하면서, 당시 조선에서 협수령(狹袖令)을 내려 의복제도를 서양식의 좁은 소매로 변혁하는 사실에 대해 중화의 옛 의복제도가 오랑캐에게 변화되는 것이라 인식하여 비판하였다. 여기서 그는 "하루라도 오랑캐가 된다면, 궁리(窮理)와 수신(修身)의 말씀이란 어찌 창녀가 염불하는 것이나 백정이 경전을 암송하는 것이 아니겠는가? 현재 임금의 명령이 비록 중요하지만 하늘의 이치에 종사함은 또한 지금 임금 보다 중요하니, 지금 임금을 따른다고 천명을 배반하는 것은 옳지 않음은 환하게 드러나 분명하다"[42]고 하였다. 이것은 의리의 문제에서 왕명이 의리에 어긋

---

41 『重菴集』, 권36, 8, '大谷問答', "孟子生於戰國之末, 開口便說行仁政於天下, 宋子生於陸沉之世, 開口便說伸大義於天下."

나면 왕명을 받아들일 수 없다는 것으로 의리를 보편적이고 근원적
기준으로 받아들이는 도학적 신념을 보여준다. 곧 군왕의 정치적 결
정 위에 의리의 정당성을 근원적 기준으로 확인함으로써, 도학자로서
그의 '치도' 내지 경세론에 대한 인식은 의리의 정당성을 전제로 하는
것임을 밝히고 있는 것이다.

『맹자』(公孫丑上)에서는 주(周)나라 때의 정전(井田)제도를 자세히
소개하고 있는데, 김평묵은 이에 대해 "정전이란 천하의 좋은 제도이
다. 맹자가 임금을 만나 행하였다면 천하를 살리기는 손바닥을 뒤집
는 것과 같이 쉬울 것이나, 왕망(王莽)이 행하였다면 그 혼란만 더했을
뿐이다. 신법(新法)은 당시에 행할만 했다. 정자가 임금을 만나 (신법
을) 시행하였다면 천하에 혜택을 끼침이 손바닥을 뒤집는 것과 같이
쉬울 것이나, 왕안석(王安石)이 주장하니 그 재앙만 불붙였을 뿐이
다"[43]라고 하였다. 그의 경세론에서는 제도 자체의 문제보다 그 제도
를 시행하는 인물의 적합성을 중시하고 있다. 인격적 정당성을 확보
하였을 때만이 그 제도의 성과가 이루어질 수 있다는 관점을 철저히
하여, '수신'의 기반 위에 '치국·평천하'가 가능함을 확인하는 것이다.
그러나 그는 정전법을 시행할 수 없는 현실적 이유를 밝히면서, "정전
을 시행할 수 없는 것은 산천이 험난함에 있는 것이 아니라, 오랫동안
폐지되었던 다음에 갑자기 부역의 큰 일을 일으켜 백성을 수고롭게

---

42 『重菴集』, 권26, 30, '答朴道謙(海量), "一日爲胡人, 則窮理修身之說, 豈非娼女之念
佛, 屠兒之誦經乎, 時王之命雖重, 天理之所仕, 則又重於時王也, 不可以從時王而背
天命也, 章章明矣."

43 『重菴集』, 권34, 19, '鵩舍雜錄', "井田, 天下之良法也, 孟子得君而行之, 則活天下如
反手, 王莽行之則滋其亂而已矣, 新法, 當時之可行也, 程子得君而施之, 則澤天下如
反手, 介甫主之則煽其禍而已矣."

하고 대중을 동요시키게 되면, 효과를 보기도 전에 백성의 기운이 이미 감당할 수 없어서 달리 재난과 피해가 생겨남을 알 수 없기 때문이다"[44]라 하여, 변혁에 따른 부담의 현실적 어려움을 지적하고 있다. 그만큼 그는 경전에서 제시한 토지제도의 정당성을 인정하면서도 개혁에는 소극적 자세를 보여주고 있는 것이라 하겠다.

---

44 『重菴集』, 권15, 39, '答金致容', "井田之不可行, 不在山川之險, 以久廢之餘, 猝地興役大故, 勞民動衆, 恐效未及見, 而民力已不堪, 別生患害, 有不可知."

4. '오경'(五經) 해석과 경세론적 이해

1) 오경(五經)의 경세론적 이해

김평묵은 『주역』과 『춘추』의 핵심정신을 규정하면서, "『주역』은 '양'을 붙들고 '음'을 억누르는 의리요, 『춘추』는 중화를 높이고 오랑캐를 물리치는 법도이다"[45]라 하여, '음·양'(陰陽)의 자연적 변화질서와 '화·이'(華夷)의 역사적 천하질서를 표출하였다. 여기서 그는 자신의 스승이었던 홍직필(梅山 洪直弼)과 이항로에게서 들은 바가 바로 『주역』과 『춘추』와 『맹자』의 의리가 '화·이'의 의리로 통합되어 인식되는 것임을 밝히면서, "『주역』의 '양'을 붙들고 '음'을 억누르는 소이연(所以然)과 『춘추』의 중화를 높이고 오랑캐를 물리치는 소당연

---

45 『重菴集』, 권32, 16, '寄孫', "大易扶陽抑陰之義, 春秋尊夏攘夷之法也." 같은 맥락에서 "陰陽扶抑, 易經大義, 華夷向背, 春秋大法."(『重菴集』, 권12, 2, '與宋淵齋')라고 언급하기도 하였다.

(所當然), 및 『맹자』에서 인간과 금수의 같고 다름에 대한 변론에 대해 대략 들은 바가 있어서, 서양오랑캐가 어정거리는 것이 끝내 천하의 큰 재앙이 될 줄을 분명하게 보았다"[46]고 하였다. 곧 『주역』과 『춘추』와 『맹자』의 핵심적 의리가 일관하게 그의 시대가 당면한 현실인 서양세력의 침투에 대응하는 논리임을 밝히고 있다. 이것이 바로 '중화를 높이고 오랑캐를 물리친다'는 '존화양이'(尊華攘夷: 華夷·尊攘)의 의리가 조선후기 도학의 중심이념으로 받아들여지면서, 명나라를 높이고 청나라를 배척하는 '숭명배청'(崇明排淸)의 의리를 시대적 과제로 제시하였던 것이며, 김평묵이 활동하던 조선말기에는 다시 유교의 정도(正道)를 옹위하고 서양의 사설(邪說)을 배척한다는 '위정척사'(衛正斥邪)의 의리로 표방되었던 것이다.

또한 그는 『주역』의 '음·양'구조의 자연질서와 『춘추』의 '화·이'구조의 세계질서가 연결되고 소통하는 사실을 확인하면서, 군자가 백성을 다스려야 하고, 장부(丈夫)가 부녀를 거느려야 하고, 중화가 오랑캐를 제어해야 하며, 인류가 금수를 길들여야 하는 것이 바람직한 질서의 양상으로 제시하고 있다. 곧 지배하는 자리에 있어야 하는 군자·장부·중화·인류가 '양'이요, 지배받는 자리에 있어야 하는 백성·부녀·오랑캐·금수를 '음'으로 본다. 이에 따라 그는 "'양'이 '음'을 통솔하고, '음'이 '양'을 받들어야 '음'과 '양'이 그 정당함을 얻는 것이다. '음'과 '양'이 그 정당함을 얻으면 천지에 자리잡지 않는 것이 없고 사람과 사물이 양육되지 않는 것이 없다.…'음'과 '양'이 그 정당함을 잃으면 이른바 천지가 뒤집어지고 갓과 신발이 뒤바뀌며 재앙이 동시에

46 『重菴集』, 권13, 32, '答尹隱暎 權浩', "其於大易陰陽扶抑之所以然, 春秋夷夏尊攘之所當然, 及孟子人與禽獸同異之辨, 畧有所聞, 而灼見洋夷之踽踽, 終爲天下之大禍."

일어나며 사람과 사물이 소멸되는 것이다. 이것은 고금에 바뀔 수 없는 이치이니, 한 몸이나 가정과 국가와 천하가 감응하는 오묘함이 어찌 다르겠는가?"47라 하였다. '양'이 지배하고 '음'이 순종하는 수직적 질서의 정당함을 확보함으로써 사회나 국가나 천하도 '양'으로서 군자·군왕·중화가 지배하는 질서를 이루어야 한다는 것이다.

이렇게 『주역』의 양을 붙들고 음을 억누르는 '부양억음'(扶陽抑陰)의 질서와 『춘추』의 중화를 높이고 오랑캐를 물리치는 '존화양이'(尊華攘夷)의 의리를 일치시키는 입장에서, 『주역』과 『춘추』의 양자를 일치시켜 인식하지 못한다면, 그것은 『주역』도 모르고 『춘추』도 모르는 것이라 본다. 나아가 그는 "'예'(禮)란 높고 낮음과 귀하고 천함을 분별하는 것이며 중화를 높이고 오랑캐를 낮추는 것이 '예'의 큰 기준이다"48라 하여, 『주역』·『춘추』·『예경』을 모두 '존화양이'(尊華攘夷)의 의리 속에 일치시키고 있다.

그는 '향음주례'(鄕飮酒禮)에서 주인이 빈(賓)을 맞아 층계를 오를 때 북면(北面)하고 빈이 남향(南向)하게 하는 것은 어진이를 높이는 '존현'(尊賢)의 지극함이라 지적하고, 『주역』(屯卦, 初九象)에서 "귀한 자가 천한 자에게 몸을 낮추니 크게 민심을 얻는다"(以貴下賤, 大得民也)라 한 것이나 맹자가 "아랫사람으로 윗사람을 공경함을 '귀한 자를 귀하게 여긴다'(貴貴)하고, 윗사람으로 아랫사람을 공경하는 것을 '어진이를 높인다'(尊賢)고 하니, 귀한 자를 귀하게 여기는 것과 어진이를 높이는 것은 그 의리가 하나다"(用下敬上, 謂之貴貴, 用上敬下, 謂之尊

---

47 『重菴集』, 권34, 5-6, '海上筆語', "陽統陰·陰承陽, 而陰陽之得其正也, 陰陽得其正, 則天地無不位, 人物無不育矣,…陰陽失其正, 則是所謂天地飜覆, 冠屨倒置, 災眚並興, 人物消盡矣, 此古今不易之理也, 一身與家國天下, 感應之妙, 何以異哉."
48 『重菴集』, 권36, 24, '大谷問答', "禮別尊卑貴賤, 尊中國而卑夷狄, 禮之大經也."

賢. 貴貴尊賢, 其義一也.〈『맹자』, 萬章下〉)라고 말한 것과 같은 뜻임을
밝혔다. 이에따라 윗사람은 아랫사람을 공경하고 아랫사람은 윗사람
을 공경한다면 바로 "위와 아래가 어찌 교류되지 않을 것이며, 도덕과
사업이 어찌 이루어지지 않겠으며, 군자는 누가 '도'를 들을 수 없을
것이며, 소인은 누가 혜택을 입지 않을 것인가? 이것이 주(周)나라가
천하에 왕노릇을 하여 수백 년을 견고하게 유지하면서 하루아침에 흙
덩이처럼 무너지는 근심이 없었던 이유이다"[49]라 하였다. 그것은 아
랫사람이 윗사람을 공경하여 귀한 자를 귀하게 여기는 '귀귀'(貴貴)와
윗사람이 아랫사람을 공경하여 어진이를 높이는 '존현'(尊賢)을 양립
시킴으로써 한 나라에서 윗사람과 아랫사람이 교류하여 화합하는 것
이 '치도'의 원리임을 강조한 것이다.

같은 맥락으로 『서경』(洛誥)에서 주공(周公)이 머리를 손 있는 곳까
지 숙여 절하고(拜手) 머리를 땅에 닿도록 절하였다(稽首)는 것은 '귀
귀'요, 성왕(成王)이 머리를 손 있는 곳까지 숙여 절하고 머리를 땅에
닿도록 절하였다는 것은 '존현'으로 잘 다스려지는 세상에서 행해지는
일이라 지적하고, 이에 비해 진시황(秦始皇)은 임금을 높이고 신하를
억눌렀으며, 한(漢)이후 당(唐)·송(宋)·명(明)에 이르러서도 이를 고
치지 못하여, '귀귀'의 예법이 너무 엄밀해지면서 '존현'의 의리는 드디
어 폐지되고 말았다고 지적하였다. 이처럼 '귀귀'만 강조하고 '존현'이
폐지되었던 후세의 역사적 현실에 대해, "『주역』(否卦 象)에서 '하늘
과 땅이 교류하지 않으니 비색하다' 하였다. 군자가 비록 덕을 검소하
게 하지 않고서야 어려움을 피하려해도 할 수 있겠는가?"[50]라 하여,

---

49 『重菴集』, 권36, 54, '大谷問答', "夫如是, 上下豈得不交, 德業豈得不成, 君子孰不聞
道, 小人孰不被澤, 此周之王天下, 所以維持鞏固數十百年, 而無一朝土崩之患也."

'치도'에서 '귀귀'의 권위적 질서만 강조되고 '존현'의 포용적 질서가 쇠퇴한 현실을 『주역』 '비괘'(天地 否卦)에서 말하는 하늘과 땅이 교류하지 않아서 상하의 소통이 막히는 형상임을 제시하였다. 그만큼 '치도'에서 '존현'을 중시함으로써, 임금이 자신을 낮추어 어진이를 받아들이고 백성을 포용하는 상하의 교류와 소통이 중요함을 강조하고 있는 것이다.

또한 김평묵은 당시를 만주족 오랑캐인 청(清)나라가 중국을 지배하는 시대이며, 이에 더하여 오랑캐인 서양의 침범을 당하는 역사적 위기의 시대로 인식하면서, 우리나라 땅을 세상이 모두 악에 빠진 상태에서 유일하게 남은 선한 자리라고 인식하였다. 따라서 그는 "천지가 모두 '음'이 되었는데 우리나라 한 모퉁이는 '큰 열매는 먹지 않는다'는 것과 같다"[51]고 하여, 『주역』 '박괘'(山地 剝卦)의 상구효(上九爻)의 경우 모두 '음'으로 침식되고 마지막 남아 있는 '양'의 형상에서 보여주듯이 천지가 모두 오랑캐의 땅이 되었는데도 우리나라는 마치 '박괘'(上九爻)에서 말하는 "큰 열매는 먹지 않는다"(碩果不食)는 말처럼 마지막으로 남아 있는 '중화'요 '인류'의 땅이라 제시하고 있다. 그것은 『주역』의 의리로서 당시 세계 속에서 우리나라가 처한 현실과 역사적 의미를 인식하고, 전통의 중화문명을 지켜야 한다는 시대적 사명을 각성시키고 있는 것이다

그는 『춘추』에서 중화를 높이고 오랑캐를 물리치는 '화·이'의 의리를 공자가 주(周)나라를 높이는 의리와 일치시키면서, "공자가 주나라

---

50 같은 곳, "易曰, 天地不交否, 君子雖不欲儉德以避之, 得乎."

51 『重菴集』, 권5, 4, '代京畿江原兩道儒生, 論洋倭情迹, 仍請絶和疏'(丙子正月, 疏首洪在龜), "天地窮陰, 而我東一隅, 如碩果不食."

를 높이는 것과 맹자가 왕도(王道)를 권유하는 것은 마치 겨울에 갖옷 입고 여름에 갈옷 입는 것과 같아서 시대에 따라 같지 않으나, 이것은 성인과 현인이 '도'를 행하면서 그 시대(當世)를 구제하는 마음이다. 공자가 『춘추』를 짓고 주자가 『강목』(綱目: 通鑑綱目)을 편찬한 것은 반드시 정통의 의리를 엄정하게 한 것이니, 이것은 성인과 현인이 '도'를 밝혀 만세(萬世)를 구제한 일이다"[52]라 하여,

주나라를 높이는 공자의 '존주'(尊周)의리가 그 시대를 구제하는 마음이라면, 『춘추』의 '화·이'의리는 만세를 구제하는 일로서, 세상을 구제하는 경세론의 근본원리를 제시한 것으로 확인하고 있다.

나아가 그는 『춘추』에서 제시한 '화'와 '이'를 분변하는 '이하지변' (夷夏之辨: 華夷之辨)을 '치도'에서 임금과 신하 사이의 의리 곧 '군신지의'(君臣之義)와 대응시키면서, "일(事)을 논하면 '이하지변'과 '군신지의'는 나란히 양립하여 하나도 빠뜨릴 수 없으며, 이치(理)를 논하면 '이하지변'이 곧 '군신지의'니 두 가지 일이 아니요, 때(時)를 논하면 '이하지변'이 '군신지의'보다 중대하고 다급하다"[53]고 하였다. 따라서 '이하지변'과 '군신지의'는 일치한다는 것은 중국이 안에서 주장하고 오랑캐가 바깥에서 복속하여 '천도'(天道)가 바로잡히고 다스려지는 세상의 일이요 '군·신'의 분별이 제대로 이루어져 있는 상황이라 본다. 그러나 그가 당면한 시대에서는 오랑캐가 중국을 점령하고 있으니 '군·신'의 의리는 명목만 남아있는 형편이지만, 서양이 침투하고

---

52 『重菴集』, 권31, 20, '答金舜和(秀鏞), "孔子尊周, 孟子勸王, 如冬裘夏葛, 隨時不同, 是聖賢行道而濟當世之心也, 孔子作春秋, 朱子修綱目, 必嚴正統之義者, 是聖賢明道而救萬世之事也."

53 『重菴集』, 권36, 7, '大谷問答', "論事則夷夏之辨·君臣之義, 齊頭兩立而不容闕一也, 論理則夷夏之辨, 亦君臣之義, 而非兩事也, 論時則夷夏之辨, 重且急於君臣之說也."

있는데도 '화·이'의 분별을 강론하여 밝히는 사람이 없는 처지이므로 '이하지변'을 밝히는 일이 시급한 과제임을 역설하고 있는 것이다.

김평묵은 『서경』에서 특히 「홍범」(洪範)편을 주목하여 『주역』과 연관성을 제시하였다. 곧 "『주역』은 '음양'에 근본하고, 「홍범」은 '오행'(五行)에 근본한다. 『주역』은 '음양'에 근본하므로 수는 둘(二)에서 일어나며, 「홍범」은 '오행'에 근본하므로 수는 셋(三)에서 일어난다"[54]고 하여, 『주역』과 「홍범」을 '음양'과 '오행'의 연관구조로 파악하며, 그 상수적 성격도 2와 3으로 대응시키고 있다. 「홍범」(九疇)에서 제2주(疇)의 '오사'(五事)는 모(貌)·언(言)·시(視)·청(聽)·사(思)인데, 그 가운데 '사'가 주장이 되고 나머지 넷은 보좌가 되는 것은 '심'(心) 내지 '천군'(天君)이 일신의 주인이 되고 모든 일을 거느리는 강령이라는 질서임을 확인한다. 여기서 그는 "옛 사람이 '천관'(天官)을 말함은 '천군'이 주장이 되고 '천관'이 보좌하여 '팔정'(八政)으로 다스리고, '오기'(五紀)로 합하게 하며, 그 극(極)을 세워서 사방에 바름을 쓰는 것이다. 이것은 『대학』의 글에서 '정심'(正心)하고 '수신'(修身)하여 가정과 국가와 천하에 미친다는 설명이다"[55]라 하여, 『홍범』의 질서는 제2주 '오사'에서 '사'(思)가 주장임을 확인함으로써, 제3주의 '팔정'(八政: 食·貨·祀·司空·司徒·司寇·賓·師)과 제4주의 '오기'(五紀: 歲·月·日·星辰·曆數)로 전개되고 제5주의 '황극'(皇極)을 수립하는 것으로 '치도'의 질서를 제시하는 것이라 본다. 또한 바로 이 「홍범」의 질서를 『대

---

54 『重菴集』, 권39, 26, '洛書問答', "易本陰陽, 範本五行, 易本陰陽, 故數起於兩, 範本五行, 故數起於三."

55 『重菴集』, 권29, 38, '答柳善裁(重培)', "古人謂之天官, 天君爲主, 天官輔之, 而八政以理, 五紀以協, 于以建其有極而四方取正焉, 此大學之書正心修身, 而及於家國天下之說也."

학』에서 '정심'·'수신'을 근본으로 하여 '제가'·'치국'·'평천하'를 실현
해가는 것과 일치시킴으로써, '치도'의 중심과 확장체계를 제시하고
있는 것이다.

또한 그는 『서경』(大禹謨)에서 순임금이 우(禹)에게 "인심은 오직
위태롭고, 도심은 오직 은미하니, 오직 정밀하게 하고 한결같이 하여,
그 '중'(中)을 잡을 수 있어야 한다"(人心惟危, 道心惟微, 惟精惟一, 允執
厥中)고 훈계한 말씀을 "천사람의 성인과 만사람의 현인이 서로 전해
줌은 이 16자의 진결(眞訣)을 벗어나지 않는다"[56]라 하였다. 여기서
오직 정밀하게 함의 '유정'(惟精)과 오직 한결같이 함의 '유일'(惟一)의
방법을 다른 경전에서도 확인하고 있다. 곧『주역』(乾卦 文言)의 '취·
변·거·행'(聚辨居行: 學以聚之, 問以辯之, 寬以居之, 仁以行之)에서 '취·
변'은 '유정'이요 '거·행'은 '유일'이라 하고, 『논어』(子罕)의 '박문·약
례'(博文約禮: 博我以文, 約我以禮)에서 '박문'은 '유정'이요, '약례'는 '유
일'이라 하며, 『대학』(經1章)의 '격·치·성·정'(格致誠正: 格物·致知·
誠意·正心)에서 '격·치'는 '유정'이요, '성·정'은 '유일'이라 하고, 『중
용』(20장)의 '택선·고집'(擇善固執)에서 '택선'은 '유정'이요, '고집'은
'유일'이라 하며, 『맹자』(盡心上)의 '진심·지성·지천'(盡心知性而知天)
은 '유정'이요, '존심·양성·사천'(存心養性以事天)은 '유일'이라 하여,
여러 경전을 관통하는 원리가 되는 것이라 해석하고 있다. 이것은 직
접 '치도'와 연결되는 문제는 아니지만, '치도'의 근본으로서 '16자 진
결'이 선성(先聖)과 후현(後賢)이 제시한 유교적 가르침의 근본정신이
되고 있음을 확인하고 있는 것이다.

56『重菴集』, 권34, 1, '海上筆語', "千聖萬賢之相傳, 不出此十六字眞訣."

2) 척양론(斥洋論)의 인식과 경학적 활용

　김평묵은 서양문물과 서양종교의 침투에 이어 서양과 일본의 무력
위협을 당하는 한말의 급격한 변동 속에서 '화이론' 내지 '위정척사'(衛
正斥邪)의 의리를 자신의 학문과 신념의 근본과제로 제시하였다. 이에
따라 그는 '화·이'의 분별근거를 '성명'(性命: 天理·民彝)과 '형기'(形
氣: 利欲)의 대립구조로 확인하고, '형기'가 '성명'을 어지럽히는 역사
의 변동과정을 6단계로 구분하고 있다. 이 역사변동의 6단계 중에 처
음 4단계는 중국에서 '성명'이 자연적 순환질서에 따라 전개하는 과정
이라면, 마지막 두 단계는 중국이 오랑캐로 변질하고 다시 금수로 추
락하는 과정을 보여준다.[57] 여기서 그는 만주족의 청(清)나라를 오랑
캐라 하고, 서양을 한 단계 더 낮추어 금수로 규정하는 인식에 근거하
여, 자신의 시대를 만주족 오랑캐가 지배하는 시대에서 서양의 금수
가 발호하는 시대로 추락하고 있다는 역사적 위기의식을 보여준다.
이에 따라 오랑캐와 금수에 맞서서 중화문명인 인도(人道: 天理·民彝)
를 지켜야 한다는 의리를 역사적 과제로 인식하였던 것이다.

　그는 "『춘추』의 법도에서는 한 가지 일이라도 오랑캐의 도리가 있
으면 오랑캐로 대하며, 조금도 용납하지 않는다. 이에 의거하면 한 가
지 일이라도 서양풍속을 범하거나, 한 마디 말이라도 서양인을 돕거

57『重菴集』, 권34, 11-12, '生道說'. 김평묵이 제시한 역사변동의 6단계는 다음과 같다.
　① 三皇(伏羲·神農·黃帝)시대-繼天立極의 단계.〈春〉
　② 五帝(少昊·顓頊·帝嚳·堯·舜)시대-開物成務의 단계.〈夏〉
　③ 三代(夏·殷·周)-백성의 거짓이 심해 五典五敍의 가르침을 베풀게 된 단계.〈秋〉
　④ 三代이후-五伯(覇)가 天理·民彝를 가탁하여 利欲을 행하는 단계.〈冬〉-晉·唐·宋·明.
　⑤ 그 아래-天理·民彝를 가탁할 줄도 모르고 利欲을 행하는 단계. 夷狄의 시대-金·元·清.
　⑥ 그 아래-西海(西洋) 雜種과 日本은 다 같이 禽獸일 뿐임.-당시.

나, 한 가지 생각이라도 서양무리를 향하면 곧 그 부분만큼 서양인이
되는 것이다"[58]라 하여, 추호도 용납함이 없이 단호하게 거부하는 입
장을 확립하고 있다. 이처럼 그는 서양인을 금수로 비하시키고 나아
가 악수(惡獸)로까지 적대시하며, 서양종교를 이해(利害)와 화복(禍福)
에 빠져서 인심을 파괴하는 사학(邪學)이라 규정하여, 화서학파의 강
경한 배척론을 이끌어 갔다. 이러한 그의 척사론은 '정'(正: 道學의 正
道)과 '사'(邪: 西洋의 邪說)를 대립시키면서 그 근거를 이론적으로 분
석하는 비판이 아니라, 정통의 옹위를 위해 서양에 대한 전면적인 거
부와 배척을 선언하는 것이다.

먼저 그는 오랑캐의 풍속을 전면으로 거부하면서, "오랑캐의 의복
은 선왕(先王)의 법도에 맞는 의복이 아닌데, 그 의복을 입고자 하여
싫어하지 않거나, 오랑캐의 언어는 선왕의 법도에 맞는 언어가 아닌
데, 그 언어를 배우고자 하여 그치지 않거나, 오랑캐의 행실은 선왕의
덕스러운 행실이 아닌데 이 행실을 익혀서 성품을 이루려 한다면, 이
것을 어떻게 효(孝)에 시작과 끝이 있다고 하겠는가. 환난이 이를 것
이다"[59]라 하여, 오랑캐의 의복·언어·행실 등 모든 형식을 옛 성왕이
제시한 중화문명의 법도에 어긋나는 것임을 지적하고, 옛 전통을 계
승하는 '효'의 정신으로 오랑캐의 풍속 전반에 대해 거부할 것을 요구
하고 있다.

나아가 그는 당시 조선사회에 깊이 침투해오고 있는 서양을 오랑캐

---

58 『重菴集』, 권34, 43, '海上錄', "春秋之法, 一事有狄道, 則以狄待之, 不少假借, 據此
則一事犯洋俗, 一言右洋人, 一念向洋徒, 便是一分洋人."

59 『重菴集』, 권34, 19, '鵬舍雜錄', "夷狄之服, 非先王之法服, 而欲服之無斁, 夷狄之
言, 非先王之法言, 而欲學之不已, 夷狄之行, 非先王之德行, 而欲習之成性, 是尙可
謂孝有終始乎, 患之及也."

가운데서도 가장 악한 금수의 단계로 보면서, "장인의 기술과 재물이
나 여색의 일을 숭상하며, 사유(四維: 禮·義·廉·恥)와 오전(五典: 父義·
母慈·兄友·弟恭·子孝)의 가르침을 폐지하며, 먼 이방의 사특하고 망
녕된 서적을 받아들여, 주공·공자·정자·주자의 훈계를 바꿔놓으니,
곧 맹자가 말하는 '사람이 금수와 다른 것이 쓸어없어져 남은 것이 없
다'는 것이요, 나라 안이 하나같이 없어져버려 단지 이른바 '금수와 같
다'는 것이다"[60]라 하여, 개항 이후 당시 조선사회의 풍조가 서양문물
을 숭상하여 유교전통의 문화는 소멸되어가고 있는 현실을 바라보면
서 인간이 금수에 떨어지고 만 것이라 개탄하고 있다.

그는 서양을 금수로 보는 입장에서, "지금 서양의 교설은 육신이 원
수요, 부모가 원수요, 임금이 원수라는 설이 있는데 이르니, 단지 불교
에 견주어질 수 없는 것만이 아니라 비록 금수라도 이에 이르지는 않
는다. 이제 대낮의 도읍에서 즐겨 (서양의) '앞잡이 귀신'(倀鬼)노릇을
하는 자는 진실로 말할 것도 없거니와, 유학자라 스스로 이름붙인 자
가운데도 겉으로는 배척하지만 몰래 도우면서 절의(節義)를 비방하여
한 세상 사람들로 하여금 입을 열거나 탄식할 수 없게 하니, 그 좌가
위로 하늘에 통한다"[61]고 하였다. 그는 서양의 교설에 자기 몸과 부모
와 임금을 원수로 보는 삼구설(三仇說)이 있음을 들어 짐승보다 더 나
쁜 이리·승냥이·지네·뱀·전갈 같은 악수(惡獸)라 증오하며, 당시

---

60 『重菴集』, 권5, 13, '代京畿儒生等, 嶺儒被罪後繼疏', "尙工技貨色之事而廢四維五典
之敎, 納遠異邪妄之書而易周孔程朱之訓, 則孟子所謂人之所以異於禽獸者, 蕩然無
存, 而邦域之內, 泯然一色, 只所謂同於禽獸者矣."

61 『重菴集』, 권34, 22, '讀三綱五常說志感', "今西洋之敎, 至有肉身仇父母仇君長仇之說,
則不但非佛氏之比, 雖禽獸, 亦不至於此也, 今白晝大都, 樂爲倀鬼者, 固不可言, 其或
以儒自名者, 陽擠陰助, 詆排節義, 使一世之人, 不得開口出氣, 則其罪上通于天矣."

유학자들까지 서양에 빠져들어 서양을 받아들이는 주장을 하고 있는
현실을 개탄하고 있다.

　당시 유학자로서 서양의 교설에 긍정적 태도를 보이는 경우의 사례
로서, 포천(抱川)의 한 노유(老儒)는 서양인이 일식과 월식은 정상적인
도수가 있는 것이요 변이(變異)가 아니라 하였는데, 공자가 이 이치에
통달하지 못하여 정상이 아닌 이변이라 하여, 『시경』(小雅, 祈父·十月
之交)에 수록하였고, 『춘추』에서도 일식을 재앙이라 하였지만, 마테
오 리치(利瑪竇)에게 깨지지 않을 수 없다고 하였다 한다. 이에 대해
김평묵은 주자도 「시월지교」(十月之交)편을 해석하면서 일식에 정상
적인 도수가 있다는 것을 이미 말한 바 있다고 지적하면서, 주자가
"만약 나라에 정치가 안되고 선한 사람을 등용하지 않아서 신하가 임
금을 배반하고 부인이 남편을 올라서며, 소인이 군자를 능멸하고, 오
랑캐가 중국을 침략하면, '음'이 강성하고 '양'은 미약하여, (해가) 침식
될 때를 당하면 반드시 침식되니, 비록 운행에 정상적 도수가 있다하
더라도 실지는 정상이 아닌 이변이다"[62]라고 한 말을 인용하면서, "서
양인이 이치에 식견이 없는 것이 아니라, 특히 본 바가 한쪽으로 치우
쳤을 뿐이요, 주자는 그 전체를 보아서 새는 곳이 없으니, 선현의 법도
에 맞는 말이 되는 까닭이다"[63]라 하였다. 그 자신도 서양의 학설이
자연의 이치를 올바로 인식한 사실을 인정하면서, 서양은 자연의 이
치만 볼뿐 인도(人道)의 이치를 못 보고 있어서 한쪽으로 치우쳐 잘못

---

62 朱熹, 『詩經集傳』, '小雅, 祈父·十月之交', "若國無政而不用善, 臣子背君父, 妾婦乘
　　其夫, 小人陵君子, 夷狄侵中國, 則陰盛陽微, 當食必食, 雖日行有常度而實爲非常之
　　變矣."

63 『重菴集』, 권39, 44, '詩說下', "洋人非無見於理, 特所見者一偏耳, 朱子則見其全而無
　　滲漏, 所以爲聖賢之法言也."

된 견해인데 비하여, 주자는 자연의 이치와 인도의 이치를 전체적으로 파악한 올바른 견해임을 강조하고 있는 것이다.

또한 그는 서양의 교설에서 '칠극'(七克)이 유교의 '극기'(克己:『논어』, 顏淵)에 흡사하고, '삼서'(三誓)가 유교의 '무망'(無妄)과 흡사함을 지적하면서, 이익(星湖 李瀷)이 천주교의 '칠극'을 유교의 '극기'에 상응하는 것으로 적극적 수용태도를 보인 것을 비판하였다.[64] 여기서 그는 서양인들이 말하는 '극'(克)이나 '서'(誓)가 용어는 유교와 비슷하지만 내용이 다르다는 점을 강조하면서, "대개 이단이 세상을 미혹하고 백성을 속이며 인의(仁義)를 막아버리는 것은 몰래 유가의 말을 훔쳐다가 증거와 응원을 삼지 않음이 없다. 그러므로 비록 높은 재주와 밝은 지혜를 가진 자도 달려가서 듣고는 기뻐하여 싫증내지 않으며, 세월이 흐르다보면 더불어 전부 변화되고 만다. 마치 성호(李瀷) 같은 자가 처음에는 '칠극'을 '사물'(四勿)에 견주다가 끝에는 마테오 리치를 성인으로 삼았던 것이 이것이다"[65]라 하였다. 예수회 선교사들이 천주교 교리를 유교경전과 연결시켜 제시한 것에 대해서 이단이 유교의 가르침을 어지럽히고 사람을 미혹시키는 술법으로 단정하여, 거부의

---

64 '七克'은 예수회 선교사 판토하(龐迪我)의 『七克』에 제시된 것으로, 일곱가지 죄(傲·妒·貪·忿·饕·淫·怠)를 일곱가지 덕으로 극복하는 것(以謙伏傲·以仁平妒·以施解貪·以忍息忿·以淡塞饕·以貞防淫·以勤策怠)을 말한다. '三誓'는 무엇을 가리키는지 확인하지 못하였고, 유교에서 '無妄'도 『주역』 '无妄卦'를 말하는 것인지 확실치 않다. 李瀷은 『星湖僿說』(권11, '七克')에서 "七克者, 西洋龐迪我所著, 卽吾儒克己之說也,…七枝之中, 更多節目, 條貫有序, 比喩切已, 間有吾儒所未發者, 其有助於復禮之功大矣."라 하여, '七克'을 공자의 '克己復禮'와 연결시켜 적극적으로 호의적 평가를 하였다.

65 『重菴集』, 권5, 24, '上梅山洪先生', "盖異端之惑世誣民, 充塞仁義者, 莫不陰竊儒家話頭, 以爲證援, 故雖高才明智者, 驟而聽之, 欣然而不之倦, 遂日往月來, 與之俱化矣, 如星湖之倫, 始以七克比四勿, 終以利瑪竇爲聖人, 是也."

입장을 밝혔으며, 이렇게 유학자가 천주교 교설에 빠져든 경우로서 18세기 전반기 실학자인 이익을 들어 비판하고 있다.

공자가 "은(殷)은 하(夏)의 예법을 이었으나 덜고 보탠 것을 알 수 있고, 주(周)는 은의 예법을 이었으나 덜고 보탠 것을 알 수 있다"(殷因於夏禮, 所損益, 可知也, 周因於殷禮, 所損益, 可知也.〈『논어』, 爲政〉)라고 하였는데, 여기서 그는 덜고 보탠 것(所損益)은 제도와 문채에 불과하며 인륜의 법도는 변함이 없었음을 강조하였다. 나아가 그는 유교의 인륜과 명분의 가르침을 거부하고 서양종교를 받드는 무리들 가운데 공자를 끌어들여 서양종교의 정당성을 주장하면서, "공자는 성인으로 시중(時中)을 얻은 자이다. 공자를 지금 세상에 태어나게 한다면 반드시 서양의 교설(西敎)을 주장하였을 것이니, 천하의 일이 어려움이 없을 것이다"라고 말하는 사실을 들고, 이에 대해, "이 무리들은 서양의 교설을 높이 받들고 성인의 '도'를 전멸시키니, 천명을 알지 못하여 두려워하지 않고, 성인의 말씀을 모독하여 이르지 않음이 없다"[66]고 격렬하게 비판하였다. 공자가 시대에 따라 예법에 덜고 보탬이 있다는 말씀이 단지 폐단이 생긴 제도를 변하는 것이지 인륜의 큰 도리를 바꾸는 것이 아닌데도, 『맹자』(萬章下)의 언급처럼 공자가 시대에 따라 적절하게 변화를 실현하는 '성인으로서 시중을 얻은 자'(聖之時者)라고 하여, 결코 유교의 인륜을 서양의 교설로 바꿀 수 없다는 사실을 역설하고 있는 것이다.

이처럼 조선말기의 당시 사회에 서양의 종교가 확산되고 있는 현실

---

[66] 『重菴集』, 권34, 22-23, '讀三綱五常說志感', "乃敢肆然以令日, 孔子聖之時者, 使孔子生於今世, 必主西敎云爾, 則天下之事, 無所難矣, …此輩尊奉洋敎, 殄滅聖道, …不知天命而不畏, 則侮聖言, 無所不至矣."

에서 김평묵이 제시하는 방어대책이 무엇인지 확인할 필요가 있다. 그는 "임금의 마음을 바로잡음, 조정을 맑게 함, 학교를 일으킴, 서양 물산을 금지함의 네 가지는 서양을 끊는 근본이 된다"[67]고 하여, 유교 의 '치도'를 바르게 실현할 것을 근본과제로 제시하였다. 또한 "(백성 이) 바라는 것은 모아들이고 싫어하는 것은 베풀지 않으면 백성의 생 활이 이루어지며, 학교의 교육을 일으키고 인륜으로 가르치면 백성의 지향함이 바르게 된다. 이 방법을 신중히 해가면 비록 상을 주더라도 서양종교에 들어가지 않을 것이다"[68]라 하였다. 그가 서양의 침투에 대해 심각한 위기의식을 보이고, 서양에 대한 배척의지가 철저함에 비하여, 서양에 대한 그의 방어대책은 지극히 단순하다. 곧 유교적 '치 도'를 바르게 실현하여 민심을 안정시켜야 한다는 지극히 소박하고 원 론적인 인식의 수준을 보여준다고 할 수 있다.

1876년 일본의 압력으로 개항을 하면서 일본의 침략이 갈수록 심 화되어갔으며, 조선정부도 점차 개화정책을 쓰게 되자, 유교문화의 전통은 더욱 심각한 위기에 놓이게 되었다. 이러한 상황에서 김평묵 은 일본도 서양과 한통속이라는 인식에 따라, 이미 서양화된 일본과 통상하는 것은 오랑캐의 침략을 받는 것이요 금수를 끌어들이는 위험 한 것임을 주장하며, '척화'(斥和)의 입장을 강경하게 내세웠다. 당시 일본과 수호(修好)하기를 주장하는 '주화'(主和)의 입장에 섰던 인물 가운데 선비로 명망이 있던 조정의 관료가 서양이나 왜와 수호하는 것을 『맹자』(離婁上)에서 제(齊)나라 경공(景公)이 "눈물을 흘리며 오

---

67 『重菴集』, 권26, 27, '答沈夏綱(能昱)', "格君心 · 淸朝延 · 興學校 · 禁洋物四者, 爲絶 洋之本."
68 『重菴集』, 권36, 3, '大谷問答', "所欲與聚, 所惡勿施, 則民生遂矣, 修擧學政, 敎以彝 倫, 則民趨正矣, 愼斯術也以往, 雖賞之, 不入於洋敎矣."

(吳)나라에 딸을 주었다"(涕出而女於吳)고 말하는 뜻이라 하여, 사림의 선비들이 반대하는 것이 부당함을 지적하였던 일이 있었다 한다. 이에 대해 김평묵은 "맹자의 뜻은 당시 임금이 문왕을 스승으로 삼게 하고자 하는 것이고, 경공의 일은 큰 나라를 스승으로 삼아 명령을 받아 구차하게 존손하겠다는 것이다.…신하로서의 의리는 그 임금이 문왕을 스승으로 삼도록 권하여 융성하게 일어나는 복을 이루게 하는 것이 옳겠는가? 큰 나라를 스승으로 삼아 쇠망하는 재앙을 이루게 하는 것이 옳겠는가?"[69]라고 반문하였다. 여기서 그는 맹자의 뜻이 경공처럼 큰 나라에 순종하여 명맥을 유지하려는데 있는 것이 아니라, 문왕을 스승으로 삼아 나라를 융성하게 일으키도록 하려는데 있음을 밝히고, 신하로서 맹자의 뜻으로 임금을 인도하지 않고 경공의 태도로 임금을 인도하는 것은 맹자를 잘못 읽은 과오임을 지적하여 반박하였다.

당시 서양은 거부해야 하지만 일본은 받아들일 수 있다는 견해가 있었는데, 이에 대해 그는 일본이 이미 서양화하여 서양과 일체라는 '왜양일체'(倭洋一體)임을 주장하였다. 따라서 그는 『맹자』(告子下)에서 "걸(桀)의 의복을 입고 걸의 말을 외우며 걸의 행실을 행하면 이것은 걸일 따름이다"(服桀之服, 誦桀之言, 行桀之行, 是桀而已矣)라고 한 말을 근거로 삼아, "서양의 직물을 입고, 서양의 서적을 쌓아놓고, 서양의 물건을 사용하고, 서양의 교설을 배우며, 서양의 기예를 익히고, 서양의 지휘를 받아 한덩이를 이루면, 동서남북의 어디에서 태어나도

<hr/>

[69] 『重菴集』, 권34, 34, '海上錄', "盖孟子之意, 欲時君師文王者也, 景公之事, 師大國受命而苟存者也,…人臣之義, 勸其君師文王, 而致興隆之福可乎, 師大國, 而致衰亡之禍可乎."

모두 서양인이다"[70]라고 하여, 그 인물의 국적이 일본이나 조선이라
도, 그 받아들인 신념이나 문화나 생활양식이 서양의 것이면 서양인
으로 배척해야 할 것임을 강조하고 있다.

[70] 『重菴集』, 권34, 42, '海上錄', "服洋之織, 蓄洋之書, 用洋之物, 學洋之教, 習洋之藝,
受洋之指揮而打成一片者, 東西南北之產, 皆洋人也."

5. 『치도사의』(治道私議)의 경세론과 경학적 활용

1) 『치도사의』의 경세론적 인식

김평묵은 '치도'의 과제를 문답형식으로 체계화한 『치도사의』(治道私議, 1857)를 저술하였다. 『치도사의』는 15주제(策)를 설정하고 있지만, 첫머리에 '총설'(總說)을 붙이고, 끝에 제목을 붙이지 않았지만 '후설'(後說)을 붙였으니, 이를 포함하면 17조목으로 구성되었다고 할 수 있다. 특히 문답형식으로 서술함으로써 그 시대의 당면과제에 대해 생생하게 논의하고 있는 점에서 또 하나의 특징을 엿볼 수 있게 한다. 그는 이 저술을 통해 한말의 시대에서 당면한 경세론의 문제를 도학적 입장에서 체계적 인식을 시도하였던 것이다.

『치도사의』에서 제시한 15주제를 분류해 본다면, ① 정군(正君)과 ② 경연(經筵)의 2조목은 '군덕'(君德)을 바로잡는 문제라 한다면, ③ 붕당(朋黨), ④ 청사로(淸仕路), ⑤ 과거(科擧), ⑥ 구임(久任), ⑦ 분사민

(分四民), ⑧ 강사(强仕)·⑨ 증관록·정이요(增官祿定吏饒)의 7조목은
'용인'(用人)의 문제라 할 수 있고, ⑩ 엿·술·담배·각종 놀이의 낭비
를 금지(飴酒南草雜色技嬉糜費之禁), ⑪ 제민지산(制民之産), ⑫ 우금
에서 판방의 설치까지(牛禁仍及板房之設), ⑬ 환폐(還弊)의 4조목은
'민생'(民生)의 문제라 할 수 있으며, ⑭ 양사·힐융 등의 일(養士詰戎等
事)과 ⑮ 반경식사(反經息邪)의 2조목은 교육·군사·척사론 등 '시무'
(時務)에 관한 문제이다. 첫머리의 '총설'은 도학적 경세론의 기본원리
를 제시하였다면, 끝에 붙인 '후설'에서는 도학적 이념으로서 '화이론'
의 의리를 재확인하는 것이다. 곧 크게 보면 '군덕'·'용인'·'민생'·'시
무'의 네 가지 큰 과제를 15주제로 서술한 것이요, 경세론의 기본원리
와 '화이론'의 의리를 서론과 결론으로 제시한 것이라 할 수 있다.

우선 '총설'에서는 정자(程子)의 견해를 따라 '치도'의 기본원리에 대
해, '근본을 따라 말하는 것'(從本而言)과 '사무를 따라 말하는 것'(從事
而言)의 두 가지로 나누면서, "근본을 따라 말하면, 오직 임금 마음의
잘못됨을 바로잡고, 마음을 바로잡음으로써 조정(朝廷)을 바로잡고,
조정을 바로잡음으로써 백관(百官)을 바로잡는 것이요, 사무를 따라
말하면, 모름지기 변혁해야 하니 크게 변혁하면 크게 이롭고 작게 변
혁하면 작게 이롭다"[71]고 하였다. 곧 '임금의 마음을 바로잡는 것'을
근본으로 하고, '제도의 개혁'을 사무로 삼는 구조를 보여주고 있는 것
인데, 특히 '치도'의 근본을 '임금의 마음'(君心)에서 확보하려는 것은
도학적 경세론의 기본특성을 보여주는 것이다.[72]

'임금의 마음'을 '치도'의 근본으로 삼는 근거로서 그는 "주렴계가

71 『重菴集』, 권35, 1-2, '治道私議', "從本而言, 惟是格君心之非, 正心以正朝廷, 正朝廷
以正百官, 若從事而言, 須變, 大變則大益, 小變則小益."

'천하를 다스리는 데는 근본이 있으니 몸을 말한다'고 말했다. 임금의
몸이 바르면 천하와 국가가 바르게 될 수 있는 것이다. 그러므로『대
학』에서 '치국'과 '평천하'를 말하면서 반드시 '격물·치지·성의·정심'
함으로써 '수신'함에 근본을 두었다"73고 하여,『대학』과 주렴계의 언
급(『通書』, '家人睽復無妄'第32)에서 일관하게 '치도'의 근본이 임금 한
사람의 몸(마음)에 있음을 확인하고 있다.

    첫째, '군덕'에 관한 논의로서, ① 정군(正君)에서는 백성이 도탄에
빠지고 국가가 위기에 놓인 현실에 어떤 계책을 시행하려 하여도 혼
란만 일으키고 있는 현실에서 그 근원이 임금 자신에 있음을 강조하
였다. 곧 "위에서부터 진실로 국가의 법전을 살펴서 임금 자신에서 몸
소 한 가지라도 어긋남이 있으면 그날로 헤아려서 빨리 고치며, 한결
같이 따라서 법도를 이루면 이것이『대학』에서 '자신을 바르게 함'(正
身: 修身)의 증험이다. 이로써 거느리면 대궐안이나 종실과 척족의 집
안에서도 임금의 하는 바를 볼 것이요 한결같이 따라서 법도를 이루
며 감히 범하지 못할 것이니, 이것이『대학』에서 '가정을 바로잡음'(正
家: 齊家)의 증험이다"74라 하여,『대학』에서 '수신 → 제가 → 치국 →
평천하'로 제시한 '치도'실현방법에 따라, 바로 임금 자신이 국가의 법

---

72 김평묵은 나라의 폐단이 누적되어 위기에 봉착한 현실을 타개하는 기본방법이 '紀綱을
    떨쳐일으키는 것'임을 강조하면서, "기강을 떨쳐일으키는 근본은 단지 임금이 마음을
    바로잡고 사욕을 극복하여, 먼저 그 가정을 다스리는데 있을 뿐이다"(振立紀綱之本,
    只在乎人主之正心克己, 以先齊其家而已.〈『重菴集』, 권5, 32, '上梅山先生'〉)
73 『重菴集』, 권4下國家可得而正矣, 故大學之言治國平天下, 必本於格物致知誠意正心
    以修其身.'
74 『重菴集』, 권35, 2-3, '治道私議', "自上苟能稽考國典, 親於聖躬, 一有所違, 卽日逃
    改, 一從成憲, 則是大學正身之符驗也, 以此率之, 則宮闈之間, 宗戚之家, 亦將視上
    所爲, 一從成憲而不敢犯, 是大學正家之符驗也."

을 지키는 것으로 시작해야만 왕실과 척족이 지킬 것이고 나아가 관료와 백성도 법을 지켜 질서를 이룰 수 있을 것임을 강조하고 있다. ② 경연(經筵)은 임금이 연신(筵臣)을 사우(師友)로 공경하며 덕을 닦을 수 있는 자리로 중시하였다.

둘째, '용인'(用人)의 문제에 관한 논의로서, ③ 붕당(朋黨)에서는 '붕당'이 고질화되어 치료하기 어려움을 지적하면서도, 역시 임금의 마음이 공평하고 광대하여 치우치거나 번복되는 사사로움이 없는 것을 유일한 해결방법으로 제시한다.[75] 여기서 그 자신은 당시의 당파로서 노론(老論)을 '군자의 붕당'이라 하고, 남인(南人)과 소론(少論)을 '소인의 흉당(兇黨)'이라 보는 당파적 견해를 전혀 벗어나지 못하고 있는 편협성을 드러내고 있는 것이 사실이다.[76] 또한 ④ 청사로(淸仕路)에서는 관리로 인재를 선발함에서 문벌에 좌우되는 폐단을 고치고 인재의 현명한지 여부에 따라 선발할 것을 제시하고 있으며, ⑤ 과거(科擧)에서는 과거제도의 타락상을 구체적으로 지적하여 인재선발의 개선방법을 제시하였고, ⑥ 구임(久任)은 관리의 직책이 너무 자주 바뀌어 직무를 제대로 할 수 없는 폐단을 지적하고 고과(考課)에 따라 승진시키거나 좌천시키면서 오래도록 직무를 맡게 할 것을 제시하였다. ⑦ 분사민(分四民)은 선발되지 않은 인재가 평소에 생업에 힘쓰지 않는 폐단을 지적하고, 선비가 벼슬에 나가기 전에는 농(農)·공(工)·상(商)의 생업에 종사하도록 하는 제도를 요구하였고, ⑧ 강사(强仕)는 40

---

75 『重菴集』, 권35, 6, '治道私議', "此誠膏肓而難醫者, 然亦在乎聖上之心公平廣大, 無偏黨反側之私耳."

76 『重菴集』, 권35, 7, '治道私議', "老以尤菴先生爲宗師,…誠君子之朋也, 南則…及其攻擊栗·尤,…則小人兇黨之名, 不可得而辭矣, 少則以扶鑴反朱之人爲先正,…則小人兇黨之名, 不可得而辭矣."

세에 학덕이 성취된 다음에 관직에 나오게 해야 한다는 것이요, ⑨ 증관록·정이요(增官祿定吏饒)는 『중용』(20장)에서 "충성스럽고 믿음스럽게 하며 녹봉을 넉넉히 하는 것은 선비를 권장하는 것이다"라고 한 말에 근거하여 관리나 서리(胥吏)의 녹봉이 후하여 청렴함을 지킬 수 있게 해야 할 것을 강조하였다.[77]

셋째, '민생'에 관한 논의로서, ⑩ 엿·술·담배·각종 놀이의 낭비를 금지함(飴酒南草雜色技嬉靡費之禁)은 식량과 재물의 낭비요인이 되는 엿·술·담배와 각종 도박(樗蒲·博奕·骨牌·投箋)의 놀이를 금지하는 문제에 대해 매우 엄격한 입장을 제시하고 있다.

⑪ 제민지산(制民之産)에서는 『맹자』(梁惠王上)에서 "밝은 임금은 백성의 산업을 마련해준다"(明君, 制民之産)는 말을 전제로 삼아, "사방의 경계 안에 누가 우리 임금의 백성이 아니겠는가마는, 어떤 사람은 밭두렁이 이어져 종신토락 안락하게 사는데, 어떤 사람은 송곳 꽂을 땅도 없어서 곤궁하여 구걸하다가 죽으니, 이러면서도 '백성의 부모가 된다'고 말한다면 백성이 누가 믿겠는가"[78]라 하여, 민생이 확보되지 않으면 '임금이 백성의 부모'라는 유교적 정치질서의 근본적 인식이 성립할 수 없음을 지적하였다. 또한 그는 『서경』(五子之歌)에서 "백성은 나라의 근본이다"(民惟邦本)라는 언급을 끌어들여, 민생이 극심한 빈곤에 빠진 현실의 위기적 상황을 지적하면서, "백성은 나라의

---

77 김평묵은 南冥 曹植이 "우리나라는 胥吏 때문에 망한다"(我國以胥吏亡)고 말한 사실에 대해, "나라를 망치는 것은 胥吏가 아니라, 녹봉이 없는 것이다"(亡國者, 非胥吏也, 乃無祿也)라고 상반된 견해를 제시하여 胥吏에게 녹봉을 줄 것을 강조하였다.(『重菴集』, 권36, 5, '大谷問答')

78 『重菴集』, 권35, 22, '治道私議', "夫四境之內, 孰非吾君之赤子, 而或者田連阡陌, 終身安樂, 或者地無立錐, 窮丐死亡, 如此而曰爲民父母, 民孰信之."

근본인데, 근본이 망하면 나라도 따라서 망하니, 두렵지 않겠는가?"[79]
라 하여, 민생을 확보하는 대책의 시급함을 절실히 지적하고, 또 맹자
가 필전(畢戰)에게 "어진 정치는 반드시 경계(토지의 경계를 다스림)에
서 시작한다"(夫仁政, 必自經界始.〈『맹자』 滕文公上〉)라고 말한 것을
끌어들여, 정전법(井田法)의 정신에 따라 토지의 분배를 고르게 하는
토지제도의 개혁을 통해 민생을 살려내야 할 것을 강조하였다.

⑫ 우금에서 판방의 설치까지(牛禁仍及板房之設)는 『예기』(王制)에
서 "제후는 이유없이 소를 죽이지 않는다"(諸侯無故不殺牛)는 말을 끌
어들이면서 소의 도살을 금하여 농사를 돕게 할 것을 강조하며, 나무
의 남벌을 막기 위해 마루방(板房)의 제도를 시행할 것을 제시하였다.
⑬ 환폐(還弊)는 환곡(還穀)제도의 폐단으로 관리와 서리의 녹봉을 넉
넉히 지급함으로서 착취의 폐단이 해결될 수 있다고 보았다.

넷째, '시무'의 문제에 관한 논의로서, ⑭ 양사·힐융 등의 일(養士詰
戎等事)에서는 『예기』(學記)에서 옛 학교제도로 "가(家)에 숙(塾)이 있
고, 당(黨)에 상(庠)이 있고, 술(術)에 서(序)가 있고, 국(國)에 학(學)이
있다"는 언급을 인용하면서, 20가(家)에 숙(塾)을 설치하여 훈도(訓導)
를 두어 가르치게 하고, 향교(鄕校)와 서원(書院)에도 훈도를 두어 가
르치게 하여 학교교육을 일으켜 선비를 배양할 것을 강조하며, 군사
제도와 기타 도량형이나 장지(葬地)의 제한 등 국가의 법제가 필요함
을 간략하게 제시하였다. ⑮ 반경식사(反經息邪)에서는 당시 서양 종
교와 문물이 침투하는 위기의 상황에 대한 대책으로서, 외국과 통상
을 금지할 것을 제시하며, 염탐하여 체포하고 처벌하는 정책을 엄격
히 시행하며, 어질고 유능한 인재를 임용하여 백성에게 산업을 마련

---

79 『重菴集』, 권35, 23, '治道私議', "民惟邦本, 本亡而國隨之, 可不懼哉."

해주며, 오랑캐의 군사에 대비하는 것이 현재의 시급한 임무임을 지적하면서, 『맹자』(盡心下)에서 "군자는 떳떳한 도리를 회복해야 할 뿐이다. 떳떳한 도리가 바로잡히면 서민들에게 선함이 일어나고, 서민들에게 선함이 일어나면 사특함이 없을 것이다"라고 한 말을 근거로, 떳떳한 도리(經)를 회복하여, 사특함을 그치게 할 수 있음을 강조하였다.80 '떳떳한 도리를 회복하여 사특함을 그치게 한다'(反經息邪)는 것은 바로 화서학파가 이 시대에 표방한 의리론의 주제인 '위정척사'(衛正斥邪)와 같은 맥락이라 할 수 있다.

『치도사의』의 '후설'에 해당하는 끝머리에서, 김평묵은 떳떳한 도리의 기준을 제시하여, "북극성이 뭇 별의 주장이 됨은 천도(天道)요, 마음이 온 몸의 주인이 되는 것은 인도(人道)요, 중국이 사방 오랑캐의 주인이 되는 것은 지도(地道)이다. 이것은 옛날이나 지금이나 바뀔 수 없는 바른 이치이다"81라 하여, 중국을 천하의 주인이요 중심으로 삼는 중국중심의 중화주의를 철저히 신봉하는 의리론적 신념을 밝히고 있다. 이와 더불어 그는 약소한 나라로서 힘에 억눌려 강대한 나라를 섬기는 것이 부끄러운 일임을 지적하면서, 맹자가 "이것을 부끄러워하는 것은 문왕을 스승을 삼는 것만 못하다"(『맹자』, 離婁上)고 한 말을 끌어들여, "상책은 나의 일을 스스로 강하게 하는 것이다"82라 하여, '군덕'을 닦는 정치의 근본을 확립하여 나라를 강하게 해야 한다는

---

80 『重菴集』, 권35, 30 '治道私議', "禁切商賈, 無得與異國通貨, 申嚴譏訶捕治之政, 任賢使能, 制民恒産, 繕詰戎兵, 皆方今急務也, 孟子曰, 君子反經而已, 經正則庶民興斯無邪忒矣."

81 『重菴集』, 권35, 32, '治道私議', "北辰爲衆星之主, 天之道也. 心君爲百體之主, 人之道也. 中國爲四夷之主, 地之道也. 此往古來今, 不易之正理."

82 『重菴集』, 권35, 33-34, '治道私議', "孟子曰, 如恥之, 莫若師文王, 故上策莫如自强我事."

도학적 자강론(自强論)을 제시하고 있다.

『치도사의』는 전반적으로 당시 개항과 서양문물의 침투에 따른 사회변화에 대한 저항적 거부의 입장에 서 있고, 도학의 경세론적 원칙을 일관하게 관철하고 있는 것이다. 따라서 '군덕'의 근본을 강조하고, 현명한 인재를 발탁하는 '용인'과 도탄에 빠진 '민생'의 구제를 위한 방안을 여러 가지로 제시하고 있지만, 제도개혁의 새로운 방안을 제기하는 것은 아니요, 원칙론에 대한 신념은 선명하지만 현실적 적합성이나 적용성에서는 상당히 소루한 면을 보여주고 있는 것이 사실이라 하겠다.

2) 경장(更張)의 인식과 한계

김평묵의 만년에 당시 조선정부는 개화(開化)정책을 추진하면서 제도의 개혁을 추구하게 되고 '경장'(更張)에 대한 요구가 높아졌으며, 실제로 그가 죽은 지 3년 뒤인 1894년에는 개화파에 의해 '갑오경장'이 시행되었다. 그는 '경장'의 문제에 대해 유교전통에서 한(漢)나라의 동중서(董仲舒)가 「건원대책」(建元對策)에서 '경장'을 제기했고, 조선에서 율곡이 선조(宣祖)임금에게 '경장'을 역설하였던 사실과 대비하여, 자신의 시대에서 '경장'의 문제를 검토하는 「경장문답」(更張問答)을 저술하였다. 그는 원칙적으로 '경장'의 정당성을 지적하여, "선왕(先王)의 좋은 법도라도 오래 되면 폐단이 생기고, 폐단이 생기면 백성을 해치며, 백성을 해치면 국가에 재앙이 된다. 이 때문에 군자가 (경장을) 급하게 여겼다"[83]고 밝혔다. 그러나 그는 '경장'의 전제 조건으로 군주의 학덕이 갖추어지고 현인이 정치를 담당하여야 할 것을 제시하며, 이러한 조건을 갖추지 않을 때 발생하는 '경장'의 문제점을 심각하게 제기하였다. 곧 "반드시 임금이 학문을 밝히고 덕을 닦아서 사사로운 자기의 욕심을 극복하여 제거하며 마음의 본원을 맑게 한 다음에 어진이가 지위에 있고 유능한 자가 직무를 담당하여야, 그 정치가 일어날 수 있다.… 그렇지 않으면 작게 경장하면 작게 해롭고 크게 경장하면 크게 해롭게 되니, 옛날 그대로 따르는 것이 낫다는 것만도 못하게 된다"[84]고 하여, 사실상 전통의 고수를 주장하여 이 시대에 '경장'을 거부하는 입장을 밝히고 있다. 이미 그는 개화파에 대해 도리를 상실하고 이익만 추구하는 소인으로 보기 때문에 개화파의 '경장'을 비롯한 모든 정책을 반대하는 것이 그의 신념이요 동시에 한계라고 할 수 있을 것이다.

---

83 『重菴集』, 권34, 14, '更張問答', "雖先王之良法, 久則弊生, 弊生則害民, 害民則禍國, 是以君子急焉."

84 같은 곳, "必也人主學明德修, 己私消克, 本源澄澈, 然後賢者在位, 能者在職, 而其政舉焉,…不然, 小更則小害, 大更則大害, 不若因循之爲愈也."

6. 김평묵의 경학과 경세론 인식이 지닌 의미

　김평묵의 경학은 경전의 훈고학 내지 고증학적 해석에 전혀 관심을 보이지 않고 오직 도학의 의리론적 해석에만 의존하고 있으며, 경전의 의리론적 해석도 정자·주자의 해석을 전적으로 따르고 있다는 점에서 독자적 해석을 추구하고 있는 것은 아니다. 다만 그는 자신의 시대에 조선사회의 도학적 중심과제였던 '존화양이'의 의리론적 문제의식에서 경전에 대한 관심을 집중하고 있으며, 화서학파의 성리학적 심성론의 인식과 의리론적 시대인식을 경전에 근거하여 해석해내고 있다는 점에서 자신의 독자적 경학의 세계를 열어주고 있는 것이라 하겠다.

　그의 경학적 인식은 심성론을 중심으로 한 성리설의 인식과 '화이론'을 중심으로 한 의리론적 인식이 중심주제를 이루고 있다. 심성론의 경학적 이해를 보면, 화서학파 안에서 '심'개념의 해석을 둘러싸고 논쟁이 벌어졌을 때에도, 그는 스승 이항로의 '심주리설'(心主理說)이

『대학』·『중용』·『맹자』 등 경전에 근거하는 사실을 정밀하게 고증하는「벽산심설연원」(檗山心說淵源)을 저술하였던 것도, 경학적 근거를 통해 '심주리설'의 정당성을 확인하고자 하였던 것이다. 의리론의 경학적 이해를 보면,『춘추』의 근본정신을 중화와 오랑캐를 분별하는 '화이'의 의리로 인식하면서,『주역』의 '양'을 붙들어주고 '음'을 억누르는 '부양억음'(扶陽抑陰)의 의리와 연결시킴으로써, '화이'의 천하질서를 '음양'의 우주질서에 의해 확고하게 뒷받침되는 것으로 정립하며, 나아가 맹자에서 '중화와 이적의 분별' 및 '인간과 금수의 분별'의 의리가 제시되고 있음을 논거로 삼고 있다.

　심성론의 문제와 의리론의 문제는 구분될 수 있지만, 그의 사유체계에서는 양자가 근원적으로 일관하고 있는 것임을 잘 보여주고 있다. 그는 심성론의 인식에서 인심·도심 내지 천리·인욕의 가치질서에 따라 인간존재의 도덕성을 확인하여 '인도'(人道)를 밝히고 있으며, 이 '인도'를 기준으로 군자와 소인, 인간과 금수, 중화와 오랑캐를 분별하는 의리를 제시하고 있는 것이다. 곧 그는 "사단(四端)의 '덕'과 다섯가지 인륜과 예·악·형·정(禮樂刑政)의 교화는 인간이 인간 될 수 있고 나라가 나라 될 수 있으며 천하가 온전하게 부지될 수 있는 까닭이다.…이것이 '인도'요, 서양의 이른바 '교'(敎)라는 것은 금수의 '도'이다"[85]라고 하여, 심성 내면의 도덕성과 사회적 도덕규범과 '치도'의 방법에 대한 유교문화적 인식을 '인도'의 기준으로 확인하였다. 또한 이 '인도'에 따라 인간과 금수, 중화와 오랑캐를 분별하는 의리의 근거를 끌어내고 있는 것이다.

---

[85] 『重菴集』, 권38, 1, '禦洋論', "四端之德·五品之倫·禮樂刑政之敎, 人之所以爲人, 國之所以爲國, 天下之所以扶持全安也.…此則人道也, 若西洋之所謂敎, 則禽獸之道也."

김평묵에서 경세론의 문제는 바로 성리학의 심성론적 인식과 의리론의 화이론적 인식에 연결되는 일관적 이해의 틀을 보여주고 있다. 『대학』의 '명덕'으로 심성적 확립의 근본을 삼으며, '신민'의 '치도'를 확인하고, '격물·치지·성의·정심'을 통한 '수신'에 근본하여 '제가·치국·평천하'로 실현되는 '치도'의 인식을 보여준다. 그의 경세론적 저술인 『치도사의』에서도 '군덕'(君德)의 확립을 '치도'의 근본이요 전제로 제시하고 있으며, 『중용』(20장)에서 천하와 국가를 다스리는 '아홉가지 법도'(九經)에서도 첫머리의 '수신'(修身)과 '존현'(尊賢)을 근본으로 확인하고 있는 사실도 그의 경세론이 치자(治者)의 인격을 전제로 하는 사람의 정치요 도학적 도덕정치(德治)라는 점에서, 법제의 개혁을 추구하는 실학의 제도정치(法治)와는 뚜렷한 차이를 드러내고 있는 것이다.

그러나 그는 유교전통과 국가체제가 붕괴의 위기를 맞는 역사적 변동기를 살면서 단순하게 도학전통의 경세론체계를 반추하는 것이 아니라, 현실의 당면문제에 예민한 반응을 보여주고 있는 것이 사실이다. 불변의 기준으로서 '상법'(常法)과 상황에 따라 적절히 대처하는 '권의'(權宜)의 두 가지 의리를 동시에 수용하는 것은 급변하는 시대의 대응논리를 찾고 있음을 보여준다. 그 자신 서양종교와 서양문물의 침투에 대응하는 '위정척사'의 의리를 내걸면서, 경전의 이해를 바탕으로 제도와 법의 개혁에 대한 구체적 관심을 보여 '경장'(更張)과 '자강'(自强)에 대한 논의도 하고 있으며, 도학전통에서 고착된 신분질서를 벗어나 '민'에 대한 새로운 인식이나 '민생'에 대한 적극적 관심을 보여주고 있는 것이 사실이다.

그럼에도 불구하고 전반적으로 김평묵의 경세론적 인식은 여전히 중국중심의 사대적 '중화'의리론에 따른 전통적 가치질서와 세계관을 고수하는 수구론(守舊論)의 범위를 벗어나지 못하고 있는 것이 사실이다. 또한 그의 '위정척사'의리는 이 시대 도학자의 배타적 저항논리로서 신앙적 수준의 확고한 신념을 보여주는 것이지만, 시대변화에 적응하거나 사회변화를 이끌어갈 논리를 경전에서 찾아내지 못하고 있다는 한계를 지적하지 않을 수 없다.

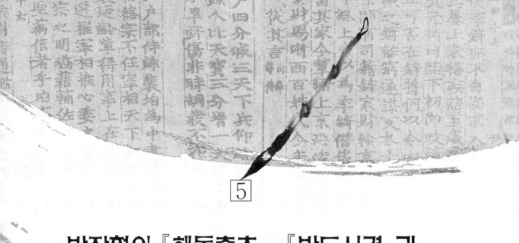

5

박장현의 『해동춘추』·『반도서경』과

민족역사의 경전화

경전과 시대

한국유학의 경전활용

1. 박장현의 경학과 민족의식의 문제

　박장현(中山 朴章鉉, 1908~1940)은 20세기 전반 일제강점기에 살았던 인물이다. 이 시기에 활동하던 유학자들을 크게 세 부류로 구분해본다면, 첫째, 일제(日帝)의 식민정책에 순응하기를 거부하며 세상을 등지고 초야에 파묻혀 유교전통을 고수하였던 '수구파'(守舊派)이다. 이들은 당시 유학자들의 절대다수로 주류를 이루고 있었던 것이 사실이다. 둘째, 서양이 세계를 주도하는 대세를 인정하고 민족의 자주의식을 각성하면서, 새로운 시대에 적응하기 위해 유교의 개혁과 대중을 위한 계몽에 주력하던 '자강파'(自强派)이다. 박은식(白巖 朴殷植)·장지연(韋菴 張志淵)·유인식(東山 柳寅植)·정인보(爲堂 鄭寅普) 등 애국계몽운동을 주도했던 진보적 인물들이 활발하게 활동하고 있었다. 셋째, 민족의식을 상실하여 일제에 순응하면서 황도유교(皇道儒敎)를 주창하고 일제의 체제 안에서 경학원(經學院)을 중심으로 활동하던 '친일파'(親日派) 유학자들이다. '수구파'는 시대의 변화를 외면하고 유

교전통의 고수에 집착하였던 한계에 빠졌다면, '친일파'는 민족의식에
배반하였다는 문제를 안고 있다. 이런 의미에서 '자강파'의 유학자들
이 비록 소수라 하더라도 시대정신을 이끌어가던 중심적 역할을 하였
던 것으로 주목될 필요가 있다.

　박장현은 '수구파' 유학자인 조긍섭(深齋 曺兢燮)의 문하에서 수학
하여 학문적 배경은 유교전통의 수호에 바탕하고 있지만, 일찍부터
'자강파'의 흐름에 참여하여 민족의식과 유교의 종교적 개혁사상에
깊은 관심을 기울여 이 시대 '자강파' 유학사상의 한 유형을 이루었던
인물로 중요한 의미를 지니고 있다. 그의 학문적 중심주제는 민족역
사와 유교경전을 두 축으로 삼고 있으며, 민족역사를 유교경전의 형
식으로 제시하였다는 점에서 유일한 경우로서 독보적 위치를 드러내
준다.

　여기서는 박장현이 우리 역사를 유교경전의 형식으로 편찬한『해동
춘추』(海東春秋: 海東綱目)와『반도서경』(半島書經: 海東書經)의 두 저
술을 중심으로, 이 시대 유학자로서 민족의식을 표출시켰던 독특한
방법이 지니는 의미와 성격을 확인해 보고자 한다. 경전과 역사의 연
관관계에 대한 인식은 유교적 사유체계에서도 근거가 있다. "날줄이
경전이요, 씨줄이 역사이다"(經經緯史)라는 말은 경전과 역사의 관계
가 날줄과 씨줄처럼 얽혀서 서로 떠날 수 없음을 강조한 말이다. 또한
원(元)나라 학경(郝經) 이후 청(淸)의 장학성(章學誠) 등은 "육경이 모
두 역사이다"(六經皆史)라는 주장을 펼쳤으며, 명(明)의 반부(潘府)는
"오경이 모두 역사이다.『역』의 역사는 미묘하고,『서』의 역사는 실
지이며,『시』의 역사는 곡진하며,『예』의 역사는 자세하고,『춘추』의
역사는 그 의리가 엄중하다"[1]고 하였다. 이처럼 역사는 이미 경전 속

에 침투되어 분리될 수 없음을 말해주고 있는 것이다.

실제로 공자가 춘추시대 노(魯)나라 역사를 서술하면서 의리정신에 근거한 역사인식을 밝힌 것이 바로『춘추』인 만큼, 이미 역사서술은 유교경전 속에 합법적 지위를 확보하고 있는 것이라 하겠다. 공자가 산정(刪定)했다는『서경』도 요(堯: 唐)·순(舜: 虞)시대와 하(夏)·은(殷)·주(周) 삼대(三代)의 역사기록에 근거하여 편찬된 경전이다. 그렇다면『서경』과『춘추』는 더구나 역사기록과 가장 깊은 연관성이 있는 경전인 것이 사실이다.

그런데 공자는 중국인이었고, 중국의 역사에 근거하여『서경』과『춘추』를 지었으니, 문제는 공자의 경전을 편찬한 정신이 기준인가 그 자료인 중국역사가 기준인가를 다시 생각해볼 수 있는 여지가 생긴다. 물론 공자가 편찬한『서경』이나『춘추』의 경전으로서 권위는 절대적이다. 그렇지만 공자의 정신 곧 유교의 '도'에 따라 우리 역사도 경전으로 편찬해볼 수는 없을까라는 생각을 해볼 수 있고, 바로 이러한 착상으로 우리 역사를 감히 경전으로 편찬해본 유일한 인물이 박장현이다.

박장현의『해동춘추』와『반도서경』은 공자의 정신을 얼마나 투철하게 우리 역사를 통해 발현했는가에 의미를 찾기는 어려운 문제이다. 역사의 사료가 달라지면 이를 통해 공자의 정신을 그대로 드러내는 것은 처음부터 불가능한 일이다. 그러나 적어도 서술체제에서만은『서경』과『춘추』의 체제로 우리 역사를 재구성하여 서술해보았다는 사실만으로도 이 시대 민족의식을 확립하고자 하는 유학자의 관심

---

1 黃宗羲,『明儒學案』, 권46, '太常潘南山先生府', "五經皆史也, 易之史奧, 書之史實, 詩之史婉, 禮之史詳, 春秋之史嚴其義."

과 의지가 가장 극적으로 드러나고 있는 사례로서 주목되어야 할 필요가 있는 저술임에 틀림없다. 그만큼 박장현의 이 저술들을 통해 유교정신과 민족의식이 결합되어 표출되는 양상을 확인해보는 것은 매우 중요한 의미가 있는 것이라 하겠다.

2. 근대유교의 민족의식과 종교적 각성

　조선시대 도학자들은 의리정신을 유교이념의 핵심으로 파악하고, 그 의리를 구체적으로 중화(中華)와 이적(夷狄)의 분별에 엄격히 적용하면서, 중화의 정통을 높이고 이적을 야만으로 배척하는 화이론(華夷論)의 의리를 확립하여 왔다. 따라서 모든 기준을 중국에서 찾음으로써 사실상 사대(事大)주의가 골수에 사뭇치게 침투되었던 것이 사실이다. 그러니 유교경전은 말할 것도 없고, 역사도 중국 역사에는 통달하면서 우리 역사는 소홀히 하였다. 세종대왕이 훈민정음(한글)을 창제하였으나 조선시대 유학자들은 시를 지어도 한시(漢詩)를 짓지 우리말로 시조나 가사를 지은 인물이 그리 많지 않았다.

　조선시대 도학자들 사이에 우리 역사에 대한 관심과 더불어 중국에 내세울 수 있는 우리 역사의 자존심으로 떠오른 인물이 기자(箕子)였다. 그래서 기자가 무왕(武王)에게 제시하고 또 우리나라를 교화하는 데 활용하였다고 생각되는 「홍범」(洪範)편에 주의를 기울였던 것이

눈에 띄는 정도이다. 율곡은 「기자실기」(箕子實紀)를 지었고, 율곡의
제자 한교(韓嶠)는 『홍범연의』(洪範衍義: 失傳)를 저술하였다. 또한 우
여무(禹汝楙)의 『홍범우익』(洪範羽翼)과 이휘일(李徽逸)·이현일(李玄
逸) 형제의 『홍범연의』는 「홍범」편과 연관된 방대한 체제의 저술을
남겼던 것을 볼 수 있다.

조선후기 실학자들에 의해 우리 역사에 관심이 새롭게 일어났지만,
조선후기 도학자들의 시대이념은 중화를 높이고 이적을 물리친다는
'존화양이'(尊華攘夷), 명나라가 망한 뒤에도 명나라를 높이고 청나라
를 배척한다는 '숭명배청'(崇明排淸)의 의리정신이 기준이었다. 이들
도학자들은 조선이 독립국이라는 의식은 빈약하고 명나라의 울타리
(藩屛)인 번신(藩臣)의 국가라는 인식을 하고 있었다. 그래서 우리나
라를 '명나라의 조선국'(有明朝鮮國)이라 밝히고 있는 사실을 흔히 볼
수 있다. 1920년 권덕규(權悳奎)는 이러한 사대주의 도학자를 '가짜
명나라 사람'(假明人)이라 이름붙이고, "조선에 나서 조선의 옷과 음식
으로 조선 땅에 살면서, 생각에 오직 '대명'(大明)이 있을 뿐이요, '조
선'은 없다"[2]고 질책하였던 일이 있다.

그래도 조선말기에 오면 도학자들이 조선의 학문전통에 관심을 기
울이기 시작하여, 그동안 중국학자들 위주로 인용하다가 우리나라 학
자들의 언급을 끌어들인 저술이 나오고 있는 것을 볼 수 있다. 박재형
(朴在馨)은 『해동소학』(海東小學)을 지었고, 박태보(朴泰輔)의 『해동
칠자근사록』(海東七子近思錄), 이한응(李漢膺)의 『해동근사록』(海東
近思錄), 송병선(宋秉璿)의 「근사속록」(近思續錄) 등이 나왔다. 특히
기호학파의 도학자인 송병선은 『근사속록』(1874) 이외에도 우리나라

---

2 權悳奎, '假明人 頭上에 一棒', 『동아일보』(1920년 5월 8~9일).

도학자들의 언행(言行)을 수집한『패동연원록』(浿東淵源錄, 1882)과
『대학』의 체계에 따라 우리나라 유학자들의 언급을 모아『무계만록』
(武溪謾錄, 1887)을 저술하였고, 우리 역사를 주자의「통감강목」(通鑑
綱目) 체제에 따라『동감강목』(東鑑綱目. 1900)을 저술하였던 일이 있
다. 또한 한말 기호학파 유학자인 박세화(毅堂 朴世和)는 1910년 한일
합방에 항의하여 단식자결을 하면서 절필(絶筆)로 '예의조선'(禮義朝
鮮) 네 글자를 남겼는데, '조선'이라는 국가의식과 더불어 '조선'의 이
념적 가치를 '예의'로 확인하고 있는 것이다. 영남학파의 도학자인 하
겸진(河謙鎭)은「국성론」(國性論, 1921)에서 우리나라의 국성(國性)을
예의(禮義)로 확인하여 일종의 도학적 민족의식을 제시하기도 하였다.

한말과 일제강점기 '자강파' 유학자들은 민족의식의 각성에 따라 우
리 역사에 대한 관심이 깊었고, 그만큼 저술도 활발하게 이루어졌다.
박은식은『한국통사』(韓國痛史)와『한국독립운동지혈사』(韓國獨立運
動之血史)를 통해 일제의 침략과 우리의 독립운동을 서술하여 민족정
신을 분발시켰으며, 신채호(丹齋 申采浩)는『조선상고사』(朝鮮上古史.
1931년 조선일보에 연재)를 저술하여, 민족의식에서 고대역사를 정밀하
게 재구성하였다. 또한 양명학자로서 정인보는『조선사연구』[3]에서
민족사관을 뚜렷하게 밝혔다. 이와 더불어 장지연은 한국유교사를 근
대적 통사의 체제로 정리하여『조선유교연원』(朝鮮儒教淵源, 1922刊)
을 저술하였던 것은 한국유교사 서술의 단초를 열어주었다. 그후 하
겸진의『동유학안』(東儒學案, 1943)은 우리 유학사를 학파별 학자들
의 학설을 소개하는 전통적 학안(學案)의 체제로 정리했던 것이다.

---

3 鄭寅普의『朝鮮史硏究』는 '오천년간 조선의 얼'이란 제목으로 東亞日報(1935.1.1~1936.8.28)
에 연재하였던 글이다.

이 시기 진보적 유학자들의 중요한 과제의 하나가 민족의식의 각성
과 더불어 유교를 종교로서 새롭게 각성함으로써 유교의 종교적 개혁
운동을 전개하였던 사실이 주목된다. 한말에서 일제강점기 사이에 유
교를 종교로서 각성하는 입장은 대체로 (1) 국교(國敎)로서 유교의 인
식, (2) 보편적 진리로서의 유교의 인식, (3) 공자를 교조(敎祖)로 확인
하는 공교(孔敎)의 인식, (4) 다른 종교와 비교를 통한 유교의 인식이
라는 네 가지 양상의 관점을 찾아 볼 수 있다.

(1) '국교'로서의 유교의 인식을 보여주는 경우로는 1899년 고종이
「존성윤음」(尊聖綸音)을 내려 "우리나라의 종교는 '공자의 도'가 아니
겠는가!"라고 선언하여, 우리나라의 국교를 '공자의 도'라고 밝히며,
유교를 종교로 확인하였다. 이어서 고종은 "앞으로는 짐(朕)과 태자가
한 나라 유교의 종주(宗主)로서, 기자(箕子)와 공자의 도를 밝히며, 선
조(先祖)의 뜻을 잇겠다"[4]고 밝혔다. 곧 우리나라 유교의 표준을 기자·
공자의 도와 선조의 전통으로 제시하고, 임금이 유교의 종주(宗主)가
되는 '국교'로서 유교체제를 확인하고 있는 것이다.

(2) 보편적 진리로서 유교의 인식으로는 이병헌(眞庵 李炳憲)이 '통
동서설'(通東西說)을 제시한 경우에서 엿볼 수 있다. 곧 그는 '공교'가
동서양을 관통하는 것으로, 폐지될 수 없는 보편적 진리로서 확인하
는 입장임을 제시하였다.[5] 또한 박장현은 공자의 가르침이 오늘날 인

---

4 許伏, 『大東正路』, 권5, 9, '尊聖綸音', "我國之宗敎, 其非吾孔夫子道乎,…玆以往, 朕
與東宮, 將爲一國儒敎宗主, 闡箕孔之道, 紹聖祖之志."

5 『李炳憲全集』(上), 211쪽, '儒敎爲宗敎哲學集中論', "四曰通東西說, 念孔敎純粹至善,
爲空間不可廢之敎." 李炳憲은 당시의 유학자들이 유교를 보는 관점을 ①守舊說(道學
者), ②革新說(改革사상가), ③通新舊說(無宗敎의 합리주의자), ④通東西說(孔敎人)
이라는 4유형으로 분류하였다.

류의 일상생활에도 절실하며, 장래의 세계가 화합하여 일치하는 '대동
세'(大同世)에도 적합한 것이라 한다. 따라서 '공교'를 '고금에 소통하
고, 동서양에 걸치는 변할 수 없는 하나의 큰 종교'(通古今亘東西, 不可
易之一大宗敎)라 확인하고, "우리 인류가 공존·공영하는 큰 도리이며,
고금에 통행하여도 그릇됨이 없고 동서양에 시행하여도 어긋남이 없
다"[6]고 하여, 유교의 보편성을 역설하였다.

　(3) 공자를 유교의 교조(敎祖)로 확인하는 견해는 장지연이 공자를
"유교의 종조(宗祖)"[7]라 선언하여, 공자를 유교의 종교적 교조라는
인식을 보여주고 있다. 또한 이병헌은 유교를 "공자의 가르침"이라
하고, 공자를 "유일한 교주"라 하여, 공자를 교주로 확인함으로써,
유교를 문화전통으로서 보다 공자라는 인격과 다시 만남으로써 변
혁의 시대에 상응하는 유교정신의 개혁적 인식과 창조적 재해석을
추구하였다.[8]

　(4) 근대에서 유교의 종교적 각성이 일어나는 사실에는 당시 서양종
교의 조직과 대중의 신앙심을 결집시키는 힘에 유교사회가 심각한 충
격을 받았던 것이 중요한 계기가 되었던 것이 사실이다. 따라서 다른
종교 특히 서양종교와 비교함으로써 유교의 정체성을 확인하는 견해
가 주목된다. 박은식은 동방에서 공자에 대한 신봉이 서양에서 종교
를 신봉함에 훨씬 못미치는 사실을 지적하면서, "천하의 큰 중도(中道)
를 지극하게 하고 천하의 바른 이치를 다 발휘한 것은 공자의 가르침

---

6 『中山全書』(下), 375쪽, '訓辭', "斯道者, 實我人類共存共榮之大道, 而通古今而不謬,
　施東西而不悖也."

7 張志淵, 『朝鮮儒敎淵源』, 193쪽, '儒敎祖孔子', "孔子, 儒敎宗祖."

8 『李炳憲全集』(上), 178쪽, '儒敎復原論', "今當天下之變局, 不先折衷於孔子, 則必將纏
　繞於習慣, 逡巡乎塗轍."

보다 더 높은 것이 없다"⁹라고 언급하여, 유교가 서양종교에 비해 신앙적 열정은 미약하지만 진리의 보편성에서는 서양종교보다 유교가 우월함을 주장하고 있다. 이에 비해 이병헌은 유교와 다른 종교를 비교하면서, 교설을 세운 방법에서 보면 불교와 기독교는 천당지옥설에 따라 교파를 수립하였다면, 유교는 백성의 윤리와 사물의 법칙의 실질을 따라서 가르침의 종지를 정한 것으로서, 서양종교는 '위의 초월적 세계로 부터 아래의 대중 속으로 통하는 것'(自上而達下)이라면, 유교는 '아래의 비근한 현실에서 배워서 위로 궁극적 근원에 이르는 것'(下學而上達)이라하여 그 차이를 대비시키고 있다.¹⁰ 따라서 유교와 다른 종교 사이에는 세상을 구제한다는 목적에서는 같지만 이 목적에 이르는 방법과 원리에서 차이가 있다는 것이다.

유교개혁사상이 등장하여 활동하던 시기는 국권의 상실에 따라 민족의식이 고조되었던 시기였다. 따라서 유교개혁사상은 민족의식의 각성을 그 기본성격의 하나로 드러내고 있다. 장지연은 기자(箕子)를 '유교의 종조(宗祖)'라 하고, 기자가 '홍범구주'(洪範九疇)로 우리나라를 교화하였으므로, 조선은 '유교종조(儒敎宗祖)의 나라'라 밝히고 있다.¹¹ 그것은 기자를 통해 우리나라를 유교전통의 근원이 되는 나라로 확인함으로써 유교사와 연결된 우리 역사의 인식이 민족적 자긍심을 지킬 수 있는 조건이 되고 있음을 확인하는 것이다.

또한 유인식(東山 柳寅植)은 '공교'를 2천년동안 국민정신의 정수 곧

---

9 『朴殷植全集』(中), 415쪽, '宗敎說', "夫極天下之大中, 盡天下之正理, 孰有尙於夫子之敎哉."

10 『李炳憲全集』(上), 179쪽, '儒敎復原論', "西敎自上而達下者也, 儒敎下學而上達者也."

11 張志淵, 『朝鮮儒敎淵源』, 1쪽, "檀君之季, 殷太師箕子避周以來, 洪範九疇之道, 敎化東方,…朝鮮雖謂之儒敎宗祖之邦可矣."

'국수'(國粹)로 확인하고 있다. 그는 당시 여러 종교가 병행하고 있는 상황에 따른 종교정책으로서 "신앙의 자유와 모든 종교의 평등에 대한 주장이 세상에 성행하고 있으니, 여러 종교들을 합쳐서 일치시킬 수 없는 만큼, 다만 국민정신의 정수를 지켜서 다음 세상에 소멸되지 않게 하여야 할 뿐이다"[12]라 하여 '국수'로서 유교를 수호할 것을 제시하였다.

일제강점기인 20세기 전반기에 한국에서 일어난 유교의 종교조직 운동을 보면 (1) 박은식·장지연을 중심으로 하는 '대동교'(大同教)와 (2) 이승희·이병헌이 추구한 '공교'운동의 두 양상, 및 (3) 그 밖의 유교 조직들을 들 수 있다.

(1) '대동교'(大同教)는 박은식·장지연 등이 중심이 되어 1909년 창건하여 민족주의적 종교운동으로 유교개혁운동을 전개하였다. 박은식은 유교가 개혁하지 않으면 결국은 멸망할 것임을 경고하면서 유교개혁의 기본과제를 ① 군주중심에서 인민중심으로 전환할 것, ② 소극적 폐쇄성에서 적극적 전파활동으로 전환할 것, ③ 번쇄한 주자학풍에서 쉽고 절실한 양명학 학풍으로 전환할 것이라는 3조목의 핵심문제로 집약시키고 있다.[13] 그것은 민주적 사회의식과 행동적 선교방법, 및 양명학의 주체적 신념을 지향하는 것이다.

(2) 만주지역에서 활동하던 이승희(李承熙)와 국내에서 활동하던 이병헌이 추진하였던 '공교'운동은 중국에서 강유위(康有爲)·진환장(陳煥章)을 중심으로 전개된 '공교'운동에 직접 관련을 맺고 유교개혁운

---

12 柳寅植, 『東山全書』(下), 118쪽, '學範', "今信教自由, 諸教平等之說, 盛行於世界, 勢不可合諸教而一之也, 只可保守國粹, 而不至滅絶於來世而已."

13 『朴殷植全書』(下), 44-48쪽, '儒教求新論'.

동을 전개한 경우이다. 이승희는 1913년 만주지역 한국인 동포들을 결속하는 방법으로 '동삼성 한인공교회'(東三省 韓人孔敎會)를 설립하였으며,[14] 1914년 북경 공교회(孔敎會)의 승인을 받고 '동삼성한인공교회지회'(東三省韓人孔敎會支會)를 조직하였다.

이병헌은 다섯차례(1914~1925) 중국을 방문하여 강유위의 직접 지도를 받으며 중국의 '공교'운동을 도입하였다. 그는 문묘(文廟)를 설립하여 공자를 교조로 존숭하는 '공교'조직화를 추진하여 단성(丹城: 경남 山靑郡)에 '배산서당'(培山書堂)을 설립하였으나, 보수적인 지방유림들의 반대로 실패하고 말았다. 이 때문에 그의 '공교'조직운동은 시작단계에서 좌절되었지만, 그는 '공교'의 경학적 기초인 금문경학(今文經學)연구에 관심을 돌려 금문경학의 독보적인 체계를 남겼다. 또한 이병헌은 『유교복원론』(儒敎復原論, 1919)을 통해 자신의 '공교'사상의 기본체계를 제시하였다. 여기서 그는 유교의 전포(傳布)방법으로서 ① 교당(敎堂)을 건립하여 성심으로 공자를 섬길 것, ② 별도로 가려서 번역한 서적을 성경(聖經)으로 하여 천하에 배포할 것. ③ 교사(敎士)를 선택하여 정해서 경전을 강설하여 천하에 펼칠 것을 제안하고 있다.[15] 나아가 그는 유교개혁의 방향을 전반전으로 전통의 '향교식'(鄕敎式) 유교에서 '교회식'(敎會式) 유교'로 개혁할 것을 제기하기도 하였다.[16] 이러한 개혁론의 실천방법은 서양종교로서 기독교의 방

---

14 李承熙, 『韓溪遺稿』(6), 263-265쪽, '東三省韓人孔敎會趣旨書'.

15 『李炳憲全集』(上), 189쪽, '儒敎復原論', "一當營建敎堂, 以誠心事孔子, 一當另擇譯書, 以聖經布天下, 一當擇定敎士, 以經說開演於天下."

16 『李炳憲全集』(上), 325-329쪽, '辯訂錄'(咸陽鄕校宋朝六君子殿內陞享時致稟單子), 그는 여기서 '鄕校式 儒敎'와 '敎會式 儒敎'의 특성을 대비시키는 대조표를 제시하고 있다.

법을 상당부분 수용하고 있음을 쉽게 짐작할 수 있다.

(3) 그 밖의 군소(群小) 유교조직으로는 13개 단체를 찾아볼 수 있다.[17] 이 13개 유교조직 가운데는 친일(親日)유교단체도 넷이나 있다. 이러한 유교개혁운동은 실제로 대중적 호응과 세력의 확장을 이루지 못하고 오래지 않아 활동이 침체되고 말았다. 이 단체들 가운데 규모가 크고 활동이 활발하였던 경우로 안순환(安淳煥)이 1932년에 조직한 '조선유교회'(朝鮮儒教會)는 시흥(始興: 현 서울시 衿川區 始興4洞)에 녹동서원(鹿洞書院)을 세워 전국의 선비들을 모아 교육하였으며, 녹동서원 안에 단군전(檀君殿)을 세웠던 사실은 민족의식과 연결시키고 있음을 보여준다. 당시 녹동서원의 교육에 참여하였던 박장현은 조선유교회의 교정(教正)인 안순환에게 유교개혁의 구체적 방안을 제시하면서, 우리나라가 붕괴한 원인을 우리나라의 정신을 존중하지 않은데 있다고 진단하고, 우리 정신이 깃들어 있는 우리 문자(國文)를 존중하며 우리 문화를 보급하고 공자의 언행을 전파하기 위해서『사서』를 국문으로 번역하여 활용할 것을 제안하기도 하였다.[18]

---

17 鄭奎薰,『한국근대종교의 사상과 실제에 관한 연구』, 229쪽, 1998, 성균관대 박사학위 논문.

18『中山全書』(하), 416-417쪽, '答朝鮮儒教會教正安淳煥'.

3. 박장현의 공교(孔敎)인식과 경학적 과제[19]

1) 생애와 유교진흥책임의 각성

박장현(中山 朴章鉉, 1908~1940)이 활동하던 1930년대의 시대적 상
황은, 안으로는 일제의 식민통치로 사상적 억압이 심화되면서 내선일
체(內鮮一體)의 민족동화(民族同化)정책에 따라 민족적 위기상황이 심
화되던 시기였으며, 밖으로는 만주사변(滿洲事變, 1931)과 중일전쟁
(中日戰爭)이 일어나고(1937), 독일의 나치정부가 폴란드를 침공하면
서 2차세계대전이 발발(1939)하기에 이르기 까지 동북아세아 뿐만 아
니라 세계가 전쟁의 소용돌이에 휘말리면서 국제적 위기의 시대를 맞
게 되었다. 이 시대를 살았던 우리의 지식인들은 전통의 수호만 고집
하는 보수적 도학자와 신학문(新學問)을 받아들이는 진보적 인사들이

---

19 이 절은 졸저 『한국근대사상의 도전』(전통문화연구회, 1995)에 「박장현의 經學과 歷
史인식」이라는 제목으로 수록된 내용을 수정 보완하여 재수록 한 것임.

양극적으로 대립하였으며, 그 사이에 일제에 저항하는 민족주의자와
일제에 타협한 친일파가 갈라져 있었다.

이러한 역사적 혼란의 시대 한 가운데서 박장현은 독자적인 역사의
식과 진취적인 유교개혁사상을 제시함으로써, 우리의 근대유교사의
마지막에 독자적인 자취를 남겨주었으며, 앞으로 열릴 한국유교사상
과 우리 역사 연구에 의미있는 새로운 빛을 던져주고 있었다.

박장현은 비록 33세의 짧은 일생을 살다 갔지만, 20세기 전반기를
살아가면서, 독특한 업적을 남기며 활동한 인물이다. 그는 어려서 백
부(伯父)로 부터 한학(漢學)을 배우다가 18세 때 고향의 보성학원(普成
學院) 보통과(普通科)를 졸업하였는데, 여기서 신학문을 배웠다. 다시
부친의 명령에 따라 18세 때 당시 영남성리학에서 비중이 큰 학자였
던 조긍섭(深齋 曺兢燮)의 문하에서 배웠고, 나아가 송준필(恭山 宋浚
弼) 등 석학들을 방문하면서 도학적 학풍의 지도를 받았다. 이처럼 그
는 학업과정에서 구학(舊學)에서 신학(新學)으로 다시 구학으로 신구
학(新舊學)을 왕래하였다. 그만큼 그는 구학과 신학이 충돌하는 전환
기에서 이 시대 청년으로서 자신이 추구하여야 할 독자적 문제의식의
탐색과 지향하여야할 방향을 찾기 위해 더욱 많이 고뇌하지 않을 수
없었던 사정을 엿볼 수 있다.

그는 26세 때(1933) 시흥(始興: 현 서울 구로구 시흥4동)의 녹동서원
(鹿洞書院)에 설립된 명교학술강습회(明敎學術講習會: 明敎學院)에 참
석하여 수강하였다.[20] 이때 그는 이미 한학에 상당한 조예를 지녔으
며, 여기서 한걸음 나아가 유교개혁운동에 관심을 가져, 신학을 섭취

---

[20] 明敎學院은 1933년 安淳煥이 창립한 朝鮮儒敎會에서 운영하던 始興의 鹿洞書院이
주최하는 明敎學術講習會로 朴章鉉은 이 강습회의 6개월과정을 수료하였다.

하여 구학을 시대에 적합하도록 개혁하는 데로 관심의 방향을 잡고 있음을 알 수 있다. 이러한 학문적 관심 속에서 그는 무너지는 유학을 다시 붙들어 일으키려는 열정을 불태웠으며, 고금 동서양의 사정에 눈을 크게 뜨게 되었다.

박장현은 28세 때(1935) 『이륜』(彛傳)을 저술하고 자신이 세운 문화학당(文化學堂)에서 곧바로 간행하였다. 이 책은 당시 기독교와 불교가 성행하는데 유교가 쇠퇴하고 있는 현실을 직시하면서 유교의 정대(正大)한 도리를 밝히겠다는 신념으로 저술한 것이다. 『이전』은 자신을 닦고 마음을 다스리는 공부로서 성학(聖學)에 뜻을 세우는 '식지'(植志)에서 시작하여, '치경'(致敬), '강학'(講學), '양성'(養性), '수의'(修儀)를 거쳐 남을 다스리고 세상을 경륜하는 법도로서 '실행'(實行), '임도'(任道), '수교'(樹敎), '명세'(明世)에 이르기 까지 9조목으로 이루어져 있으며, 『대학』의 8조목처럼 본말(本末)과 선후(先後)의 차례로 정연하게 구성하고 있다. 그것은 그의 처음 저작으로서 자신의 학문방법과 체계를 정립하고 있는 것이면서, 동시에 그의 학문체계에서 본다면 '역사'(史)를 내포하는 '경전'(經)의 기본성격을 제시하고 있는 것이라 할 수 있다.

그는 30세 되던 해 고향마을에서 문화당(文化堂: 文化學堂)을 열고 학생들을 모아 후진을 가르치기도 하였다. 이러한 사실은 유교와 민족사의 지적 탐구를 통한 저술에만 머물지 않고 구학(舊學)을 발판으로 삼아 신학(新學)을 섭취하여, 교육활동을 통해 계몽운동가로 행동하는 면모를 보여주는 것이라 하겠다. 이때 저술한 『동서현세론』(東西現勢論)은 각 대륙의 54개국에 관한 지리와 역사를 개관한 것으로 그가 세계정세를 관심 깊게 관찰하고 있음을 보여주는 것이다. 이러한 세계정세에 대한 지식은 문화당의 제자들에게도 교육되었을 것으로 짐작된다.

박장현은 32세 때 일본으로 건너가 당시 일본의 한학계(漢學界)에서 활약하던 석학들과 깊이 교유하였다. 이무렵 잠시 동경(東京)의 이송학사(二松學舍)전문학교에 입학하여 유학생활을 하였다. 조선의 유학자로서 친일파가 아니라면 일본에 유학(遊學)한다는 사실이 그 시절 조선의 유학계(儒學界)에서는 상상하기조차 어려운 파격적 일이었다. 당시 조선의 보수적 유학자들은 전통의 의관(衣冠)을 지키며 일제에 타협을 거부하고 산야에 엎드려 있는 것으로 지조와 의리를 삼았던 만큼, 일본에 가서 그곳 학자들과 교류하고 수학(受學)한다는 것은 애초에 불가능한 일이었다. 그러나 박장현은 민족의식과 학문적 교류를 혼동하지 않을 만큼 열린 마음을 지녔기에 주위의 강력한 반대에도 불구하고 일본에 건너가 이송학사의 학장인 양명학의 야마다(山田準)를 비롯하여 주자학의 이노우에(井上哲次郎)와 우찌다(內田周平), 고증학의 핫토리(服部宇之吉), 노장학자 오야나기(小柳司氣太) 등 당대 일본 동양철학계의 원로 거장들로 부터 빈객으로서 극진한 환대를 받으며 교류하였다는 사실은 역사적 사건이라 할만 하다. 이때 그는 일본학계에 자신의 저술『이전』을 배포하여 호평을 받았으며 자신이 일본에 머물던 전반기의 행적을『동경유기』(東京遊記)에 일기형식으로 자세히 기록하여 당시의 정황을 소상하게 알 수 있게 한다. 그는 일본 유학 도중에 병을 얻어 귀국했다가 이듬해 세상을 떠나고 말았으니 그의 학문이 대성을 이루지 못하고 말았다. 그러나 박장현은 33세로 세상을 떠난 짧은 생애 동안에 방대한 저술을 남겼다. 그의 저술은『중산전서』(中山全書, 1983刊)로 간행되었다.

　박장현은 자신이 세운 '문화학당'의 학규로 「문화학당학규」(文化學堂學規)를 지었다. 이 학규의 첫머리에서 그는 자신의 교육이념을 제시하여, "사학(斯學: 儒學)을 강론하여 밝히며, 성혼(聖魂: 공자의 정신)을 불러일으킴으로써, 사문(斯文: 儒學)의 한 가닥 명맥을 보존하는 것을 목적으로 삼는다"[21]고 선언하였다. 유교의 명맥을 보존하는 것을 교육의 목적으로 삼고, 이를 실현하기 위하여 유교의 지식을 강론하는 학구적 과제와 더불어, '성혼(聖魂)을 불러 일으킨다'는 공자의 정신으로 유교의 종교적 신념의 활력을 새롭게 고취시키는 방법을 제시하고 있다. 그것은 곧 그 자신이 추구하는 '유교혁신운동'의 한 양상을 보여주고 있는 것이기도 하다.

　그는 "장차 사도(斯道: 儒道)의 책임을 맡고 민족의 명맥을 담당함으로써 하늘이 나를 내려주신 뜻에 보답하고자 한다"[22]고 하여, 스스로 유교의 '도'와 민족의 명운을 담당하는 것으로써 하늘이 자신에게 부여한 역사적 책임에 보답할 것을 스스로 다짐하였다. 따라서 '유교'와 '민족'이라는 두 주제는 그가 추구하는 모든 문제를 꿰뚫고 있는 두 중심과제를 이루고 있는 것이라 하겠다.

　그는 28세 때『이전』을 짓고서 동지들의 분발을 요구하는 글을 덧붙이고 있다. 여기서 그는 이 시대에서 유교의 학문적 강론을 도모하고 새로운 활력을 회복하기 위해 노력하는 것이 기독교나 불교의 신앙적 열정에 자극을 받았음을 엿볼 수 있게 한다. 그는 먼저 자신의 시대에 유교가 쇠퇴하고 있는 원인을 분석하였다. 그는 유교가 침체

21　朴章鉉,『中山全書』(下), 343쪽, '文化學堂學規', "本學堂, 講明斯學, 喚起聖魂, 以保斯文一脈爲目的事."

22　『中山全書』(下), 309쪽, '雜說', "將以任斯道之責, 擔民族之命, 以報天之所以降予之意也."

하는 원인을 불교나 기독교 등이 융성하기 때문이라 하거나, 세상의
운수가 쇠퇴하기 때문이라고 하여 침체 원인이 유교 바깥에 있다는
견해를 전적으로 거부한다. 도리어 '오직 성경(聖經: 유교경전)의 진리
를 강론하지 않아서' 침체하게 된 것이라 하여, 쇠퇴의 원인이 유교 안
에 있다는 반성의 입장을 명확히 밝히고 있다. 이에따라 '성경'의 근원
을 발휘하기 위한 방법으로서, "유교 말류(末流)의 학풍이 누적시킨
관습의 폐단을 변혁하며, 공자 문하의 원기(元氣)를 회복하여 대중의
천성을 잘 교화함으로써, 윤리의 아름다운 풍속을 이루는 것"[23]으로
제시한다. 그가 '성경의 진리'를 강조하고 '공자문하의 원기'를 중시하
는 것은 유교의 전통에서 발생한 폐단을 개혁하기 위하여 유교정신의
본질인 경전자체에로 돌아갈 것을 요구한 것이다. 그것은 본질의 재
해석을 통해 말류의 폐단을 제거함으로써 본질의 회복을 추구하는 것
으로서, 그의 유교개혁을 위한 방법론을 선명하게 제기하고 있다.

　여기서 그는 세계의 모든 현상을 '진화'(進化)가 아니면 '퇴보'(退步)
라 파악하면서, 유교의 본질을 재해석하는 그의 시각은 전통의 보수
적 계승이 아니라 '진보'의 추구에 있음을 강조한다. 따라서 그는 유
교가 쇠퇴하고 국민이 퇴보한 현실을 직면하면서, 양계초(梁啓超)의
개념을 끌어들여, 전진하도록 진흥시키는 방법이 '모험적'이고 '진취
적'인데 있음을 확인한다. 또한 이러한 모험심과 진취성은 바로 맹자
가 말한 '호연지기'(浩然之氣)의 기상에 근거하고 있음을 주목하고 있
다. 진취적 기상의 '호연지기'는 구체적으로 '희망'·'열성'·'지혜'·'담
력'의 4단초에서 드러나며, 이 4요소를 통하여 '호연지기'가 양성될

23『中山全書』(下), 318쪽, '經書講說', "如欲革儒門末學積習之弊, 而復孔門之元氣, 良
　化大衆之天性, 而成倫理之美俗, 則惟是發揮聖經之本源, 一大關鍵也."

수 있음을 지적한다.[24] 그는 '호연지기'의 기상을 길러야만 쇠퇴한 유교와 퇴보한 민족이 생명의 새로운 활력을 얻어 진보할 수 있을 것으로 본다.

박장현은 유교진흥을 위한 더욱 구체적인 실천대책을 해명하면서, 그 기본체계로서, ① 성경을 강론할 것(講聖經), ② 대중의 지혜를 결집할 것(合衆智), ③ 모든 사람이 스스로 전교할 것(各自傳敎)의 3조목을 제시한다. 그가 '성경'의 강론을 강조하는 것은 경학적 연구에 뜻을 두는 것이 아니라 정치·의리·심법·언행 등의 모범을 경전에서 확인하여 삶의 표준을 수립하는 실천적 관심에 있다. '중지'(衆智)를 모은다는 것은 성인을 기다려 그 권위에 따르려는 자세가 아니라, 현재의 대중적 의견을 일치시킴으로써 유교의 운영주체를 확보하려는 것이다. 또한 그의 '전교'(傳敎)에 대한 적극적 관심은 유교의 활력있는 확산을 추구하는 자세를 말한다. 그는 '성경'의 강론을 '도의 근본을 수립함'(立道之本)으로, '중지'의 결집을 '도의 응용을 확대함'(擴道之用)으로, 나아가 각자의 '전교'는 '도의 희망을 달성함'(達道之望)으로 각 조목이 유교진흥을 위한 역할을 지적하고 있다.[25]

그는 '대동'(大同)의 개념을 다른 것을 같게 하는 것이며, 다양성을 하나의 일치점에로 복귀시키는 것[歸一]이라 지적한다. 나아가 그는 하나의 일치점을 인간과 국가를 성취시키는 도리라 규정하고, 그 하

---

24 『中山全書』(下), 318-319쪽, '二十日演草', "天下無中立之事, 不進化則斯退步矣,… 斯欲振興前進, 則其道非一, 而惟冒險·進取, 殆其要者也, 斯則孟子所謂浩然之氣是也,…試推所原有四端焉, 一曰生於希望,…二曰生於熱誠,…三曰生於知慧,…四曰生於膽力."

25 『中山全書』(下), 307쪽, '吾道振興策', "不講聖經, 則無以立道之本也, 不合衆智, 則無以擴道之用也, 不各自傳敎, 則無以達道之望也."

나가 바로 유교 곧 '공교'(孔敎)로 확인한다. 그는 '공교'와 다른 종교의
특성을 비교하여 '공교'의 특성을 명석하게 드러내고 있다. 곧 다른 종
교(불교·기독교 등)는 미신을 근본으로 하고 의식(儀式)을 주창하는 것
이라 보고, 진리가 밝아지면 미신은 소멸하고 정신이 존중되면 의식
은 없어지게 된다 하여, 미래에서 다른 종교들이 쇠퇴하고 유교가 융
성할 수 있다는 신념을 보여주고 있다· 또한 그는 다른 종교와 달리
'공교'의 특성은 성명(性命)·윤리·도덕·인민·국가의 문제를 가르치
는 것이라 지적한다. 이러한 공교는 문명의 진보에 따라 더욱 절실한
도리가 될 것임을 역설하였다.[26]

박장현은 공자가 2000년 이전 사람들에게만 가르친 것이 아니라 오
늘날 인류의 일상생활에도 절실하며, 이 시대의 승평세(升平世)에서나
장래의 대동세(大同世)에도 적합한 것이라 한다. 그만큼 시간을 넘어
선 '공교'의 보편성에 대한 확신을 밝히고 있다. 이에따라 그는 공교를
'고금에 소통하고, 동서양에 걸치는 변할 수 없는 하나의 큰 종교'(通古
今亘東西, 不可易之一大宗敎)라 정의한다. 여기서 그는 불교·기독교·
천도교 등 다른 종교는 공교의 한 요소를 이루는 것이요, 공교는 이들
을 포섭하는 것으로 파악하기도 한다.[27] 또한 그는 '공교'를 정의하여,

---

26 『中山全書』(下), 317쪽, '原大同', "他敎則不然, 惟以迷信爲本, 故眞理明而迷信替,
惟以儀式爲昌, 故精神重而儀式亡,…惟孔敎異於是, 其所敎者, 唯是性命也, 倫理也,
道德也, 人民也, 國家也, 凡此者, 文明愈進, 而其爲道也愈切."

27 같은 곳, "各敎之所可取者, 皆吾敎之一分子說, 而吾敎之精神眞理, 非他敎之所可得
以窺測也."
박장현이 孔敎와 다른 종교의 교리를 대비시켜 제시한 것을 도표화하면 다음과 같다.

孔敎	佛敎	기독교	天道敎
仁愛	慈悲, 勘破生死	赦罪, 平等	廣濟, 人乃天
福善禍淫	因果, 普度衆生	天堂, 靈魂	-

"우리 인류가 공존·공영하는 큰 도리이며, 고금에 통행하여도 그릇됨
이 없고 동서양에 시행하여도 어긋남이 없다"[28]고 언급하기도 하였
다. 따라서 다른 종교는 신앙(起信)을 근본으로 하고 마귀를 굴복시키
는 것(伏魔)을 응용으로 하는 '혼란한 시대의 종교'(亂世之敎)라 결론을
지어, 유교의 보편성에 대비해 혼란시대라는 특수조건에 얽매어 있는
것이라 규정하고 있는 것이다.

  박장현은 유교가 장래에 세계적으로 성행할 것이라는 확신을 밝히
면서, 당시에 중국에서 활동하던 서양인의 말을 빌어 방증하고 있다.
곧 독일의 화지안(花之安, 원명미상)박사가 "공자의 도리는 500년 후에
온 지구상에 두루 통행할 것이다"라 하고, 비휘례(費希禮, 원명미상)가
"공자의 도리는 한 나라에 있는 것이 아니라 만국에 있으며, 당시대에
행하는 것이 아니라 후세에 행하는 것이다"라 언급한 사실을 인용하
고 있다.[29] 이러한 유교의 미래를 실현하기 위해서 그는 "'공교'의 법
문을 크게 열고, 성경의 진리와 참된 정신을 강구하여, 꿈 속에 빠진
대중을 깨어 일으키고, 인류의 사상을 고취한다면, 다른 종교인들도
자기 마음을 깨끗이 하고 돌아올 것이다. 이것은 (公敎를) 받아들이는
것일 뿐이니, 꼭 겸양할 것이 없다. 이것은 가르침(公敎)일 뿐이니, 꼭
아낄 것도 없다. 모두가 윤리의 문으로 나와서 모두가 큰 도리(大道)의
위로 다닌다면, '대동'(大同)의 세계가 여기서 볼 수 있을 것이다"[30]라

---

28 『中山全書』(下), 375쪽, '訓辭', "斯道者, 實我人類共存共榮之大道, 而通古今而不謬,
   施東西而不悖也."

29 『中山全書』(下), 317쪽, '原大同', "獨逸博士花之安之言, 曰孔敎之道, 五百年後遍行
   全球, 又費希禮氏曰, 孔子之道, 不在一國, 而在萬國, 不行當時, 而行於後世."

30 같은 곳, "大開孔敎之法門, 講究聖經之眞理眞精神, 喚起大衆之夢眠, 鼓吹人類之思
   想, 各敎之人, 潔己心來歸, 斯受之而已, 不必廉也, 斯敎之而已, 不必吝也, 而偕由倫
   理之門, 偕行大道之上, 則大同之世, 於是可見."

하였다. 그는 '공교'가 서양인들도 인정하고 있으며, 유교의 성경을 연구하여 '공교'의 진리를 밝혀서 대중을 깨우치고 인류를 고취한다면, 모든 종교인들이 '공교'로 돌아와 세계가 하나로 결합되는 '대동'의 이상사회가 열릴 것이라는 희망과 신념을 토로하고 있다.

박장현은 공자를 대정치가요 대학자요 대교육가이면서, 동시에 일종의 대종교가라 하여, 종교가로서 공자의 성격을 확인하고 있다. 나아가 그는 석가나 예수에 대해, "나로서 본다면 (석가와 예수의 가르침은) 세상을 벗어난 도리요 인간을 떠난 도리이다. 그러므로 석가와 예수는 '성스럽다'(聖)고 말할 수는 있어도 '성인'이라 말할 수는 없다. '성인'이란 '인도'(人道)에서 성스러운 것이다. 오직 '성인'이라 일컬을 수 있는 사람은 공자 한 사람 뿐이다"[31]라고 하여, 공자의 가르침을 '인도'의 가르침으로 확인하고, 동시에 가장 높여야할 최고의 가르침임을 강조하고 있다. 그는 또한 '공교'와 과학(서양학문) 사이의 본질과 기능에 대한 차이도 명석하게 대비시킴으로써, 물질문명의 원리인 과학이 정신문명의 원리인 '공교'에 우선할 수 없음을 확인시켜준다. 곧 '공교'는 짐승과 구별되는 인간적 가치를 존중하며, 도리를 배우고 현명함의 여부를 분별하는 것이지만, 이에 비해 과학은 생존에 우월함을 존중하며, 이익을 헤아리고, 부유한지 빈곤한지를 논의한다고 대비시킨다. 또한 '공교'에서는 이치가 우세함을 귀하게 여기며, 착한 사람들(善類)을 보호하려 하는데 비하여, 과학에서는 세력이 우세함을 귀하게 여기며, 강력한 권력(强權)을 숭상한다고 비교하고

---

31 『中山全書』(下), 356쪽, '論語類集序', "以余觀之, 是世外道, 而離乎人間者也, 是故釋迦耶蘇, 謂之聖則可, 謂之聖人則不可, 聖人者, 以其聖於人道也, 惟可以聖人稱者, 蓋孔子一人而已."

있다.[32]

박장현은 매우 독특한 자신의 공교관(孔敎觀)을 전개하였지만, 그 속에는 당시 강유위와 양계초를 비롯한 '공교'운동의 지식인들이 제기한 문제들을 폭넓게 수용하고 있다. 그 자신이 녹동서원의 명교학원에 수학하는 시기에 북경공교회의 중심인물인 진환장(陳煥章)과 하성길(夏成吉)에게 편지를 보내기도 하였다. 진환장에게 보낸 편지에서 그는 안순환이 창설한 '유교학회'(조선유교회)의 유교진흥운동으로서의 성격을 소개하며, 또한 자신이 강유위의 『맹자미』(孟子微)와 양계초의 『음빙실문집』(飮氷室文集), 및 진환장의 「공자론」(孔子論)을 읽었던 사실과 '공교'운동에 대한 관심을 밝히고 있다.[33] 영남의 청도(淸道)에서 서울에 올라와, 명교학원에 수학하였던 26세 때(1933) 부터는 그의 '공교'에 대한 인식과 신념이 확고해졌던 것으로 보인다.

2) 경전과 민족사의 통합적 재구성

이러한 학문적 관심에서 박장현은 자신의 과제를 더욱 심화시키기 위한 사업으로 유교경전과 우리 역사를 연구하고 저술하는데 전심전력하였다. 이에 따라 그는 29세 때부터 '경전'분야에 관한 저술에 심혈을 기울였다. 곧 『대학』(經1章, 傳10章)과 『중용』(33章)은 주자의 장구(章句)체제를 그대로 받아들였지만, 『논어류집』(論語類集)과 『맹자

---

32 『中山全書』(下), 357쪽, '跋拙修子太平書', "孔學化以別於禽獸爲重, 科學化以優於生存爲重,…孔學化之於人, 必以賢否分, 科學化之於人, 每以貧富論, 孔學化之人貴以理勝, 科學化之人貴以勢勝, 孔學化之所保者善類也, 科學化之所尙者强權也."

33 『中山全書』(下), 407-408쪽, '上中國陳煥章', 같은 책, 408-409쪽, '與中國夏成吉'.

류집』(孟子類集)은 『논어』와 『맹자』를 기존의 편장(篇章)체제를 버리고 주제별로 분류한 선집으로서 '유집'(類集)이라는 하나의 혁신적 편찬체제를 보여주고 있다. 여기서 그는 『대학』·『중용』·『논어류집』·『맹자류집』을 『경학독본』(經學讀本) 속에 묶어서 수록하고 있다.

나아가 그는 29세 때 『해동춘추』(海東春秋)를 저술하고, 31세 때 『반도서경』(半島書經)을 저술하였다. 『해동춘추』와 『반도서경』은 우리 역사를 경전으로 끌어올린 것이요, 민족의식을 경전편찬에 발현한 것이라 하겠다. 그 밖에 우리 역사를 서술한 『동국사안』(東國史案)·『조선사초』(朝鮮史抄)·『야사』(野史)의 저술은 민족사 연구와 저술을 통해 구국(救國)정신을 발휘한 것이라 할 수 있으며, 또한 엄정한 사료 해석과 독특한 편찬체제를 보여주고 있다.

유교진흥을 위한 기본과제의 첫 조목으로 박장현은 '성경을 강론할 것'을 역설하여, 경전에 대한 그 자신의 강한 관심을 보여준다. 그는 경전의 새로운 체계화의 시도와 더불어 민족주의적 관심에서 우리 역사의 인식에 관심을 기울였다. 여기서 경전의 보편적 진실성과 역사의 시대적 사실성은 유교경전 속에서도 본래 결합되어 있음을 주목할 필요가 있다. 정약용은 『춘추고징』(春秋考徵)의 첫머리에서 "왕도가 행해지는 시기에는 한 마디 말이나 한 가지 행동이 모두 경전이 되니, 그러므로 『서』와 『춘추』 같은 역사의 기록들이 육경(六經)에 열거되었다"[34]라 하여, '경전'과 '역사'란 왕도정치 아래서는 본래 하나였으나, 왕도정치의 쇠퇴에 따라 두 문(門)으로 분리된 것임을 지적하는 말이다.

---

34 『與猶堂全書』(2), 권2, 33, '春秋考徵', "王道行, 則其一言一動, 皆可爲經, 故書與春秋, 列于六經."

박장현은 25세 때 『삼경수록』(三經隨錄)을 저술하면서 경전주석을 시작하였는데, 여기서 그는 자신의 깨달음(自得)과 의문점(懷疑)을 제시함으로써, 경전주석에서 진보적 창의성을 중시하였다. 나아가 그는 경학의 연구방법으로서 ① 익숙하게 읽는 '숙독'(熟讀)과 정밀하게 생각하는 '정사'(精思)의 단계, 및 ② 깨달은 바를 기록하는 '차기'(箚記)와 성인의 뜻을 살피는 '관성'(觀聖)의 단계로서 두 단계를 지적하고 있다. 곧 자신이 경전을 읽고 생각하여 깨달은 바를 기록하고 나서도 다시 성인의 뜻을 깊이 음미해보는 심화의 과정을 보여주고 있는 것이다.

그의 경학체계로는 '차기'형식의 주석서인 『삼경수록』과, 경전의 원문을 다만 주자의 '장구'(章句) 그대로 수록한 『학용대전』(學庸大全)이 있고, 주제별로 분류하여 편집한 『논어류집』과 『맹자류집』이 있다.[35] 그것은 『논어』와 『맹자』를 분류체계에 의해 재구성함으로써, 경전의 전통적 형식보다도 주제별 분류를 통해 문제의 발견에 진취적인 적극성을 보여주고 있는 것이다.

박장현에서 매우 특징적으로 나타나는 문제의식은 유교와 민족의식의 결합이요, 그것은 경전과 우리 역사의 통합적 구성을 추구하는 데서 나타난다. 곧 『해동춘추』와 『반도서경』으로 그의 경학을 가장 잘 드러내주는 저술이다. 『춘추』와 『서경』은 원래 중국의 역사기록이었는데 공자의 편찬을 거침으로서 유교경전으로 채택된 것이라

[35] 『學庸大全』과 『論語類集』 및 『孟子類集』을 합쳐서 『經學讀本』으로 표제를 붙여 묶어놓았다.
  * 『論語類集』에서는 '孝'(11장), '仁'(31장), '學'(48장), '知'(18장), '行'(15장), '禮'(19장), '樂'(7장), '敎'(106장), '道'(24장), '爲政'(36장), '論人'(34장), '君子'(31장), '弟子'(57장), '出處'(21장), '帝王'(7장), '行狀'(30장)의 16주제를 설정하여 분류하고 있다..
  * 『孟子類集』에서는 '王政'(18장), '民族'(16장), '征伐'(10장), '學術'(49장), '出處'(19장), '聖賢'(27장), '雜著'(103장)의 7주제를 설정하여 분류하고 있다.

할 수 있다. 여기서 그는 우리의 역사를 경전의 구성체계를 모방하여 편찬하는데 그치는 것이 아니라, 한국유교를 우리 역사에 기반하는 경전적 체계 속에 독립적 체제로 구축하려는 의도를 천명한 것이라 하겠다.

그는 "'역사학'이란 국민의 밝은 거울이요, 사상진보의 원천이다"[36]라고 정의하면서, 우리의 역사학이 병들어 있는 이유를 ① 사실이 있음만 알고서 이상이 있음을 알지 못함(知有事實而不知有理想), ② 조정이 있음만 알고 민간이 있음을 알지 못함(知有朝家而不知有民間)이라는 두 가지 문제로 지적한다. 그것은 역사의식에서 민족정신과 국민대중에 대한 각성을 추구하는 것이다. 그는 "우리나라의 민족사상이 오늘에 이르러 떨쳐 일어나지 못하는 것은 역사가로서 어찌 그 허물을 거절할 수 있겠는가? 오늘날 민족주의를 제창하려고 하는데, 우리 동포로 하여금 강자가 지배하고 약자가 도태되는 이 세상에서 자리잡고 설 수 있게 하겠는가?…아! 역사학계에 혁명이 일어나지 않으면 우리 민족은 끝내 구제될 수 없을 것이다"[37]라고 하여, 민족사상이 흥기하지 못하는 책임이 역사가에 있음을 절실하게 강조하고, 우리 민족이 구제되기 위해서는 민족정신을 불러일으키도록 역사학계의 혁명이 일어나야 할 것임을 역설하고 있다.

박장현이 우리 역사를 서술한 저술은 경학적 구성으로서『해동춘추』와『반도서경』이외에도, 구성체계만 보여주는 미완성의 저술인『동국사안』(東國史案)이 있고, 초록(抄錄)하는 단계인『조선사초』(朝鮮史

---

36 『中山全書』(下), 341쪽, '舊史學論', "史學者, 國民之明鏡也, 思想進步之源泉也."

37 『中山全書』(下), 341-342쪽, '舊史學論', "我邦民族思想, 至今不能興起者, 史家豈能辭其咎耶, 今日欲提倡民族主義, 使我同胞能立於此優勝劣敗之世界乎,…嗚乎, 史界革命不起, 則吾民族終不可救."

鈔)가 있으며, 민중의 삶과 생각에 대한 역사적 관심에서 사료를 수집한『야사』(野史)가 있다. 그의 생애가 좀더 길었다면 경학과 역사에서 방대하게 완성하여야 할 많은 저술들이 상당 부분 간략한 구상과 초록에 머물고 있는 것이다. 그렇다면 그의 민족주의적 신념의 역사 서술은 결국 민족사를 경전의 체계로 서술하는『해동춘추』와『반도서경』에서 완성된 것이라 할 수 있을 것 같다.

또한 그가 지구상의 6대주별로 세계 각국의 국제정세에 관한 지식을 수록한『동서현세론』(東西現勢論)을 저술하였다는 사실을 고려하면, 그의 민족주의 의식이 폐쇄적인 것이 아니라, 국제정치현실에 대한 지식을 토대로 삼고 있으며, 세계에로 눈이 열려 있음을 의미하는 것이다. 따라서 그의 사상체계는 공교론(孔敎論)과 민족의식을 통합한 표출이요, '경전'과 '역사'의 통합적 재구성을 지향하는 것이면서, 동시에 민족문화의 과거적 전통(사실)과 미래적 변혁(이상)을 진보적 역동성 속에 일관시켜 파악하고자 하였던 것이라 하겠다. 나아가 그는 국가 민족의 주체적 문제와 국제사회의 객관적 현실 사이에 복합적인 연관성을 확보하고자 도모하는 규모가 큰 사상체계를 설계하였던 것을 엿볼 수 있다.

4. 『해동춘추』의 편찬의도와 구성체제

1)『해동춘추』의 편찬의도

박장현의『해동춘추』는 제목부터 고정되어 있지 않다.『중산전서』 (상)에 수록된 것을 보면 표지에는 '해동춘추'(海東春秋)로 되어 있고 각 권은 '동춘추'(東春秋)로 표기하였지만, 속표지에는 '해동강목'(海東 綱目)이라 되어 있고, 1937년(檀君紀元後4290年丁丑 秋)에 지은 '서' (序)['서B']에는 '동국강목'(東國綱目)으로 되어 있으니, 같은 책의 제목 이 네 가지로 나타나고 있는 것이다. 또한『중산전서』(하)의『문경상 초』(文卿常草)에 수록되어 있는 한 해 앞서 1936년(檀君紀元後4289年 丙子 秋九月 寒露節)에 지은 「해동강목서」(海東綱目序)['서A']가 있는데, 여기서는 제목을 '해동강목' 한 가지로 표기하고 있다.

그렇다면 1936년 처음 저술을 마쳤을 때 제목은 '해동강목'이었던 것은 분명하다. '해동'과 '동국'은 모두 우리나라를 가리키는 명칭이니 큰 차이가 없다고 본다면, 제목의 중요한 변동은 '서B'(1937년 서문)에서 원래 표제의 '강목'을 '춘추'로 고친 것임을 알 수 있다. 한가지 혼란스러운 점은 '서B'가 붙어 있는 『해동춘추』의 책 끝에 '丙子(1936)春 遜敏堂之艸本'이라 적혀 있다. 이에 따르면 원고가 탈고된 시기가 1936년 봄이요, '서A'는 그해 가을에 지은 것인데 책의 표지는 '해동춘추'로 되어 있고, 각권의 표제도 '동춘추'로 되어 있으니, '서A'가 지어지기 이전에 각권의 표제에도 '춘추'가 들어 있었는지 여부를 판단하기가 곤란해진다. 그러나 '서A'와 '서B'의 제목을 기준으로 본다면 '강목'에서 '춘추'로 바뀐 것은 분명하다.

그런데 '서B'에서 '해동춘추'와 더불어 여전히 '해동강목' 또는 '동국강목'이라는 표제를 남겨두고 있는 이유가 무엇인지 명확하지 않다. 단지 초본의 '해동강목'과 같은 책이라는 사실을 밝히려는 것인지, '해동강목'을 '해동춘추'의 별칭으로 인정한다는 것인지가 애매하다. '춘추'는 경전으로 높이려는 뜻의 명칭이요, '강목'은 역사를 서술하는 하나의 체제를 가리키는 말이다. '춘추'와 '강목'의 명칭은 의리가 현격히 다르니, 편찬의도에 엄청난 차이가 있음을 간과할 수는 없다. 박장현 자신도 이 차이를 결코 무시하지는 않았을 것이다.

분명한 사실은 박장현이 '강목'으로 편찬을 시작하여 1936년 집필을 마쳤으며, 이를 수정하는 과정에서 1937년 서문을 전면으로 고쳐서 다시 쓰면서 '춘추'로 높일 것을 의도하였던 것이라 할 수 있다. 여기서 표제를 '강목'에서 '춘추'로 고쳐놓고도 다시 양쪽 모두를 표시하지 않을 수 없었던 정황을 유추해보자면, 원래 '강목'으로 편찬하였던 사실을 그대로 인정하면서, '강'(綱)에 해당되는 기술을 '경'(經)인 '춘추'로 삼고, '목'(目)에 해당하는 부분을 '전'(傳)으로 삼음으로써, '경-전'

(聖經-賢傳)체제를 '강-목'체제의 서술과 동일시 할 수 있다는 관점을
제시하는 것이라 볼 수도 있을 것이다. 그렇다면 최종 확정된 제목을
'해동춘추'라 할 수 있고, '춘추'의 '경'만 있는 것이 아니라 '경' 아래에
그 자신이 '전'에 해당하는 서술을 부기하였으므로, '강목'의 의미도 함
께 지니는 것으로 수용한 것이라 이해하고자 한다. 청(淸)나라의 강신
영(姜宸英)은 "공자와 좌구명(左丘明)이 역사의 기록을 같이 보고서
'춘추'를 지었는데, '춘추'의 경(經)은 강(綱)이요, 좌전(左傳)은 그 목
(目)이다"[38]라고 하여, 『춘추』의 '경'을 '강'으로 삼고, '전'을 '목'으로
삼는 관점을 제시하였던 사실이 있으니, '경-전'체제를 '강-목'체제와
상응시켜 볼 수 있는 근거가 있다.

 '서A'(1936년 서문)와 '서B'(1937년 서문)는 동일한 『해동춘추』에 붙
인 서문인 것은 분명하지만 내용에서는 많은 부분이 삭제되거나 추가
되고 수정되어 상당히 큰 차이를 보여준다. '서A'는 지운다는 표시를
분명하게 해두었지만, 내용의 차이는 그가 『해동춘추』를 저술하는 의
도와 관심의 폭이나 변화과정을 엿볼 수 있는 자료가 되기 때문에 두
서문을 함께 볼 필요가 있다.

 먼저 '서A'에서는 그가 이 저술의 편찬에 착수한 것이 26세 때인
1933년(癸酉)이었음을 밝히고 있다. 26세에 시작하여 4년이 걸려 29
세(1936년)에 집필을 마치고 '해동강목서'(서A)를 지었다. 그 이듬해
지은 '서B'에서는 '서A'를 수정한 부분, 삭제한 부분, 첨가한 부분이
있다.

 먼저 수정한 부분은 기본내용은 공통이지만 '서A'의 기술이 조금 더

---

38 姜宸英, 『湛園札記』, 권4, "仲尼與左丘明, 同觀史記, 而作春秋, 春秋之經, 綱也, 左
　　傳其目也."

긴 것을 보면 간결하게 표현한 수준의 차이를 드러낼 뿐이다. 그 내용
을 보면, '서A'의 첫머리에서 조선이 아세아의 동쪽 부분에서 돌출하
여 삼면이 바다에 둘러싸인 반도의 나라요, 땅은 2천리(3천리로 수정)
요 민족은 2천만이라는 사실을 들고, 군주와 정부와 언어와 문자와 전
장(典章)·문물(文物)·법도(法度)가 있으며 4천여 년동안 내려왔고,
'동방예의지국'이라 일컬어지던 나라임을 지적하고 있다. 곧 국토와
국민과 문화와 역사가 뚜렷한 국가로서 '조선'의 위상을 제시한 것이
다. 이어서 역사의 근원을 밝혀, 단군이 요(堯)와 동시에 일어났고, 인
문(人文)을 창조하여 개벽(開闢)을 하고 백성을 교화하여 화락하게 한
지 천여년을 지내왔으며, 이어서 기자(箕子)가 와서 '홍범'(洪範)의 도
리를 행하여 우리나라에 유교의 교화가 크게 행해졌음을 강조하였
다.39 비록 당시에 나라가 망하고 식민 지배를 받고 있는 것이 현실이
었지만, 우리 역사의 유구함과 유교의 '도'로써 교화된 '예의'의 나라임
을 주장하여 민족의식을 고취하고자 하였던 것이다.

다음으로 '서B'에서 삭제된 부분은 바로 '서A'에서만 보이는 내용이
다. 4천년 역사동안에 중국은 25차례나 역성(易姓)혁명으로 왕조가
바뀌었지만, 우리나라는 7차례밖에 바뀌지 않았던 사실을 들고, 또 신
라 때 박(朴)·석(昔)·김(金) 세 씨족이 서로 주고 받으며 나라를 다스
렸던 것은 공자가 말하는 '대동'의 시대라 하여, 우리 역사가 중국에
비해서도 우수한 점이 있음을 강조하면서, "아! 나는 태어나 세 살에
나라가 이웃나라에 유린되어 종묘·사직이 무너졌으며 강토가 폐허로

<hr>

39 『中山全書』(下) 355쪽, 『文卿常草』, '海東綱目序', "初檀君與堯並立, 創造人文爲開
闢之鳴, 化民之熙皞者, 千有餘年, 且箕聖來自殷, 以洪範之道躬行, 吾東儒化大行,
易所謂箕子之明夷者, 非此之謂歟."

되고 말았다. 일이 일어난 유래를 살펴자니 나라가 멸망한 슬픔을 이길 수 없어, 놀라며 생각하고 슬퍼하며 근심할 뿐이다"40라 하여, 나라가 멸망한 사실을 돌아보며 근심하는 우국(憂國)청년이 지닌 깊은 시름과 의분(義憤)의 기개를 밝히고 있다.

나아가 세계의 정세를 돌아보면서 서양의 스위스·화란·덴마크·비리시(比利時: 미상) 등의 여러 나라는 국토와 인구가 조선에 미치지 못하는데도 유럽의 열강 속에서 스스로 당당하게 독립할 수 있었으며, 두란(杜蘭: 미상)·사왜(斯哇: 미상)는 영국이 공격하여 이겼지만 오히려 그 땅을 직할 식민지로 거둘 수가 없어서 마침내 스스로 정부를 설치하도록 들어주었다는 사실을 지적하였다. 따라서 그는 "이로 말미암아 말하면 진실로 대한(韓)이 스스로 무너지지 않는다면 저들(일본)이 대한을 어떻게 하겠는가?"41라 하여, 일시적으로 나라가 망하였지만 우리 자신이 스스로 무너지지 않으면 독립의 기회가 있을 수 있다는 희망의 뜻을 밝히고 있다. 여기에 바로 그가 우리 역사를 서술하는 이유가 있는 것이라 하겠다.

그는 조선이 멸망하는 과정을 기술하여, 고종 때 여러 대신들이 전제(專制)의 폐단을 번민하여 관제(官制)의 대개혁을 실현하고 입헌(立憲)정책을 시행함으로써, 정신을 분발하여 나라를 잘 다스려 보려고 도모하였으나 한 해도 못가서 스스로 파괴하고 말았다 하여,42 갑오경장(甲午更張, 1894)으로 정치개혁을 시도하였지만 보수적 세력에 의해

---

40 『中山全書』(下) 356쪽, 『文卿常草』, '海東綱目序', "嗚乎予生三歲, 國爲隣邦之踐躪, 宗社爲屋, 疆土爲墟, 省事來不勝禾黍之悲, 瞿然而思, 戚然而憂而已."

41 같은 곳, "由此而言, 韓苟不至自斃, 彼如韓何哉."

42 같은 곳, "韓光武時, 諸大臣慎專制之弊, 大革官制, 建一府八衙門, 行立憲政策, 厲精圖治, 未期年而自戕."

스스로 무너지고 실패로 돌아갔던 사실을 지적하였다. 여기서 그는 후일에라도 시행될 수 있기를 기대하면서 갑오경장 때 입헌군주제로 개혁한 내용을 간략히 소개하고 있다. 곧 군주국의 헌법 제1조는 "군주는 신성하므로 침해할 수 없으며, 특권이 있으므로 책임이 없으며, 책임을 지는 내각이 있다"는 것이요, 정령(政令)은 여러 국무대신이 함께 회의하여 내각이 의결한 다음에 (군주에게) 재가를 청하며, 궁내부(宮內府)대신이 미리 의논하여 임금의 전제하는 권한을 막을 수 없다는 것이 기본 의리임을 밝혔다. 여기서 그는 서양의 여러 나라가 차례로 이 제도를 행하여 각각 그 나라를 유지하고 있는데, 우리나라는 이 입헌군주제의 법도를 일찍 깨닫지 못했고, 깨닫고서도 행할 수가 없어서 나라가 드디어 망하고 말았음을 탄식하고 있다.[43]

따라서 박장현은 나라가 멸망함을 안타까워하여 우리 역사를 서술하였던 것이요, 1936년 47권 23책의『해동강목』을 완성하고나서, 그는 서문(서A)의 끝에, "뒷날 학문이 이루어지고 식견이 갖추어지기를 기다려 다시 다듬고자 한다. 옛날 주자가『통감강목』을 서술하고나서 죽음에 임하여 탄식해서 말하기를 '『강목』이 다시 검열되지 못한 것이 천추에 눈을 감기 어려운 한이 된다'고 하였으니, 그 초년의 저술이 정확하지 못했음을 밝힌 것이다. 주자도 오히려 이렇게 두려워했는데, 하물며 나는 어떠하겠는가"[44]라 하였다. 우리 역사를 서술하는 중대

---

43 같은 곳, "君主國之憲法第一條, 曰, 君主神聖, 故不可侵, 有特權, 故無責任, 而有責任之內閣, 凡有政令, 諸國務大臣同會, 內閣議決, 然後請上裁之, 而宮內府大臣不得預議以防人主專制之權, 此其大義也, 泰西諸國次第行之, 各得其國, 而我邦悟之不早, 悟而行之不能, 國遂亡, 可勝歎哉."

44 같은 곳, "待後日學成識備而欲重理焉, 昔朱子述通鑑綱目, 臨終歎曰, 綱目之不得再閱, 爲千秋難瞑之恨, 是明其初年筆削恐未得正也, 以朱子猶懼如此, 而況章乎."

한 일에 자신의 식견이 부족하여 과오가 있을 것을 두려워하는 겸손한 자세를 보이며, 장차 수정하겠다는 뜻을 밝히고 있다. 여기서 그의 『해동강목』은 주자의 『통감강목』을 모범으로 삼았던 것임을 엿볼 수 있게 한다.

나아가 '서B'에서 추가된 부분은 '서A'의 『해동강목』이 한 해만에 '서B'를 통해 『해동춘추』로 바뀌게 된 이유를 엿볼 수 있는 중요한 자료라 할 수 있다. '서B'의 첫머리에는 "역사란 나라의 선과 악을 기록하여 천추에 전해주는 것이다. 무릇 편찬하고 서술하며 적어 넣고 깎아내는 즈음에 인품의 사특하고 정대함과 맑고 사악함을 만약 그 기록이 엄중하지 않다면 군자는 권유받지 못하고 소인은 징계받지 못하게 되며, 선한 자는 나태해지고, 속이는 자, 아첨하는 자, 교활한 자, 편벽된 자의 무리들이 더욱 방자하여 거리낌이 없을 것이다"[45]라고 하였다. 우선 '조선'이라는 우리 자신을 말하기 이전에 '역사'일반을 논의하는 관점의 변화가 보인다. 여기서 '역사'는 나라의 선·악을 기록하는 '포폄'(褒貶)의 평가라는 의리적 가치관과 '권징'(勸懲)이라는 교화의 기능이 강조되고 있다. 이러한 역사의 '포폄'을 통한 '권징'의 역할을 가장 잘 보여주는 모범으로 공자가 『춘추』를 편찬하고, 주자가 『통감강목』을 서술한 사례를 들고 있다. 곧 "공자가 노(魯)나라 역사를 편찬하니 나라를 어지럽히는 신하와 부모를 해치는 자식들이 두려워할 바를 알게 되었고, 주자가 『강목』을 서술하니 의리가 세상에 밝아졌다. 역사가 세상을 교화하는데 관계되는 바가 그러하지 않겠는

---

45 『中山全書』(上), 5쪽, '海東春秋·序', "史者, 書國之善惡, 而垂諸千秋者也, 夫編述筆削之際, 人品之邪正淑慝, 若不嚴乎其筆, 則君子無以爲勸, 小人無以爲懲, 善者怠, 而詐者·諛者·詖者·僻者之類, 益肆無所忌憚矣."

가"[46]라 하여, 공자의『춘추』와 주자의『통감강목』을 역사서술의 기준으로 삼음으로써, '춘추'와 '강목'을 일치시켜 우리 역사를 서술하겠다는 입장을 보여주고 있는 것이다. 따라서 '해동강목'으로 저술하였지만 '해동춘추'로 표제를 바꿀 수 있는 근거를 확보할 수 있었던 것으로 보인다.

18세기 후반의 실학자 홍대용(湛軒 洪大容)은 "공자는 주(周)나라 사람이다. 왕실은 날로 경시되고 제후들이 쇠약해지자 오(吳)나라와 초(楚)나라가 중국을 어지럽히는 도적 노릇을 거리끼지 않았다. '춘추'(春秋)란 주나라의 기록이라 안과 바깥을 엄격히 한 것은 역시 마땅하지 않겠는가? 비록 그러나 공자로 하여금 바다로 떠나가 동쪽 오랑캐땅에서 살게 하였다면, 중화의 예법을 써서 오랑캐를 변화시켜 주나라의 법도를 영역 바깥에서 일으켰을 것이니, 안과 바깥의 구분과 높이고 물리치는 의리가 저절로 마땅히 '영역 바깥의 춘추'(域外春秋)로 있었을 것이다. 이것이 공자가 성인된 까닭이다"[47]라 하여, 중국 바깥에서도『춘추』를 지을 수 있다는 이른바 '역외춘추론'(域外春秋論)을 제시하였다. 공자가『춘추』를 지은 것은 '왕도를 높이고 패도를 천시하는'(尊王賤覇) 의리를 밝힌 것인 만큼, 공자의 '도'는 중국만을 위한 것이 아니라 어느 나라에서도 자기나라 역사를 공자의 의리정신에서 서술하면 중국바깥(域外)의『춘추』가 될 수 있다는 것이다. 박장현이 우리 역사를 춘추의리로 편찬하여 우리의『춘추』곧『해동춘추』

---

46 같은 곳, "孔子修魯史, 而亂臣賊子知所懼, 朱子述綱目, 而義理明於世, 史之於世教所關, 不其然乎."

47 『湛軒書』, 內集 권4, 37, '毉山問答', "孔子周人也, 王室日卑, 諸侯衰弱, 吳楚滑夏, 寇賊無厭, 春秋者周書也, 內外之嚴, 不亦宜乎, 雖然, 使孔子浮于海, 居九夷, 用夏變夷, 興周道於域外, 則內外之分, 尊攘之義, 自當有域外春秋, 此孔子之所以爲聖人也."

로 편찬할 수 있는 근거를 홍대용의 '역외춘추론'에서도 찾아볼 수 있을 것 같다.

'서B'에서 추가된 또 하나의 문제는 '서B'의 후반부에서 우리 역사를 삼국시대의 상무(尙武)정신으로 강국(强國)이었고, 고려말 이후 조선시대에 유현(儒賢)들이 출현하여 문치(文治)가 크게 일어났으나, 문폐(文弊)가 오래되고 국세(國勢)가 약화되어 이웃 나라에 병합됨으로써 4천년 역사의 나라가 폐허가 되고 말았음을 서술하며 안타까워하였다. 여기서 그는 우리나라 역대 왕조의 역사를 서술하면서, 신라의 승려 무극(無亟)의 『고기』(古記)와 선우씨(鮮于氏)의 『선왕유사기』(先王遺事記)와 같은 희귀자료를 포함하여, 김부식(金富軾)의 『삼국사기』(三國史記), 정인지(鄭麟趾)의 『고려사』(高麗史), 및 조선시대 조정과 재야의 여러 역사서 등 사료를 수집하고서 "번거로운 것은 간략히 하고, 소략한 것은 상세하게 하며, 소루한 것은 치밀하게 하고 의심스러운 것은 비워두며, 강령을 끌어내고 조목을 헤아리며, 이미 죽었어도 간사하고 아첨하는 자는 징벌하고, 감추어진 덕의 미약한 광채는 드러냄으로써, 상주고 벌주며 허여하고 삭탈하는 의리를 깃들게 하여, '동국강목'이라 이름 붙였다"[48]고 한다. 편찬방법의 핵심은 '강'과 '목'으로 나누어 서술한다는 것이요, 편찬의 정신은 '포폄'으로 의리를 밝힌다는 것이다.

'서B'의 마지막에서 "편찬하고 서술하며 적어 넣고 깎아내는 즈음에 자신의 천박함을 돌아본다면 비록 감히 샅샅이 찾아내고 정밀하게 캐물어 남김이 없다고 말할 수는 없지만, 역대 정치의 득실을 서술하고,

---

48 『中山全書』(上), 5쪽, '海東春秋·序', "繁者簡之, 畧者詳之, 疎者密之, 疑者闕之, 提綱絜目, 誅姦諛於旣死, 發潛德之幽光, 以寓褒貶予奪之義, 名曰東國綱目."

조정이나 재야에 인품의 사특하고 정대함을 평론함에는 오히려 스스로 그 사이에 엄정하고자 함을 거의 다 하였다고 하겠다. 이 책이 세상에 전해질 수 있다면 반드시 군자와 소인이나, 선한 자와 악한 자나, 속이는 자, 아첨하는 자, 교활한 자, 편벽된 자를 권유하고 징계하는데 도움이 없다고 할 수는 없을 것이다"[49]고 밝혔다. 그만큼 의리를 드러내어 포폄을 제시하는데 엄격하였음을 자부하고 있는 것이다.

'서B'의 끝에 세상 사람들이 그가 역사를 서술한 사실에 대해 비판하는 견해와 이에 대한 대답을 밝힌 글이 있는데, 지운다는 표시를 하고 있다. 사람들의 비판이란 "나이는 어리고 학문도 얕으며 저작하고 논변할 만한 재주가 없고 탁월한 식견도 없으면서 문득 역사를 기록하는 붓을 잡아 희롱하는 것이 어찌 적어 넣고 깎아내는 의리에 적합할 수 있으며, 참람하고 망녕된 것이 아니겠는가"라는 지적이고, 이에 대한 대답은 "참람하고 망녕됨은 진실로 그러함이 있지만, 적어 넣고 깎아냄의 오류는 또한 고치고 고쳐서 고치기를 꺼리지 않는다면 거의 큰 오류에 머물지는 않을 것이다"[50]라 하여, 앞으로 계속 고쳐가겠다는 입장을 밝힌 것이다.

계속 논의되는 초점은 역사기술의 문제이고, 경전으로 우리나라의 '춘추'를 짓는다는 사실에 대한 언급이 없는 점은 자신이 공자의 역할에 해당하는 '춘추'를 짓는다는 점을 내세우는 것이 아니라, '강목'의

49 같은 곳, "夫編述筆削之際, 顧此淺薄, 縱不敢謂搜盡効精, 無復餘蘊, 而其敍歷代政治之得失, 騭朝野人品之邪正, 猶自庶欲嚴乎其間也云爾, 而此書若能見傳於世, 則未必無補於君子小人·善者惡者·詐者諛者·詖者僻者之勸懲矣."

50 같은 곳, "世間余述此史曰, 妙年薄學, 無著作論辨之才, 又無卓絶之識, 遽把歷史之筆, 而弄之, 是安能中其筆削之義, 而非僭且妄也哉, 曰, 僭妄則誠有之矣, 筆削之謬, 又改之, 改之不憚數改, 庶不止於大謬也已."

역사를 서술한 것으로 논란의 대상이 되는 입장을 설정하고 있음을 보여준다. 그만큼 '춘추'의 저작을 내세우는 것은 집중적 비방의 대상이 될 수 있는 위험한 일임을 그 자신도 잘 알고 있었던 것임을 말해주는 것이기도 하다.

박장현은 '『해동춘추』에 스스로 쓰다'(自題海東春秋)라는 시를 지었는데, 이 시의 제목에서도 '해동춘추'라고 제목을 붙여놓고서 뒤에 '조선강목'(朝鮮綱目)으로 고친 표시가 있으며, 이 시에서 "참람하고 분수 넘음 헤아리지 않고서 적어넣거나 깎아내었으니/ 세상 사람들이 나를 알아주고 죄줌이 여기에 있으리라"[51]고 하였다. '강목'(해동강목)을 '춘추'(해동춘추)로 고친 다음에도 또다시 물러서서 '강목'으로 다시 고치려는 의도가 무엇인지 궁금하다. 마음이 동요하여 엎치락 뒤치락 하는 것인지, '춘추'라는 제목이 끝내 너무 부담이 심하여 후퇴하고 싶은 것인지 판단하기가 쉽지 않다. 다만 이 시의 구절과 더불어 『해동춘추』의 '범례'(凡例)에서도 "나를 죄주거나 나를 알아주거나를 돌아보지 않고, 참람되지만 역대(歷代)에 장려하고 삭탈하는 권한(與奪權)을 가만히 맡아서 '동춘추'(東春秋: 海東春秋)라 하였는데, 그 일은 역사이지만, 그 의리는 내가 가만히 취한 것이다"[52]라고 언급한 사실이 있다. 여기서 그는 사실과 의리를 구분하여, 사실에서 보면 역사의 기술이니 '강목'이요, 의리에서 보면 '춘추'라는 견해를 엿볼 수 있게 한다. 또한 '나를 죄주거나'(罪我) 나를 알아준다"(知我)라는 말은 원래 공자가 "나를 알아주는 것도 오직 『춘추』요, 나를 죄주는 것도 오직 『춘추』

---

51 『中山4僭踰加筆削, 世人知罪在於斯."

52 『中山全書』(上), 6쪽, '海東春秋・凡例', "不顧罪我知我, 而僭竊寓與奪權于歷代, 而曰(海)東春秋, 其事則史, 其義則章竊取之矣."

이다"(孔子曰, 知我者其惟春秋乎, 罪我者其惟春秋乎.〈『맹자』, 滕文公下〉)라고 한 언급에서 끌어온 것이다. 그렇다면 공자가 『춘추』를 보는 심정으로 그 자신도 『해동춘추』를 보고 있다는 인식을 분명하게 드러내 주고 있으며, 그만큼 '강목'의 단계를 넘어 '춘추'로서 인식하는 입장을 확인할 수 있다. 곧 박장현은 '강목'이라는 역사기술 속에서 '춘추'로서의 의리를 간직하고 있다는 이중적 의미를 보여주고 있으면서, 동시에 '춘추'라는 인식을 분명히 드러내고 있는 것이다.

2) 『해동춘추』의 구성체제

『해동춘추』47권은 첫머리에 여러 도표를 제시하였고, 본문은 크게 보면 '단씨조선기'(檀氏朝鮮紀), '기씨조선기'(箕氏朝鮮紀: 箕氏馬韓紀 포함), '삼국기'(新羅紀·高句麗紀·百濟紀), '신라기'(新羅紀, 附 渤海), '고려기'(高麗紀), '한기'(韓紀)의 여섯 시대 기록으로 구분하여 서술하고 있다.[53]

'범례'에서 밝히고 있는 『해동춘추』의 체제를 보면, 먼저 "단군이 첫머리에 나와서 나라를 다스리며 신교(神敎)를 베풀어 백성을 교화하였고, 단(檀)씨의 끝에 은(殷)의 태사(太師)였던 문성왕(文聖王: 箕子)

---

53 『海東春秋』47권의 구성체제와 卷數를 보면 다음과 같다.
　권 1 檀氏朝鮮紀 (총 1권)
　권 2 箕氏朝鮮紀/ 권3 箕氏馬韓紀 (총 2권)
　권 4 新羅紀·百濟紀 / 권5-8 新羅紀·高句麗紀·百濟紀 (총 4권)
　권 9-11 新羅紀(附 渤海) (총 3권)
　권12-26 高麗紀 (총15권)
　권27-47 韓紀 (총21권)

이 주(周)나라를 피하여 동쪽으로 오니, 그 정통을 계승하여 유교로 천년동안 교화하였다. 지나온 햇수와 시작하고 끝남이 오히려 고증하여 믿을 수 있으므로, 특히 단군의 즉위를 계통의 첫머리에 말하여 동방이 개국한 기원으로 삼는다"⁵⁴라고 하여, 우리 역사의 시작을 단군으로 개국의 기원을 삼는 의리를 밝혔다. '춘추의리'는 첫머리에 기년(紀年)을 규정하여 정통을 밝히는데서 출발하는 것이므로, 단군을 '기원'으로 삼는 것이 『해동춘추』가 '춘추의리'를 활용하고 있는 것임을 확인할 있는 것이다. 『해동춘추』의 기술에서 편찬자의 설명은 없지만, 설명의 편의를 위해 본문에서 큰 글자로 쓴 것을 '경'(經)으로 보고, 별행(別行)으로 한 글자를 낮추어 작은 글자로 쓴 것은 '전'(傳)으로 보며, 큰 글자 아래 행간(行間)에 작은 글자로 쓴 것을 '주'(註)로 볼 수 있을 것이다.

『해동춘추』 권1, '단씨조선기' 첫머리 '경'에는 "무진 단군원년 겨울 10월 나라사람이 신인(神人)을 추대하여 임금(君)으로 삼고 국호를 '단'(檀)이라 정하였다"(戊辰檀君元年冬十月, 國人推戴神人爲君, 定國號曰檀)고 하였다. 그 '전'과 '주'에서 '단군'의 성(姓)이 단(檀)이요, 갑자(B.C.2457) 10월3일에 탄강하고, 무진(B.C.2333) 10월3일에 즉위하고, 경자(B.C.2241) 3월15일에 승하하였으며, 재위93년이요, 수(壽)가 217년이라 하였다. 또한 '경'에서 "경인(B.C.2311) 23년 평양에 도읍을 옮기고 국호를 '조선'이라 하였다" 하고, 그 '전'에는 '조선'의 뜻을 설명하여, "땅이 동쪽 바깥에 있어서 아침해가 빛나고 맑음을 먼저 받기 때문

---

54 『中山全書』(上), 6쪽. '海東春秋 · 凡例', "檀君首出御國, 設神敎化民, 檀氏之季, 殷太師文聖王, 避周東來, 繼其正統, 儒化千載, 歷年始終, 猶可考信, 故特言檀君卽位于統系之首, 爲東方開國之紀元."

에 '조선'이라 한다"(地在東表, 先受朝日光鮮, 故曰朝鮮)고 하였다.

단군의 교화내용으로 '경'에는 "백성들에게 머리털을 묶어 머리를 덮기를 가르쳤다"(敎民編髮蓋首)라 하였고, '전'에는 "비로소 남녀·부자·군신의 '도'와 의복·음식·궁실·편발개수(編髮蓋首)의 제도를 가르치니, 백성이 모두 크게 기뻐하였다. 속칭 댕기(檀旂)는 단군이 머리털을 묶어 머리를 덮는 것을 기념한 것이다"라 하였다. 옷과 머리털(衣髮)이 풍속과 제도의 기본임을 보여주는 것이다.

또한 '경'에는 "무오 단기111년(B.C.2223)에 순(舜)임금이 우(禹)에게 명하여 '홍범구주'의 차례를 정하게 했다"(戊午百十一年虞舜命禹敍洪範九疇)고 기록하였다. '범례'에서는 "요·순·우·탕·문왕·무왕·주공·공자·안자·증자·자사·맹자는 '도'를 이어주고 '통서'(統)를 전해준 성현으로 본래 종족의 구별과 지역의 한계가 없다. 하물며 우리나라는 한없는 은혜를 받았으니, 이에 출처(出處)와 사행(事行)으로 각 시대의 연대순 가운데 갖추어 기록하였다"55고 하여, 유교에서 높이는 옛 성왕과 성현의 행적을 우리 역사 속에 기록하면서 그 이유를 밝히고 있다.

권2의 '기씨조선기'에서는 기자(箕子)를 '문성왕'(文聖王)이라 칭하고, '주'에 문성왕의 성은 기(箕)씨요 이름은 서여(胥餘)이며, 재위 40년이요 93세까지 살았다 하며, 마한(馬韓)의 애왕(哀王)이 '태조문성왕'(太祖文聖王)으로 추존하였다 한다. "문성왕이 조선에 피하여 살자 조선의 인민이 받들어 왕으로 삼으니, 평양에 도읍을 정하고 국호를 '조선'으로 이어갔다"하고, 그 교화의 내용으로 정전을 구획하고(畫井

---

55 같은 곳, "堯舜禹湯文武周孔顔曾思孟, 繼道傳統之聖賢, 本無種族之別, 區域之限, 況我東受罔極之恩, 玆將出處事行, 而備書于歷代編年中."

田) 팔조금법(八條禁法)을 시행한 사실을 들었다.

기씨조선의 마지막 임금인 애왕(哀王: 이름 準)편 끝에 '경'에는 "연 (燕)나라 사람 위만이 와서 투항하니 왕은 박사로 임명하고 진(秦)의 빈땅 수백 리를 봉해주었다"(燕人衛滿來, 王拜爲博士, 封秦空地數百里) 고 기록하고, 권3 '기씨마한기'의 애왕편 첫머리에 "정미 기씨마한 애 왕28년 위만이 서울(京都)을 내습하여 왕은 싸움에 패하고 바다에 떠 서 남으로 달아나 한(韓)땅 금마군(金馬郡)에 이르러 드디어 도읍을 정 하고 국호를 '마한'으로 고쳤다" 하고, 그 다음 조목에 "위만은 나라를 세우고 (국호를) '조선'이라 하였다"[56]고 기록하고 있다. '기씨조선'은 위만에 의해 망하고 위만이 다시 건국하여 국호를 '조선'이라 하였지 만, 왕조로 인정하지 않고, '기씨조선'의 애왕이 망명하여 세운 나라인 '마한'을 '기씨마한'이라는 왕조로 제시하고 있는 것은 왕조의 정통이 국호를 따라가는 것이 아니라 왕통의 계승에 의한 것이라는 의리를 밝히는 것임을 보여준다. 따라서 '위만조선'이란 왕조는 『해동춘추』 에 왕조로 받아들여지지 않고 '마한'이 '기씨마한'으로 정통임을 제시 하고 있는 것이다.

또한 '기씨마한기'의 원왕(元王)편에 갑자(元王2년) 신라의 시조 박 혁거세(朴赫居世)가 나라를 세워 국호를 '서라'(徐羅)라 하고, 갑신(元 王22년) 고구려의 시조 동명성왕 고주몽(東明聖王 高朱蒙)이 나라를 세 워 '고구려'라 하였음을 기록하고, '기씨마한'의 마지막 왕인 왕학(王 學) 원년(계묘)에 백제 시조 부여온조(夫餘溫祚)가 위례성(慰禮城)에 도

---

56 『中山全書』(上), 32쪽. '海東春秋(권3), 箕氏馬韓紀·哀王', "丁未箕氏馬韓哀王二十 八年, 衛滿來襲京都, 王戰敗, 浮海南奔, 至韓地金馬郡, 遂定都, 改國號曰馬韓." 같 은 곳, "衛滿建國, 號曰朝鮮."

읍하여 국호를 '백제'라 한 사실을 기록하였지만, '신라기'·'고구려기'·
'백제기'는 '기씨마한'이 백제에 의해 멸망된 뒤에 비로소 왕조로 기록
하고 있다. 이러한 사실도 신라·고구려·백제의 삼국은 정통이 없는
시대이므로 멸망할 때까지는 '기씨마한'을 유일의 왕조로 인정하고 있
는 것이 바로 정통을 드러내어 의리를 밝히는 춘추필법임을 엿볼 수
있다.

  그러나 신라가 삼국을 통일한 다음에 '신라기'에는 발해의 역사를
수록하여 신라를 정통으로 인정하고 있음을 보여준다. 따라서 후백제
와 후고구려가 세워지고 왕건이 고려를 세운 사실도 '신라기' 속에 기
록하였으며, 신라가 고려에 항복하여 멸망한 다음해인 태조신성왕(太
祖神聖王)19년부터 '고려기'로 독립시켜 기록하고 있다. 또한 후백제
의 신검(神劍)이 항복한 것은 '고려기'의 태조신성왕19년조에 수록하
였다. 이러한 사실은 정통의 시작과 이어지는 시기를 분명하게 밝히
는 것을 '춘추의리'로 제시하려는 의도를 보여주고 있는 것이다.

  '고려기'의 마지막인 공양왕3년(임신)조 '경'에는 "추(秋)7월 정비(定
妃)가 하교하여 폐왕(廢王)을 원주로 추방하였다. 을미(병신으로 고침)
에 고려의 신하 배극렴·조준·정도전 등이 시중 이성계를 추대하여
수창궁에서 왕위에 오르게 하니, 고려는 드디어 멸망했다"[57]고 기록하
였다. 조선왕조의 수립과정을 미화함이 없이 사실대로 직필(直筆)하
는 태도를 보여주고 있다. 또한 조선왕조가 수립된 그해의 기록은 모
두 '고려기'의 후폐왕(後廢王)3년조 안에 기록하여, 고려왕조의 정통성

---

57 『中山全書』(上), 440쪽. '海東春秋(권26), 高麗紀·後廢王', "秋七月定妃下教廢王放
原州, 乙未(丙申으로 고침)高麗臣裵克廉·趙浚·鄭道傳等推戴侍中李成桂卽王位於
壽昌宮, 高麗遂亡."

을 조선왕조의 건국에 앞세우고 있음을 보여준다.

조선왕조를 '한기'(韓紀)로 기록한 것은 대한제국을 정통으로 삼고 있음을 밝히고 있다. 『해동춘추』 권27, '한기'의 첫머리에 '태조고황제'(太祖高皇帝)라 일컫고 있는 것도, 대한제국에서 붙인 존호(尊號)를 따른 것이다. '한기'의 마지막인 '양제'(讓帝: 純宗)3년(경술)조의 '경'에 "고구려의 명장 을지문덕의 석상을 용당현에서 얻었다"(得高句麗名將乙支文德石像于龍塘峴)는 사실을 기록하여, 망국의 순간에도 민족정신을 일깨워줄 사건을 소중하게 수록하고 있다. 망국의 사실을 "추8월 일한합방조약이 이루어졌다"(秋八月日韓合邦條約成)고 사실만 기록하고, 끝에는 "한(韓)의 금산군수 홍범식 등 25인이 나라가 망함을 듣고 죽었다"(韓錦山郡守洪範植等二十五人, 聞國亡死之)는 기록을 남겨, 나라가 망하는데 대한 국민의 저항의식을 확인하였다.

『해동춘추』의 전편은 '춘추필법'(春秋筆法)을 준칙으로 우리 역사를 보는 시야를 분명하게 드러내주고 있다는 점에서 단지 '역사'서술에 머물지 않고 '경전'의 정신을 담아내고 있다. 바로 이 점에서 '해동강목'이라는 역사서를 넘어서 '해동춘추'라는 명칭에 크게 어긋나지 않는 것으로 보인다.

5. 『반도서경』의 편찬의도와 구성체제

1) 『반도서경』의 편찬의도

『반도서경』의 경우 책 표제는 '반도서경'이라 되어 있고, 각 권의 제목은 '해동서경'으로 되어 있지만, '서경'이라는 제목의 인식에서는 변함이 없다. 그것은 분명히 처음부터 '경'으로 편찬하려는 의도를 가지고 저술한 것임을 말해준다. 박장현은 『반도서경』의 서문에서 "아! '반도서경'이란 무엇인가? 우리 동방의 단군·기자·삼국·신라·고려·대한 여섯 시대의 글이다"[58]라고 하여, 어떤 다른 나라가 아니라 바로 우리나라 역사를 자료로 삼아 경전으로 편찬한 글임을 분명하게 밝히고 있는 것이다. 그것은 중국의 역사만 경전으로 편찬될 수 있는 것이 아니라, 우리 역사도 경전으로 편찬될 수 있다는 권리를 선언하는 것

---

[58] 『中山全書』(上) 823쪽, '半島書經·序', "於庢半島書經者何, 曰, 吾東檀箕三國及羅麗韓六代之書也."

으로 보이기도 한다.

박장현의 『반도서경』 서문은 1938년 가을(戊寅秋九月下澣)에 지은 것이다. 그것은 『해동서경』의 두 번째 서문('서B')을 짓고 나서 바로 한 해 뒤에 지었음을 보여준다. 그는 『해동춘추』를 편찬하면서 이미 우리 역사를 경전으로 편찬하는 작업을 한다는 인식을 분명하게 드러내었고, 이에 이어 연속으로 『반도서경』의 편찬에 잇달아 착수했던 것임을 알 수 있다. 『춘추』가 편년체로 사건을 기록한 것이라면, 『서경』은 임금과 신하의 말과 행적으로 세상을 경륜하는 도리의 기본이 되는 내용을 기록한 것이다. 물론 공자가 편찬한 『서경』과 『춘추』는 다른 시대의 역사적 사료를 바탕으로 한 것이다. 그러나 같은 역사의 사료를 가지고서도 서로 다른 관심과 문장체제로 『춘추』와 『서경』을 편찬하는 것이 가능하다는 생각을 쉽게 할 수 있었을 것으로 보인다.

또한 그는 우리나라를 '반도'라고 표제에서 밝힌 이유를 설명하여, "'반도'라고 하는 것은 조선이 아세아대륙의 반도이기 때문이다"[59]라 하였다. '해동'이라는 말은 중국을 기준으로하여 우리나라의 지리적 위치를 표시하는 말인데, 이와는 달리 아세아대륙에 속하는 반도임을 지적하여 우리나라의 지리적 위치가 지닌 성격을 중국기준에서 벗어나 보다 객관적으로 표기하려는 의도를 읽을 수도 있다. 그러나 '반도'라는 호칭은 일제시기에 일본인들이 조선을 가리키며 쓰는 일반적 용어였다는 점과, 또 우리 역사가 만주지역을 포함하는 대륙에까지 뻗어있었다는 역사지리적 의식을 잊은 것으로 보이는 점을 지적하지 않을 수 없다. 각 권의 표제를 '해동서경'으로 표기하면서 책표지와 서문

---

59 같은 곳, "曰半島者, 朝鮮是亞細亞大陸之半島故也."

은 '반도서경'으로 표기한 사실을 보면, 박장현 자신은 '해동'과 '반도'
라는 용어의 차이에 중요한 의미를 부여하고 있지 않은 것으로 보이
기도 한다.

　박장현은 4천여 년의 우리 역사를 여섯 시대(六代)로 구분하고, 이
를 경전으로 편찬하는 조건을 제시하여, "여섯 시대의 다스림과 혼란
함, 융성함과 쇠퇴함, 간사함과 정대함, 선함과 악함이 서적(簡册)에
남아 있으니, 그 서적을 살피면 여섯 시대의 '떳떳한 도리'(大經)를 이
에 따라 논의할 수 있다"60고 하였다. 『반도서경』의 저술은 바로 우리
역사의 기록을 통해 각 시대 정치의 득실에서 '떳떳한 도리' 곧 '대경'
(大經)을 밝힘으로써 '서경'의 정신을 우리 역사 인식에 투영시키는 일
임을 보여준다. 『서경』이 지닌 경전으로서의 특징을 지적하면서 원래
'정사'(政事)를 말하는 것이라 하여, 성정(性情)을 말하는 『시경』이나
절도와 문채(節文)를 제시하는 『예경』과 대비시켜 『서경』의 특징이
정치의 일이라 지적되어 왔다.61 따라서 그는 우리 역사를 통해 정치
의 도리를 밝히는 것이 바로 『반도서경』을 편찬하는 과제요 의도임을
말하고 있는 것이다.

　그는 우리 역사를 여섯 시대로 구분하면서 각 시대의 특징을 드러
내고 그 시대의 성격을 규정하고 있다. 곧 ① 단군조선은 '원시시대'로
인심이 순박하고 풍속이 두터우며 백성들은 편안하고 화락하였으며,
② 기자조선은 '문화시대'로 교화가 동방에 점차 퍼지고 예의가 비로

---

60 같은 곳, "六代之治亂·盛衰·邪正·淑慝, 載在簡册, 桉其簡册, 則六代之大經, 因可
　得而論矣."
61 朱熹, 『論語集注』(述而), "詩以理情性, 書以道政事, 禮以謹節文." 權近도 그대로 따
　라 『入學圖說』(五經體用合一之圖)에서 "書以道政事, 詩以言性情, 禮以謹節文."이라
　하였다.

소 밝아졌다 한다. ③ 삼국은 '쟁패(爭覇)시대'로 군웅이 나라를 세워 서로 번갈아 침략하였으나 오히려 스스로 정치를 행함에 어진정치를 가장하였으며, ④ 신라(통일신라)는 '승평(昇平)시대'로 제도와 법령과 문물이 빛나게 차례로 일어났고 미술이 발달하였다 한다. ⑤ 고려는 '불화(佛化)시대'로 다스려짐과 혼란함이 이어지면서 겨우 국가의 명맥을 유지할 수 있었으며, ⑥ 조선시대(韓朝)는 '문폐(文弊)시대'로 유교의 법도를 배양하여 예의는 비록 밝아졌으나 문장을 숭상하고 무술을 천시하여 국가의 세력이 극심하게 약화되었다고 언급하였다.[62] 우리 역사의 시대적 특성을 규정하면서 특히 조선시대에 대해 유교가 성행하면서 문장만 높이고 무술을 천시하다가 나라가 쇠약해지는 유교문화의 폐단을 시대적 특징으로 지적하고 있는 점은 유학자로서 박장현이 이미 조선시대 유교전통을 객관적으로 인식하고 자신의 입장과 차별화하고 있음을 엿볼 수 있게 한다.

여기서 박장현은 우리 역사를 '서경'의 경전으로 편찬하는 자신의 입장을 밝히면서, "총괄하여 본다면 여섯 시대는 비록 다스려지고 혼란함의 다름이 있었지만, 그러나 오히려 종교가 있고 역사가 있고 정치가 있었던 것이 지금까지 4천여 년이다. 일찍이 가만히 우리 동방 여섯 시대의 문헌들로서 『상서』 50편을 보니 하늘과 땅처럼 현격한 차이 정도만이 아니었다. 그러나 그 가운데 나아가 정밀하고 은미한 것을 수집하면 또한 우리 동방의 한 가지 경전을 이룰 수 있었다"[63]고

---

62 『中山全書』(上) 823쪽, '牛島書經·序', "淳淳厖厖, 皥皥熙熙, 檀氏原始的時代也, 教化東漸, 禮義始明, 箕氏文化的時代也, 群雄建國, 互相侵軼, 而猶自修政假仁, 三國爭覇的時代也, 典章文物, 彬彬迭興, 且美術發達, 新羅昇平的時代也, 治亂相尋, 而僅能維持國脈者, 麗氏佛化的時代也, 培養儒術, 禮義雖明, 而尙文賤武, 國勢積弱, 韓朝文弊的時代也."

하였다. 먼저 그는 우리 역사에는 시대마다의 차이가 있었음에도 불
구하고 4천년을 내려오며 종교와 역사와 정치와 문화와 사상이 있었
음을 확인하고 있다. 물론 우리 역사의 문화와 사상을 『서경』에서 보
여주는 중국의 심원하고 세련된 문화와 사상에 비교한다면 엄청난 수
준의 차이가 있음을 인정한다. 그러나 바로 이러한 차이가 중국과 다
른 우리의 역사요 문화요 사상이라는 사실을 소중하게 여긴다는 인식
이 전제되고 있음을 보여준다. 따라서 문화와 사상의 수준에 차이가
있음에도 불구하고, 우리 역사의 문화와 사상에서 정밀하고 은미한
내용을 찾아서 모아놓는다면 나름대로 우리 역사에 기반하는 경전 곧
'반도서경'이 이루어질 수 있음을 주장하고 있는 것이다.

여기서 그는 공자가 『서경』(尙書)을 편찬한 사실과 자신이 『반도서
경』을 편찬하는 사실을 비교하여 편찬원리의 일치점을 지적하고 있
다. 곧 "옛날 공자가 삼대(三代: 夏·殷·周)의 뒤에 태어나 당(唐: 堯)·
우(虞: 舜) 및 은(殷)·주(周)의 문헌을 고치고 확정(刪定)하였던 것이
지금의 『상서』가 되었을 뿐이다. 이 책(『반도서경』)을 고치고 확정함
은 (공자의) 남겨준 뜻을 일찍이 참람하게 절취하지 않음이 없을 뿐이
니, 나를 알아주거나 나를 죄줄 것일 따름이다"[64]라 하였다. 공자가
중국의 앞선 시대 문헌들을 깎아내고 다듬어 『서경』으로 확정해놓은
그 편찬의 정신을 그대로 따라서 박장현 자신도 우리 역사의 문헌들
을 편찬하여 『반도서경』으로 확정한 것임을 밝히고 있다.

---

63 같은 곳, "總而觀之, 六代雖有治亂之不同, 然猶是有宗教焉, 歷史焉, 政治焉者, 四千
餘年于玆矣, 竊嘗以爲吾東六代之典籍, 視尙書五十篇, 不啻霄壤之懸隔, 然就其中,
輯其精微, 則亦可以成吾東一部經矣."
64 같은 곳, "昔孔夫子生於三代之後, 刪定唐虞及殷周五代之典籍, 而爲今之尙書焉耳矣,
則此書之刪定, 亦未始非遺意之僭竊耳, 知罪唯是章而已."

박장현은『해동춘추』를 짓고나서 '『해동춘추』에 스스로 쓰다'(自題
海東春秋)라는 시를 한 편 지었던 것과 꼭 같이,『반도서경』을 짓고나
서도 '『반도서경』에 스스로 쓰다'(自題半島書)라는 제목의 시를 한 편
지었다.

> 우리나라 여러 시대 몇천년이던가,
> 『상서』를 조술하여 이 편을 지었다오.
> 정치의 자취는 고구려때가 부강했고,
> 인륜의 발달은 조선왕조에서 전해졌네.
> 문장은 고려·조선 이후에 다 나왔으나,
> 인물이야 이미 삼국 이전에 출현했었지.
> 구차하게 편찬하여 후세에 남기려니,
> 독서인의 사업은 가련함을 견뎌야 한다오.[65]

여기서도 그는『상서』를 핵심(攝)과 근원(祖)으로 삼아 조술하여
『반도서경』을 편찬하였음을 밝히고 있다. 또한 각 시대의 성격으로
고구려 시대의 강성함을 그리워하고 조선시대의 도덕문화를 존중하
는 입장을 보여주며, 훌륭한 문장은 고려와 조선시대에 거의 다 나온
것이지만, 인걸은 이미 삼국이전부터 걸출한 인물이 많았음을 강조하
였다. 이 시의 결구(結句)에서 자신이 멸망한 나라의 역사를 구차스럽
게 경전으로 편찬하여 후세에 전하고자 하는 심경이 가련함을 견뎌야

65『中山全書』(下) 274-275쪽,『文卿常草』, '自題半島書經', "東方歷代幾千年, 根祖尙
書述此篇, 政蹟富强高氏在, 倫常發達我朝傳, 文章盡是麗韓後, 人物已生三國前, 編
纂區區留後世, 書生事業可堪憐."

하는 것임을 애절하게 토로하였다. 그만큼 우리 역사를 『해동춘추』와 『반도서경』이라는 경전으로 편찬하는 일이 멸망한 나라의 백성들에게 민족의식을 일깨우기 위한 것임을 보여주고 있다.

2) 『반도서경』의 구성체제

『반도서경』(해동서경) 12권은 '단군조선서'(檀君朝鮮書)와 '기씨조선서'(箕氏朝鮮書)가 1권이고, '삼국서'(三國書) 2권, '신라서'(新羅書) 1권, '고려서'(高麗書) 3권, '한서'(韓書) 5권으로 여섯 시대(六代)의 시대에 따라 '6서'(六書)로 구성되어 있다.

① '단군조선서'는 '단전'(檀典) 1편이요, '열국시대'(列國時代)편을 부록으로 끝에 붙였다. ② '기씨조선서'는 '기전'(箕典)·'마한'(馬韓) 2편이요, '위씨조선'(衛氏朝鮮)편을 부록으로 끝에 붙였다. ③ '삼국서'는 신라 4편, 고구려 5편, 백제 3편의 전체 12편이요, '가락국'(駕洛國)편을 부록으로 끝에 붙였다. ④ '신라서'는 8편이요, 끝에 '발해국'(渤海國)편을 부록으로 붙였다. ⑤ '고려서'는 46편이요, ⑥ '한서'는 72편이다. 전체는 부록 4편까지 합치면 '6서 145편'으로 구성되어 있다.

현재의 『서경』체제는 '우서'(虞書) 5편, '하서'(夏書) 4편, '상서'(商書) 17편, '주서'(周書) 32편으로 전체가 '4서 58편'으로 이루어져 있다. 요·순에서 주(周)나라까지의 중국고대 역사에 대한 서술인 『서경』과 우리 역사 전체에 대한 서술인 『반도서경』 사이에는 '서'(書)와 편(篇)의 수가 달라질 수밖에 없음은 당연하다. 다만 『서경』에는 '요전'(堯典)편과 '순전'(舜典)편의 2전(典)이 있는데, 『반도서경』에서도 '단전'

(檀典)편과 '기전'(箕典)편의 2전이 있는 점은『반도서경』이『서경』의 체제를 그대로 본받고자 한 것임을 가장 잘 보여주는 사례라 하겠다. 그러나『서경』58편을 내용과 문체에 따라 6가지로 분류하면, 옛 성왕(聖王)의 사업으로 후세 사람이 법칙으로 삼을 만한 것으로서 '전'(典)과, 신하가 임금을 위해 천하를 다스리는 방책을 진술한 '모'(謨)와, 임금과 신하가 서로 훈계하는 말인 '훈'(訓)과, 임금과 신하 혹은 동료들 사이에 서로 깨우쳐 알려주는 말인 '고'(誥)와, 군대가 출정하는 때에 왕 또는 장수가 병졸들을 훈계하는 말인 '서'(誓)와, 윗사람이 아랫사람에게 직무를 명령하는 '명'(命)의 여섯가지 문체(六體)가 있다.『반도서경』에서는 '전'(典)이『서경』에서와 같이 첫머리에 2편이 있지만, 나머지 다섯가지(謨·訓·誥·誓·命) 문체는 어떤 편이 어디에 해당하는지 정확하게 구분하기는 어려운 점이 있는 것은 사실이다.

『서경』의 문체로 '요전'·'순전'·'대우모'(大禹謨)·'고요모'(皐陶謨)편의 첫머리는 "옛 …을 상고하건데"(曰若稽古…)로 시작하는데,『반도서경』에서도 '단전'·'기전' 등 여러 곳에서 첫머리를 "옛 …을 상고하건데"로 시작하고 있는 사실도,『서경』의 문체를 본받고 있음을 뚜렷하게 보여준다. 또한『서경』이 제왕과 신하들의 말과 행적을 기록한 글이라는 점에서『반도서경』도 말을 인용하는데 세심한 관심을 기울이고 있음을 보여주지만, 사료가 없으니 사실의 나열에 머물고 마는 경우도 많음을 드러내기도 한다. 책머리에 '삼국시대지도', '역대왕조변천도', 각왕조의 '왕실계서도(繼序圖)', '역대국도(國都)일람표' 등 지도와 도표를 제시하여 참고자료를 제공하고 있다.

① '단군조선서'의 '단전'(檀典)편에서는 단군의 치적을 서술하고, '단군천부경'(檀君天符經)도 수록하고 있으며, 부록 '열국시대'(列國時

代)편에서는 북쪽에 단군의 자손이 세운 부여국(夫餘國)을 비롯하여, 남쪽에 마한·변한·진한의 여러 나라와 동북쪽에 숙신·여진·선비· 말갈의 여러 나라가 세워져 분렬된 사실을 기록하고 있다.

② '기씨조선서'의 '기전'(箕典)은 기자의 치적과 기자를 계승한 후 대의 왕들에 대한 기록까지 수록하였고, '마한'(馬韓)편에서는 기자를 이은 40세대의 왕인 기준(箕準)이 위만에게 쫓겨 마한에 내려가 나라 를 세운데서부터 마한이 백제에 멸망할 때까지의 사실을 기록하였고, 부록 '위씨조선'(衛氏朝鮮)편에서도 사실의 나열에 그치고 마는 점이 있다.

③ '삼국서'의 신라에서는 왕실에 이어 박제상(朴堤上)·김각간(金角 干: 金分信)·강수(强首)의 세 인물을 신라의 현신(賢臣)과 명장(名將) 으로 각각 한 편을 이루었다. 고구려는 왕실에 이어 '수군(隋軍)의 전 역(戰役)'과 '안시성(安市城)의 전(戰)' 두 큰 전쟁, 및 현신 '을파소'(乙 巴素)와 명장 '을지문덕'(乙支文德)을 각각 한 편으로 제시하였다. 백제 는 왕실에 이어 충신 '성충'(成忠)과 용장 '계백'(階伯)을 각각 한 편으 로 삼았다. 이러한 편찬체제는 제왕과 현신의 말과 행적을 통해 세상 을 경륜하는 '도'를 제시하는 『서경』의 체제를 충실히 따르고자 한 것 임을 보여준다. 부록의 '가락국'편도 소속된 여러 나라의 사적을 간략 히 나열한 것이다.

④ '신라서'의 8편은 '문무왕'(文武王)의 대사(大赦)와 유교(遺敎) 2편 과, '신문왕'(神文王)의 조묘(祖廟)제사편, '경문왕'(景文王)의 입승대통 (入承大統)편은 군왕의 언행을 보여주며, 홍유후(弘儒侯: 薛聰)의 「화 왕계」(花王戒), 녹진(祿眞)의 풍언(諷言), 최문창후(崔文昌侯: 崔致遠) 의 가야산(伽倻山)은둔편은 현신의 언행을 제시한 것이요, 경순왕(敬

順王) 태자의 개골산(皆骨山) 입산편은 신라가 멸망할 때 태자의 언행을 보여주고 있다. 부록의 '발해국'편도 여러 왕들의 사적을 열거하는 데 그쳤다.

⑤ '고려서'의 46편은 고려 태조(太祖)의 언행도 왕업조기(王業肇基), 후백제 견훤(甄萱)에게 보내는 답서, 「훈요십조」(訓要十條), 유조(遺詔)의 4편으로 자세히 기록되었고, 군왕의 폐위나 거란과 몽고의 외침 등이 여러 편에서 기록되었으며, 명장으로 유검필(庾黔弼)·신숭겸(申崇謙)·강감찬(姜邯贊)·윤관(尹瓘) 등의 행적과 현신으로 최승로(崔承老)·최문헌공(崔文憲公: 崔沖)·이곡(李穀)·이색(李穡)·이제현(李齊賢)·정몽주(鄭夢周) 등의 상소(上疏)를 비롯한 언행이 자세히 기록되고 있다. 또한 조선 태조의 위화도(威化島)회군이나 고려 충신들의 절의(節義) 사실도 함께 수록하여 고려의 멸망과정에서 혁명세력과 사직을 지키는 충절을 사실대로 드러내고자 하는 입장을 엿볼 수 있게 하였다.

⑥ '한서'(韓書)의 72편에서는 '태조왕'의 왕업(王業)편을 비롯한 창업과정이 5편이고, '세종성군'(世宗聖君), 김종서(金宗瑞)의 북변책(北邊策), 세종의 훈민정음 창제 등 세종대의 치적과 관련된 것이 3편이며, 단종의 양위(端宗讓位)와 사륙신(死六臣)·생륙신(生六臣)의 행적 등 세조(世祖)의 왕위찬탈과 관련된 것이 5편이다. 무오사화·갑자사화·기묘사화·을사사화 등 사화(士禍)와 당쟁(黨爭)에 관한 기록도 13편으로 자세히 다루고 있으며, 이 시기 유현(儒賢)으로 조광조(趙光祖)·이언적(李彦迪)·이황(李滉)·이이(李珥)의 언행이 6편으로 수록되고 있다. 임진왜란과 관련한 사건을 비롯하여 의병장의 활동이나 충무공 이순신(李舜臣)의 업적 등 7편이며, 병자호란과 삼학사(三學士) 등의

기록도 3편이다. 고종(高宗)이 즉위한 이후 을미(1895) 고종이 러시아 공사관으로 파천(播遷)하는 사건까지 한말(韓末)의 급박한 상황의 기록이 8편이며, 마지막으로 '돈유곽종석'(敦諭郭鍾錫)편은 광무(光武) 7년(1903) 고종이 당시 영남의 대표적 유학자인 곽종석에게 유시하면서 나라의 위급한 상황을 밝히는 내용을 수록하였다. 특히 조선시대의 기록인 '한서'는 전체적으로 보면 사화로 선비들이 핍박당하고 당쟁으로 국론이 분렬되어 나라의 기강이 쇠퇴하는 현상에 대한 성찰에 관심을 크게 두었으며, 외세의 침략사실과 선비들의 저항활동을 자세히 기록하여 민족의식을 고취하려는 의도를 보여주고 있는 점이 주목된다.

『반도서경』의 구성체제는 『서경』의 문체와 체제를 우리 역사 서술에 적용시켜본 최초의 실험적 저술이다. 이를 통해 박장현은 우리 역사에서 경세의 원리를 확인하고 정치의 득실을 밝힘으로써, 나라를 다스리는 올바른 도리와 귀감을 확보하고자 하였다. 이 점에서 『반도서경』은 『서경』의 정신을 우리 역사 인식에서 살려내고자 한 저술로 그 성격을 분명하게 드러내고 있는 것이라 할 수 있다.

6. 『해동춘추』와 『반도서경』이 지닌 성격과 의미

조선왕조(대한제국)가 멸망하고 일제의 식민 지배를 받았던 시기에 유교지식인들의 다양한 대응양상을 보여준다. 그 가운데 자강파 계열의 진보적 입장에서 제기하였던 문제의식은 두 가지 과제로 파악해 볼 수 있다. 하나는 새로운 시대에 적응하여 유교전통을 개혁하여 새롭게 해석하는 것이요, 다른 하나는 민족의식을 고취하여 독립을 쟁취할 수 있는 기반을 확보하는 것이다. 당시 유교전통의 개혁을 위한 과제는 유교의 종교적 성격을 각성함으로써 유교의 종교적 개혁운동을 전개하는 것이 가장 뚜렷하게 드러난 양상이요, 민족의식을 고취하는 과제는 우리 역사를 민족주의적 시각에서 새롭게 해석하는 시도가 주목된다.

박장현은 영남의 보수적 유교전통 속에서 교육받았지만, 진보적 유학자로 전환하여 1930년대에 활동하다가 33세로 요절하였던 인물이다. 그러나 그는 이 시대 진보적 유교지식인의 문제의식을 독자적으로 발휘하였다는 점에서 이 시대 사상사에 독특한 위치를 차지하고 있다. 그는 당시 유교개혁운동의 중요한 흐름으로 중국에서 강유위·진환장의 주도아래 일어났던 '공교'운동에 깊은 관심을 보였으며, '공교'운동에 적극적으로 나서지는 않았지만 자신의 견해를 구체적으로 제시하였던 일이 있다. 그가 보여준 유교개혁의 진보적 성격은 경학적 이해와 민족사의 인식을 결합시켜 우리 역사를 유교경전의 체제로 편찬하는 『해동춘추』와 『반도서경』을 저술하였던 사실에서 가장 잘 보여준다.

명대 유학자 왕세정(王世貞)이 "경전은 '도'를 싣는 도구이고, 역사는 '일'을 기록하는 글이다"[66]라고 하였다. 그것은 경전과 역사가 원리로서의 '도'(道)와 현실로서의 '일'(事)로서 본체와 작용의 관계로 서로 떠날 수 없는 연관구조 속에 있음을 의미하는 것이다. 박장현이 우리 역사를 경전으로 구축하고 있는 것은 바로 경전과 역사의 연관구조에 기반하는 것이면서, 특히 우리 역사를 경전화함으로써 민족의식을 경학 속에 투영하고 있음을 말한다.

『해동춘추』와 『반도서경』은 박장현의 대표적 저술이라 할 수 있다. 그는 이 저술을 통해 우리 역사를 유교경전으로 끌어올리려고 시도하였던 최초요 유일한 업적을 이루었다. 따라서 우리 역사의 경전화라는 작업은 유교사상사에서 전례가 없는 독보적 위치를 지니는 것으로 주목될 필요가 있다. 그것은 유교사상에서 보면 역사와 경전이 얼마나 깊이 연결되어 있는지를 새롭게 각성시켜주고 있는 것이며, 동시에 유교적 신념을 민족의식의 바탕 위에서 인식하는 새로운 시야를 열어주고 있는 것이다.

---

66 王世貞, 『弇山堂別集』, 권85, '信且世詩', "經乃載道之器, 史乃紀事之書."

『해동춘추』와『반도서경』에서는 조선역사를 여섯 시대로 구분하면서 그 첫머리에 단군조선 시대를 설정하면서 단군을 유교사상의 시각으로 조명하고 있다는 점은 이 저술이 지닌 중요한 특징의 하나이다. 특히 기자조선을 열었던 기자는 유교전통에서도 「홍범」을 주(周)의 무왕(武王)에게 전수해 줌으로써, 우(禹)→ 기자 → 무왕으로 이어지는 도통(道統)의 중심인물 가운데 한 사람이다. 이에 따라 박장현은 기자가 조선을 교화한 사실을 통해 우리 역사의 유교적 기반을 확고하게 정립하고자 하는 입장을 보여준다. 바로 이 점에서는 주자를 도통의 기준으로 삼으면서 기자에 대한 관심과 비중을 상대적으로 소홀히 하여왔던 조선시대 주자학자(도학자)들과 사이에 유교이념을 이해하거나 우리 역사를 이해하는 시각에서 상당한 차이를 드러내지 않을 수 없게 된 것이 사실이다.

그는『해동춘추』와『반도서경』에서 '한'(韓) 곧 대한제국을 정통으로 받아들임으로써, 사대적 의식에서 조선왕조를 명(明)나라의 번병(藩屛)으로 인식하는 도학전통의 중국중심적 화이론(華夷論)에 기반한 사대주의적 역사인식을 철저히 벗어나고 있다.『해동춘추』에서 조선의 태조를 '태조고황제'(太祖高皇帝)라 일컫거나, 조선시대를 '한기'(韓紀)로 표기하고,『반도서경』에서도 조선시대를 '한서'(韓書)로 표기하여, '대한제국'의 정통성을 확인하는 입장을 관철하였다. 바로 이점에서 그는 유교전통의 역사의식으로서 '정통'에 대한 인식을 철저히 계승하여 우리 역사의 경전적 재구성에서도 적용시키고 있음을 보여준다.

『춘추』나『서경』이 모두 공자가 짓고 편찬한 경전이요, 따라서『해동춘추』와『반도서경』을 저술하는 것은 공자의 정신을 우리 역사 이해에 활용하고 있는 것이다. 따라서 이 두 저술이 '춘추'나 '서경'이라는 경전으로 일컬어지기 위해서는 공자의 정신을 우리 역사 서술에 얼마나 선명하게 적용시키고 있는지가 이 저술의 성패여부를 결정하는 관건이라 하겠다. 문체나 서술체제에서 『춘추』나 『서경』을 모방하는 수준으로는 실험적 시도는 될 수 있겠지만 '경전'으로 까지 끌어올렸다고 인정받기 어렵다. 이 점에서 이 두 저술이 지닌 의미는 '경전'정신으로서 의리를 투철하게 발휘하였다고 평가하기는 쉽지 않을 것이지만, 다만 민족의식으로 우리 역사를 '경전'에 까지 끌어올려 보려 했다는 발상과 시도에서는 유일한 경우요, 그만큼 소중한 의미를 지닌 것이라 할 수 있다.

참고문헌

* 韓國 文集·著作

金聖鐸, 『霽山集』　　　　　金平默, 『重菴集』
朴世堂, 『思辨錄』　　　　　朴世采, 『南溪集』
朴殷植, 『朴殷植全書』　　　朴章鉉, 『中山全書』
朴趾源, 『燕巖集』　　　　　宋時烈, 『宋子大全』
安鼎福, 『順菴集』　　　　　尹鑴; 『白湖全書』
李秉, 『巍巖遺稿』　　　　　李圭景, 『五洲衍文長箋散稿』
李肯翊, 『燃藜室記述』　　　李炳憲, 『李炳憲全集』
李象靖, 『大山集』　　　　　李承休, 『帝王韻紀』
李時明, 『石溪集』　　　　　李珥, 『栗谷全書』·『四書栗谷諺解』
李瀷, 『星湖全集』　　　　　李栽, 『密菴集』
李震相, 『寒洲集』　　　　　李玄逸, 『葛菴集』·『洪範衍義』
李滉, 『退溪集』·『四書釋義』　張志淵, 『朝鮮儒教淵源』
丁若鏞, 『與猶堂全書』　　　正祖, 『弘齋全書』
許穆, 『記言』　　　　　　　洪大容, 『湛軒書』
洪良浩, 『耳溪集』　　　　　洪直弼, 『梅山集』

*국역·국문저술

『國朝寶鑑』, 민족문화추진회 역
『論語』/『孟子』/『大學·中庸』,
　　　　成均館大 儒教文化研究所譯, 成均館大 出版部, 2005-2007.
『懸吐完譯 大學中庸集註』/『懸吐完譯 論語集註』/『懸吐完譯 孟子集註』,
　　　　成百曉譯註, 傳統文化研究會, 1990-1991.
유승국, 『도원철학산고』, 성균관대 출판부, 2010
최석기, 『韓國經學家事典』(성균관대 대동문화연구원, 1998)

전호근, 「溫故知新」과 '述而不作'의 사이에서--『논어』번역본에 대한 검토」,
　　　　『오늘의 동양사상』(5), 예문동양사상연구원, 2001.
鄭奎薰, 『한국근대종교의 사상과 실제에 관한 연구』, 성균관대 박사논문, 1998.

*중국 문집·저술

姜宸英, 『湛園札記』　　　　馬明衡, 『尙書疑義』
時瀾,　『增修東萊書說』　　王世貞, 『弇山堂別集』
李光地, 『榕村語錄』　　　鄭樵,　『六經奧論』
趙善湘, 『洪範統一』　　　朱熹,　『朱熹集』·『朱子語類』
蔡沈,　『書集傳』　　　　黃宗羲, 『明儒學案』
胡渭,　『洪範正論』

인명색인

금장태 (琴章泰)

1943년 부산 생
서울대 종교학과 졸업
성균관대 대학원 동양철학과 수료(철학박사)
동덕여대·성균관대·서울대 교수역임
현 서울대 종교학과 명예교수

• 주요저서
『비판과 포용—한국실학의 정신』
『귀신과 제사—유교의 종교적 세계』
『한국유교와 타종교』
『율곡평전—나라를 걱정한 철인』
『다산평전—백성을 사랑한 지성』
『퇴계평전—인간의 길을 밝혀준 스승』 외

경전과 시대- 한국유학의 경전활용

초판 인쇄 ∣ 2012년 3월 27일
초판 발행 ∣ 2012년 4월 6일

저　　자　금장태

책임편집　윤예미

발 행 처　도서출판 지식과교양
등록번호　제 2010-19호
주소　서울시 도봉구 창5동 262-3번지 3층
전화　(02) 900-4520 (대표)/ 편집부 (02) 900-4521
팩스　(02) 900-1541
전자우편　kncbook@hanmail.net

ISBN　978-89-94955-74-2　93150　　　　　**정가** 23,000원

이 도서의 국립중앙도서관 출판도서목록(CIP)은 e-CIP홈페이지(http://www.nl.go.kr/ecip)에서
이용하실 수 있습니다. (CIP제어번호: CIP2012001432)